초등학교

게임수업 탐구

개정판

대표저자
안양옥

장용규
김갑철
권민혁
이옥선
신기철
김기철
박상봉

초등학교
게임수업 탐구

2011년 2월 18일 인쇄
2011년 2월 28일 발행

펴낸곳 도서출판 레인보우북스
등록번호 제 15-404호
주소 | 서울시 관악구 대학동(신림9동) 237-26번지 레인보우 B/D
전화 | 02) 872-8151~2
팩스 | 02) 871-0935
전자우편 min6301@yahoo.co.kr
홈페이지 www.rainbowbook.co.kr

정가 20,000원

ISBN 978-89-6206-143-7 93690

*본서의 내용을 무단 복제하는 것은 저작권법에 의해 금지되어 있습니다.
*파본이나 잘못된 책은 구입하신 곳에서 교환해 드립니다.

머리말

 이 책을 처음 접하는 독자들은 이 책이 「초등체육 교육과정」으로 明文化된 초등체육을 구성하는 영역의 하나인 게임(경쟁)활동의 이론이나 실제와 관련된 사항을 담고 있다고 여길 것이다. 사실 겉으로 드러낸 이 책의 형식과 내용을 감안하면 그러한 판단은 전혀 어긋남이 없다. 그러나 본 저자는 이 책을 발간하면서 이 책에서 담고자 한 내용의 범위가 그러한 인상에 제한되지 않았으면 하는 마음을 가지고 있다. 오히려 이 책의 제목에 포함된 '게임'의 의미가 外延的으로는 그러하지 않더라도 內包的으로는 '체육'과 동일하게 이해되기를 바라며, 궁극적으로는 初等體育을 비롯하여 학교체육 전반에서 흔히 발견할 수 있는 왜곡된 '體育觀', 體育敎師觀', '體育學習者觀'을 비판하고 고쳐 잡고자 하는 '反省的 體育專門家'들의 사고와 실천에 힘을 실을 수 있기를 바란다.
 세세한 부분에 있어서는 그 바람이 구체화되지 못하였지만 큰 줄기는 그러하도록 노력하였다. 그럼에도 여전히 이 책을 보고 나서 본 저자의 의도를 명확하게 연상시킬 수 있는 독자는 많지 않을 것이다. 어찌 보면 본 저자는 원래의 의도를 이 책 속에 제대로 드러내지 못하고 이 글을 통해서나마 그러한 의도를 가지고 있었다고 하소연하고 있는지도 모른다. 솔직하게 말하면, 독자들이 이 글을 읽고 나서 본 저자의 의도를 조금이나마 이해하고 이 책을 다루어주었으면 하는 마음이다.
 이 책은 본 저자가 15년 동안 초등교사를 양성하는 일에 몸담고 지내오면서 초등을 비롯한 학교체육 전반의 문제점들에 대하여 고민하고 그 해결책을 마련하고자 한 삶의 흔적이기도 하다. 그 문제점들을 때로는 一目瞭然하게 연관지어지는 것으로 보이기도 하였고, 때로는 混亂의 迷宮 속에서 시작과 끝을 좀처럼 찾기 어렵기도 하였다. 안타깝게도, 본 저자는 여전히 그 문제점들은 뚜렷한 질서 속에 배열하고 있다고 자신 있게 말하기 어렵다. 단지 몇 가지 문제점만을 단편적으로 추려낼 수 있을 뿐이며, 이 책은 그것에서 확장된 문제의식을 바탕으로 하고 있다. 본 저자의 문제의식은 기존의 '체육관', '체육교사관', '체육학습자관'에 대한 비판, 초등체육의 현실과 이상의 접목으로 집약할 수 있겠다. 좀더 펼쳐서 이야기하면, 본 저자의 눈에는 기존의 '체육관'은 체육의 內在的 可能性을 확장하기보다는 제한하는 쪽으로 왜곡되어 있으며, 마찬가지로 체육교사는 본연의 역할에 충실하지 못하고 체육학습자는 제대로 된 체육학습을 경험하고 있지 못하고 있어 보인다. 아울러 초등체육의 실천은 '學級擔任敎師制'라는 현실과 그 의미를 충분히 고려함으로써 지나친 理想論으로 인한 現實과 理想의 乖離를 다소나마 해소할 수 있어야 하는데, 기존 초등체육의 실천은 초등교사로 하여금 兩者의 괴리를 당연하게 여기는 정도를 넘어 挫折 또는 無氣力에 빠지게 하고 있는 것이다. 이러한 문제의식 속에서 이 책은 단순히 「초등체육 교육과정」에서 명문화된 게임(경쟁)활동에 관한 사항에 한정하기보다는 초등체육은 물론 학교체육 전반과 연관된 문제들과 그 대안을 함축하고자 하였다. 그리고 기존 학교체육의 문제점 도출과 대안 모색은 '技能中心 게임授業'과 '理解中心 게임授業'이라는 두 가지 체육수업 방식의 對比를 통하여 구체화하고자 하였다.

독자들은 이미 본 저자가 '기능중심 게임수업'과 '이해중심 게임수업'의 대비를 '旣存'과 '對案'의 대비로 연결시키고자 하는 의도를 쉽게 간파했을 것이다. 즉, 이 책은 [기존의 학교체육=기능중심 게임수업 vs 대안의 학교체육=이해중심 게임수업]이라는 도식으로 표현되는 주장을 담고 있다. 이제 독자들은 과연 이 책에서 주장하는 '이해중심 게임수업'이 '기능중심 게임수업'으로 대변되는 기존의 체육관, 체육교사관, 체육학습자관에 대한 문제 도출과 대안 모색에 합당한지 그리고 초등체육의 현실과 이상을 접목하면서 실질적으로 초등체육을 비롯한 학교체육의 개선에 기여할 수 있는 내용을 제시하고 있는지를 따져 보아야 할 것이다. 독자들이 그러한 태도를 가지고 이 책을 보는데 도움이 되었으면 하는 바람으로 본 저자의 관점이나 태도를 좀 더 구체화하여 제시한다.

旣存 學校體育의 限界와 對案
① 體育을 보는 時角과 實踐하는 態度

지금까지의 학교체육의 모습을 적절하게 표현할 수 있는 술어를 고른다면 '合理的이다'가 될 것이다. 이 말은 기존의 학교체육은 '合理的인 思考方式'에 따라 교육내용을 選擇하고 構成한 결과라는 의미이다. '합리적인 사고방식'이 학교체육에 미친 영향은 두 차원 巨視的 次元과 微視的 次元으로 나누어 말할 수 있다. 여기서 말하는 '합리적인 사고방식'은 '道具的 理性'을 극대화하는 것과 밀접한 관련이 있다. 즉, 목적을 달성하기 위한 道具 또는 手段을 窮究함으로써 목적 달성의 '效率性'을 극대화하고자 하는 사고방식(또는 태도)을 의미한다. 목적 달성의 효율성을 높이고자 하는 사고방식은 '分割의 原理'로 귀결된다. 이 원리는 일정한 목적을 달성할 수 있는 역할을 분담함으로써 可用 資源의 效用을 극대화시킬 수 있다는 사고방식을 전제로 한다. 즉 여러 사람이 동일한 목적을 달성하기 위하여 같은 일을 하기보다는 그 일을 여럿으로 나누고 각자에게 주어진 일을 충실하게 수행한다면 그 결과는 앞의 방식보다 더욱 많은 성과를 거둘 수 있다는 것이다.

거시적 차원에서, '합리적인 사고방식'은 교육 전반이 그 논리에 따르는 것으로, 합리적인 사고방식에 입각한 교육의 모습은 敎科別 役割 分擔으로 나타난다. '교육받은 인간의 모습(屬性)'을 가능한 한 세분화하여 규정하고 그 속성과 교과를 연결시킨다. 교육받은 인간의 속성은 德, 體, 智의 측면으로 나누어 규정된다. 교육받은 인간은 도덕적 측면, 신체적 측면, 지적 측면에서 탁월함을 보여주며, 교육은 그와 같이 세 측면에서 탁월함을 보여줄 수 있는 가능성을 확장시키는 것이어야 한다. 개별 교과는 각자 다른 교과에 비하여 성취 가능성이 높은 차원의 속성을 정하고 그 속성을 충족시킬 수 있도록 모든 활동을 집중시킨다.

이러한 논리에 따르면, 체육교과가 담당해야 하는 임무는 신체적 측면에서 학습자들의 능력을 극대화시키는 것으로 집약되어야 한다. 설사 체육교과가 도덕적 측면이나 지적 측면과 같은 다른 측면과도 연관될 수 있다고 하더라도 그것에 연연해서는 안 된다. 왜냐하면 그럴 경우 제한된 가용 자원의 분산으로 인하여 목적 달성의 효율성이 떨어질 수 있기 때문이다. 체육교과는 신체적 측면의 능력을 극대화하는데 집중해야지 다른 측면에 관심을 두게 되면 체육교과가 다른 교과에 비해 잘 할 수 있는 '신체적 측면의 능력을 극대화'에 도달하는데 방해가 될 수 있다는 것이다. 체육교과는 도덕적 차원이나 지적 차원은 흔히 '主知敎科'로 불리는 다른 교과에 일임하고 오직 신체적 측면의 능력을 극대화하는 것에 전념해야 한다.

체육교과는 교육이 도덕적 차원이나 지적 차원에서 부족함이 없는지에 대하여 걱정할 필요가 없다. 그러한 차원을 전담해야 하는 다른 교과의 실천에 의하여 그러한 요구는 충족될 것이다. 그런 방식으로, 개별 교과들은 역할을 분담하여 성취한 결과를 '合'하면 교육이 추구하는 목적, 즉 人間像은 형성될 것이다. 이러한 점에서 '합리적인 사고방식'에 입각한 교육은 하나의 큰 그림을 다수의 조각으로 분할하여 완성한 후, 다시 짜 맞추는 '모자이크'를 연상시킨다. 이러한 모자이크식의 합리적 교육관 속에서 체육은 포괄적인 인간 교육과 관련되기보다는 단지 신체활동 능력 또는 운동경기 수행 능력으로 제한되어 버린다.

미시적 차원에서, '분할의 원리'를 강조하는 '합리적인 사고방식'은 개별 기능(skill)을 중요시하는 현행 체육교과의 전개 양상에서 잘 드러난다. 기존의 학교체육을 경험한 사람들은 운동(또는 스포츠)을 잘하는 것과 기능이 뛰어남 또는 폼(form)이 좋음을 동일시하는데 익숙하다. 예를 들어, 테니스를 잘하기 위해서는 테니스에서 사용되는 기능들, 즉 스트로크, 발리, 스매시, 서브를 잘해야 하고 스트로크는 다시 포핸드 스트로크, 백핸드 스트로크를 잘해야 하며, 포핸드 스트로크는 드라이브(drive)성 스트로크, 플랫(flat)성 스트로크, 슬라이스(slice)성 스트로크를 잘해야 한다. '합리적인 사고방식'에 입각한 체육은 [체육 종목(단원) 기본기능 하위기능 세부기능]과 같은 방식으로 기술을 재차 '분할'하고, 분할된 개별 기능을 하나씩 숙련시켜 축적하게 되면 운동을 잘 할 수 있다고 가정하고 있는 것이다. 이러한 가정과 사고방식은 실제 학교체육 현장에서 간단히 확인할 수 있다. 우리의 체육수업은 어떤 운동종목이던지 그것을 배울 때마다 기초 기술(능) 또는 폼이라고 규정된 조각 기능들에 대한 說明과 示範을 듣고 본 다음 그 동작(기능)을 숙련시키는 反復的인 練習의 시간으로 이어진다. 그 동작(기능)이 어느 정도 숙련되었다고 판단되면 다른 동작(기능)의 설명과 시범 그리고 반복 연습이 이루어진다. 그리고 또 다시 제3의 동작(기능)으로 넘어간다. 몇 가지의 기초 기술에 대한 연습이 끝나고 나면 마지막으로 '競技'를 하고, 그 종목에 대한 수업은 종료된다. 이러한 모습은 앞에서 언급한 '모자이크식' 교육과 동일한 방식이다.

사실, 교육 또는 체육수업에 있어 위와 같은 '합리적인 방식'은 合當한 점이 없지 않다. 우리는 늘 어떤 일을 하고자 할 때 어떻게 하면 그 일을 '잘'할 수 있는가를 따지듯이 교육 또는 체육교육의 목적은 어떻게 하면(어떠한 방법), 잘(효율적으로) 달성할 수 있을지를 따지며, '분할의 원리'에 입각하여 목적 달성을 위하여 선결해야 하는 과제를 세분화하는 것은 매우 합당해 보이기 때문이다. 그러나 이러한 '합리적 사고방식' 또는 '분할의 원리'가 과연 체육교육의 목적 달성을 위하여 최선의 길 또는 합당한 것인지에 대해서는 두 측면에서 비판의 소지를 안고 있다.

첫째, '분할의 원리'를 지나치게 강조할 경우 과정에서 요구되는 세부 과제에 관심이 집중되는 데에 반하여 '本然의 目的意識'이 약화될 가능성이 있다. 예를 들어, 체육교사나 학생들은 테니스를 교수·학습함에 있어 낱낱의 기능을 잘 가르치고, 잘 배우기 위하여 심혈을 기울이고 있지만 그 기능이 '실제'의 경기에서 어떻게 적용되며, 궁극적으로 체육이 추구하는 인간상과 어떻게 연관되는지에 대한 관심은 멀어지게 되는 결과를 초래하고 있는 것이다. 결국 낱낱으로 분할된 기능에 대한 관심은 있지만 실제의 경기에 대한 眼目에 대해서는 무관심해질 가능성이 있다. 다시 말해서 수단의 극대화는 목적의식의 손실을 가져오게 되는 것이다. 이는 '도구적 이성'의 극대화로 인한 '이성의 목적 지향성'이 약화되는 결과를 초래하였다는 '近代性 批判'과 맥을 같이 한다고 하겠다.

둘째, '분할의 원리'에 입각한 '교수·학습' 활동에서 이루어지는 낱낱의 기능 숙련이 실제의 경기 수행능력의 향상으로 직결되는 것은 아니라는 점이다. 낱낱의 기능을 훌륭하게 수행할 수 있다는 것과 실제의 경기 수행능력이 뛰어난 것은 늘 일치한다고 보기는 어렵다. 개별 기능의 수행능력과 경기 수행능력은 매우 높은 相關關係가 있지만, 그러한 개별 기능의 수행능력 향상만으로 경기 수행능력의 완성을 기대하기는 어렵다는 것이다. 경기 수행 능력은 개별 기능의 수행능력 뿐 아니라 경기의 흐름, 또는 脈絡에 대한 理解와 眼目을 가지고 있을 때 충족될 수 있다. 아무리 뛰어난 개별 기능 수행능력을 가지고 있다고 하더라도 경기 전반의 흐름과 맥락(규칙, 전략)에 대한 지식이나 이해가 부족하다면 실제의 경기에서 개별 기능 수행능력은 그 實效를 다하지 못할 가능성이 높다. 따라서 종국적으로 운동종목의 경기 수행능력의 향상을 기대하는 체육수업은 개별 기능의 숙련 뿐 아니라 경기의 흐름과 맥락에 대한 지식과 이해를 확장시킬 수 있어야 하는 것이다. 그럼에도 불구하고 기존의 체육수업은 대부분 개별 기능의 숙련에 집중함으로써 실제 경기의 흐름과 맥락에 대한 지식과 이해를 확장시킬 수 있는 기회는 상대적으로 부족한 결과를 가져오고 있는 것이다. 이는 곧 '분할의 원리'에 입각한 개별 기능 중심의 체육수업이 종국적으로 추구하는 실제 경기 수행능력의 향상에 있어 효과적이지 못한 점이 있음을 의미한다고 하겠다.

결국, '합리적 사고방식'과 '분할의 원리'에 철저한 기존의 개별 기능 중심의 체육수업은 '目的意識 側面'과 '效果性 側面'에서 한계를 안고 있으며, 그 한계 극복을 위한 대안의 모색이 요구되고 있는 것이다. 이 책은 위와 같은 기능중심의 체육수업이 안고 있는 한계를 가시화하고 그 대안으로서 경기 전반의 흐름과 맥락에 대한 이해를 강조하는 체육수업을 제시하고자 하는 의도를 담고 있으며, 실험적인 수준에 놓여있는 부분이 있기는 하지만, 실질적으로 체육수업에 도움이 될 수 있는 내용을 제시하고자 하였다. 이러한 시도는 간단히 표현하면 '統合의 原理'에 입각하여 실제의 경기에서 요구되는 '안목'의 확장을 강조하는 것으로 구체화된다. 즉 실제의 경기에서 개별 기능들은 累積的으로 '더해지는 것(加法的)'이 아니라 '상호 연관 속에서 더하는 것 이상으로 승화(乘法)'되는 동적인 흐름이며, 경기를 잘하는 것은 그러한 동적인 흐름에 능동적으로 대처할 수 있는 능력과 同意味가 된다. 결국, 본 저자는 이 책을 통하여 체육수업의 결과는 단순한 개별 기능의 수행능력이 아니라 실제 경기의 수행능력과 밀접한 관련이 있음을 주장하고 있는 것이다.

이러한 문제의식을 바탕으로 하여 이 책은 학습자로 하여금 실제 경기에 대한 안목을 확장할 수 있는 경험의 제공에 집중하고 있다. 특정 운동종목에서 요구되는 개별 기능의 세분화와 효율적 기능 습득 방법의 제시보다는 다양하게 '變形된 게임'을 통하여 그 운동종목의 실제 흐름과 그 흐름에 능동적으로 대처할 수 있는 統合的 能力의 向上을 의도한다. 이러한 접근은 기존의 기능중심 게임수업(game teaching for skills)에 대비하여 이해중심 게임수업(game teaching for understanding)으로 표현되고 있는데, 기존의 기능중심의 체육수업이 상당한 시간을 개별 기능의 숙련에 사용하는 것과 달리 가능한 많은 시간을 실제의 경기에 사용한다. 이러한 접근에 대하여 어떤 이는 기능수준이 매우 낮은 초등학생들에게 있어 난관에 봉착할 가능성이 있다고 우려할지 모르겠다. 그러나 '이해중심 게임수업'은 완성된 정식의 게임(스포츠)을 낮은 기능수준의 학습자도 수행할 수 있는 변형된(또는 緩和된) 게임에서 시작하여 점진적으로 게임수준을 높여가도록 의도되고, 구성된다. 따라서 '이해중심 게임수업'에서의 관건은 학습자의 수준에 적합하도록 정식의 '게임을 변형시키는 것'과 변형된 게임을 학습자의 성장 과정에 따라 '位階化하여 적용하는 것'이라고 하겠다. 아울러 '이해중심 게임수업'에서 게임 변형은 교사가 주도하는 차원에 머물지 않고, 오히려 학습자 주도의 게임 변형을 적극 유도하는데, 이는 학습자가 게임을 변형(또는 새로운 게임의 창조)할 수 있다는 것은 그 게임의 성격과 맥락을 제대로 이해하고 실행에 옮기고 있는 것으로 판단할 수 있다고 보기 때문이다.

② 體育敎師의 役割

이 책에서 제시하는 '이해중심 게임수업'의 밑바탕에 깔려있는 의도는 기존 체육수업의 효과성에 대한 비판과 대안 제시에 한정되지 않는다. 오히려 앞에서 언급하였듯이 학교체육 전반이 안고 있는 문제를 조금이나마 실제적으로 해소해보고자 하는 것이다. 이러한 의도에서 이 책은 먼저 체육교사의 역할과 모습의 변화를 추구한다. 즉 '합리적 사고방식'에 의하여 규정된 '固定的' 敎科內容으로 채워져 있는 기존의 체육은 교사의 역할을 단순히 교과내용을 전달하는 것으로 제한시킨다. 체육교사의 대부분은 주어진 내용의 單純 傳達者로의 역할에 충실함으로써, 無批判的이고 無氣力한 모습을 보여주고 있는 것이다.

그러나 '이해중심 게임수업'에서 체육교사는 게임(학습 내용)과 학습자 사이의 적합성에 대하여 지속적으로 검토하고, 그 결과에 따라 게임을 변형(학습 내용의 수정)하여야 하는 상황에 놓이게 된다. '이해중심 게임수업'에서 체육교사는 시종 반성적인 태도를 견지하면서 능동적인 創造者의 역할을 수행하게 된다. 이는 '이해중심 게임수업'이 근본적으로 그 양상이 '開放的'이라는 점에서 자연스러운 귀결이라고 하겠다. 다시 말해서 '이해중심 게임수업'은 합리적 사고에 따라 수업 내용이 고정되는 '기능중심 게임수업'과는 달리 사전에 설정된 수업 목표와 수업 절차가 있기는 하지만, 실제 수업의 전개 과정에서 탄력적으로 게임(수업 내용)을 변형시켜 나가면서 수업 목표의 달성을 이끌어내야 한다. 따라서 체육교사는 고정된 수업 내용을 전달하는 역할에 머무를 수 없으며, 오히려 능동적으로 수업 내용을 창조하는 역할을 수행하여야 한다.

이와 같이 '이해중심 게임수업'은 그 속성 상 체육교사의 역할의 변화를 요구하며, 동시에 수업 전반에 대하여 비판적이고 반성적인 태도를 가진 체육교사의 모습을 기대하게 하는 것이다.

③ 學習者를 보는 時角

이 책에서 제시하고 있는 '이해중심 게임수업'은 학습자를 보는 時角의 轉換을 요구한다. 기존의 '기능중심 게임수업'을 단순화하여 표현하면, '학습 없는 게임수업'이라고 할 수 있다. 즉, 수업에 참가하는 학습자 중에서 매우 적은 수만이 학습 활동을 하고 있을 뿐이며, 대다수는 그저 방관하고 있는 것이다. 이는 '기능중심 게임수업'이 개별 기능의 반복 훈련과 정식의 경기(정규의 스포츠)로 이루어져 있으며, 학습자은 흥미를 잃고 무력감에 빠져있는 모습에서 확인할 수 있다. '기능중심 게임수업'에서 학습자의 모습이 그러한 것은 '기능중심 게임수업'이 두 가지 양상, 즉 맥락 없는 개별 기능의 반복 훈련과 정규의 스포츠 경기로 이루어지고 있다는 점에서 당연한 귀결로 보인다.

맥락 없는 개별 기능의 반복 훈련은 실제의 경기에서 가용한 개별 기능의 숙련을 강조하기는 하지만, 그 훈련에 참여하는 학습자들은 '그 기능 동작이 실제의 경기에서 어떻게 사용될 수 있는지' 또는 '왜 그 기능 동작의 숙련이 필요한지'에 대하여 구체적인 이해가 없는 상태에서 그저 체육교사의 지시에 따르고 있을 뿐이다. 학습자가 개별 기능 동작의 반복 훈련을 단조롭고 지루하게 느끼고, 게다가 그 기능 동작과 실제 경기 상황의 연관에 대한 이해를 가지고 있지 못한 상태에 있는 것이 현실임에도 불구하고, 그들로 하여금 체육수업에 대하여 흥미를 가지고 능동적으로 참여하기를 기대하는 것은 語不成說과 다를 바 없는 노릇이다.

또한, 실제의 경기를 함에 있어서도 체육교사들은 학습자의 기능수준이나, 여건에 대한 별다른 문제의식 없이 정식의 규칙에 따라 실시하도록 요구한다. 그 결과 정식의 규칙에 따른 경기를 수행할 수 있는 기능수준의 '小數'의 학습자를 제외하면, 기능수준이 낮은 '多數'의 학습자들은 어려움을 느끼면서 無力感 또는 無關心에 빠져버린다.

결국, 정식 규칙의 경기는 그에 적합한 기능수준에 있는 '소수의 獨占'과 기능수준이 낮은 '다수의 疎外'라는 양상이 지배적이며, 이것이 바로 '기능중심 게임수업'으로 이루어지고 있는 학교체육 수업의 현실이다.

위와 같은 학교체육 수업의 현실을 감안하면, '이해중심 게임수업'은 두 가지 측면 모두에서 긍정적인 변화를 기대하게 한다. 앞에서 언급하였듯이 '이해중심 게임수업'은 다양한 게임의 변형을 통하여 최대한 게임을 중심으로 진행하도록 한다. 즉 단원의 도입 시기부터 학습자의 낮은 기능수준에 합당한 단순하고 쉬운 기능으로도 원활히 이루어질 수 있는 게임에서 시작하여, 학습자의 기능수준이 전보되는 정도에 따라 게임을 변형시켜 가도록 한다. 이러한 게임을 중심으로 하는 漸進的 接近 方式은 단조로운 개별 기능의 반복 훈련에 따른 興味 喪失, 可能性을 縮小하고 기능 수준이 낮은 학습자도 어렵지 않게 경기에 참가할 수 있도록 함으로써 能動的인 體育授業 參與의 可能性을 擴大한다. 다시 말해서 '이해중심 게임수업'은 '기능중심 게임수업'에 비하여 체육수업에 대한 興味 誘發과 能動的 參與를 이끌어내는데 상당한 이점이 있으며, 결과적으로는 '학습 없는 게임수업'이 지배적인 기존의 학교체육수업을 개선하는데 기여할 가능성이 높다고 하겠다.

初等體育의 現實과 理想

이 책에서 제안하는 '이해중심 게임수업'은 초등체육의 현실과 이상을 접목하고자 하는 '심각한' 의도를 담고 있다. 우리의 초등체육은 한마디로 '不在'라고 말해도 과언이 아니라는 평가 받고 있다. 즉 초등교사 대부분은 체육수업 수행능력이 매우 부족하여, 아이들에게 공이나 던져주고 시간을 보내게 하고 있으며, 심지어는 체육수업을 回避하고 있다는 것이다. 이러한 초등체육의 문제 상황에 대한 해결책은 다양하게 제시되고 있는데, 주로 초등교사의 체육수업 수행능력을 향상시킬 수 있는 방안으로 집중되고 있다. 어떤 사람은 豫備初等敎師의 選拔過程에서 체육수업 수행능력의 기초가 되는 운동능력의 평가를 강화하여야 한다고 주장한다. 또 어떤 사람은 '體育敎科專擔敎師制'의 전면 시행을 주장하고 있기도 하다. 본 저자의 눈에 이러한 대안들은 겉으로는 다양하지만, 속으로는 동일한 성격으로 보인다. 즉 대부분 초등교사의 변화를 통하여 초등체육의 현실을 개선하고자 하는 의도가 깔려있다. 초등교사의 체육수업 수행능력이 부족하여 당초 초등체육에서 추구하는 목표의 달성이 어려우니 그 목표를 원활히 달성할 수 있는 능력을 갖춘 초등(체육)교사를 양성해야 한다는 것이다. 이는 결국 '초등체육의 문제'를 '초등교사의 문제'로 置換하는 형식이다. 그러한 주장과 방안은 '교육의 수준은 교사의 수준을 넘지 못한다'는 通念에서 볼 때 상당한 설득력을 가지고 있다. 초등체육의 문제 해결을 위하여 초등교사의 자질을 문제 삼는 것은 필요하고도 중요하다.

그러나 본 저자는 초등체육의 문제를 '교사의 문제'로 치환시키기보다는 '교육내용의 문제'로 보고자 하는 의도를 가지고 있으며, 그 의도를 '이해중심 게임수업'을 통하여 현실화시키고자 한다. 이는 '學級擔任敎師制'라는 현행의 틀을 유지하면서 초등체육 수업을 개선할 수 있다는 확신을 바탕으로 하고 있다. 또한 초등체육의 문제 해결을 위하여 현행의 '학급담임교사제'를 '체육교과전담교사제'와 같은 방식으로 변화시키는 것은 初等敎育의 正體性과 初等敎師의 專門性을 약화시킴으로써 得보다는 失이 클 가능성이 높아 보인다. 초등체육의 문제 해결을 위하여 '체육교과전담교사제'를 도입하는 것은 '빈대 잡으려다 초가삼간 태운다'는 속담을 연상시킨다. 따라서 본 저자는 현행의 '학급담임교사제'를 유지하면서 초등체육의 문제를 개선할 수 있는 방안이 요구되며, 그 방안은 초등체육의 문제를 초등교사의 문제보다는 초등체육 수업내용의 문제로 치환하는 것인 합당하다고 본다.

그렇다면 초등체육의 문제를 초등체육 수업내용으로 치환하는 것은 어떻게 가능한가? 본 저자는 지금의 초등교사들이 큰 어려움 없이 체육수업을 수행할 수 있으면서도, 초등체육의 목표를 달성할 수 있는 방안으로서 '이해중심 게임수업'을 제안하고자 한다. 과연 '이해중심 게임수업'이 그러한 가능성이 있는지를 따지기 위해서 먼저, 문제의 핵심을 잘 살필 필요가 있다. 즉 초등체육이 跛行的으로 이루어지게 된 원인은 살펴야 한다. 초등체육의 파행적 운영의 원인은 초등체육 수업내용과 초등교사의 체육수업 수행능력의 연계성 부족에서 찾을 수 있다. 초등교사의 체육수업 수행능력이 초등체육의 수업내용을 감당하지 못하고 있는 것이다. 따라서 현행 초등체육의 파행 운영의 뿌리는 초등교사의 체육수업 수행능력 부족이라고 할 수 있다. 그러나 좀더 주의 깊게 살펴보면 또 다른 원인이 드러나는데, 그것은 다름 아닌 현행 체육수업을 채우고 있는 '기능중심 게임수업'이다.

'기능중심 게임수업'은 높은 수준의 기능을 갖춘 체육교사를 요구한다. 체육교사가 개별 기능을 설명하고 시범보이며 연습을 지도하기 위해서는 당연히 체육교사의 기능이 높은 수준에 있어야 하는 것이다. 체육교사의 기능 수준이 그렇지 못할 경우 그 체육교사는 원만히 체육수업을 진행하기 어려우며, 점차 체육수업이 부담스러운 것이 될 가능성이 높다. 이것이 초등체육의 현실이기도 하다. 그리고 초등체육수업의 파행적 운영의 책임은 萬能일 것으로 기대 받는 초등교사에게 떠맡겨지고 있는 것이다.

이에 비하여 '이해중심 게임수업'은 말 그대로 개별 기능을 강조하기보다는 초등학생의 수준으로 변형(완화)된 게임을 중심으로 진행되기 때문에 초등교사의 기능수준에 대한 의존 정도는 상대적으로 약화될 수 있다. 다시 말해서 초등교사의 기능이 높은 수준에 있지 않다고 하더라고 초등학생의 수준으로 변형(완화)된 게임 수업을 큰 무리 없이 이루어질 수 있는 것이다. '이해중심 게임수업'에서 초등교사는 단계적으로 진행되는 게임의 진행을 이끌어내는 역할을 요구한다. 여기서 초등교사의 역할은 '개별 기능수준의 卓越함'보다는 '反省的이고 創意的인 게임變形 能力'이 중요하다. 따라서 '이해중심 게임수업'이 교사의 기능수준에 의존하기보다는 수업 내용(순환적으로 변형되는 게임의 연속)에 의존한다고 하겠다. 이와 같이, 본 저자가 이 책을 통하여 제안하는 '이해중심 게임수업'은 '학급담임교사제'의 틀을 유지하면서 초등체육의 문제를 해결하는데 다소나마 기여할 수 있을 것이라는 신념을 바탕으로 하고 있다.

책의 構成

이 책은 목차에서 볼 수 있듯이 크게 『이해중심 게임수업의 이해』와 『이해중심 게임수업의 실제』의 두 편으로 되어 있다. 전편은 '이해중심 게임수업'이 왜 필요하고, 어떠한 것인지에 대하여 眺望할 수 있도록 하였다. 후편은 '이해중심 게임수업'에서 적용되는 게임들을 5가지의 유형으로 範疇化하고, 각 유형별로 位階化(낮은 수준 높은 수준)된 게임을 제시하였다.

『이론』편은 '이해중심 게임수업'의 등장 배경과 의도 그리고 성격을 상세화 하고자 하였으며, 때때로 '기능중심 게임수업'과 대비시킴으로써 독자의 이해를 돕고자 하였다. 그러나 '이해중심 게임수업'은 지금도 開發의 過程에 있으며, 그 실질적 성과에 대한 검토 작업 역시 미흡한 점이 없지 않다. 따라서 간혹 충실한 論理的, 事實的 根據가 부족한 내용도 있음을 밝힌다. 또한,

국내에서 '이해중심 게임수업'과 관련된 연구가 부족한 관계로 많은 부분을 국외의 연구 결과에 의존하였다. 이러한 어려움이 있음에도 이 책을 발간한 것은 '이해중심 게임수업'에 관한 연구 현실을 드러내고, 앞으로 관련 연구를 확대하는데 촉진제가 되었으면 하는 바람도 담겨있다.

『실제』편은 완성된 수업이라기보다는 가능한 하나의 案(模型)을 제시함으로써, 독자로 하여금 현장에서 응용할 수 있는 '틀'의 제공을 의도하였다. 즉 '이해중심 게임수업'이 지향하는 '게임변형'과 '게임수준의 위계화'의 예를 보여주고, 이를 바탕으로 하여 여러 가지 스포츠 종목의 지도에 있어 활용할 수 있도록 한 것이다. 또한 『실제』편에 실린 게임의 선정은 다수의 초등교사로 결성된 '초등학교 게임수업 연구회'의 구성원들이 학교 현장에서 실시하고 검토한 결과를 토대로 하였다. 그 게임 중에는 철저한 현장 검증이 되지 못하여 다소 타당성이 부족한 경우도 있을 것이다. 그러나 이 책에 담겨있는 게임 하나 하나는 초등체육의 정상화를 위하여 노력하고 있는 본 저자와 '초등학교 게임수업 연구회' 구성원들의 작은 노력의 결실이기도 하다.

끝으로

본 저자는 이 책에서 제안하는 '이해중심 게임수업'이 기존의 '기능중심 게임수업'에 대한 全面的 否定으로 이해되지 않기를 바란다. 다시 말해서 '기능중심 게임수업'은 전적으로 잘못된 것이고, '이해중심 게임수업'은 전적으로 잘된 것이라는 對立的 二分法의 思考는 본 저자의 의도는 아니다. 오히려 '기능중심 게임수업'으로 잘되고 있는 학교체육을 '이해중심 게임수업'으로 더욱 잘되었으면 한다. 또한, 성실하게 묵묵히 학교체육을 담당하고 있는 교사들이 이 책을 통하여 체육에 대한 思考와 實踐의 크기를 擴張시키는데 조금이나마 도움이 되었으면 하는 바람이다.

끝으로 그 동안의 지난한 노력들이 한 권의 책으로 엮여질 수 있도록 정성을 다해 도와주신 도서출판 무지개사의 민선홍 사장님과·김갑철 김홍식·권민혁 선생님께 깊은 감사의 마음을 전하고 싶다.

제2개정판 서문

이 책이 나온 지도 벌써 10년여가 지나가고 있다. 제7차 체육교육과정에 본인이 국내에 처음 소개한 이해중심 게임수업모형이 큰 비중을 차지하면서 그 동안 초등교사들의 수업개선, 대학원에서의 이론적·실천적 연구수행, 더불어 예비교사들의 체육수업 교수역량 강화에 큰 도움이 되었다는 지인들에 찬사에 보람을 느낀다. 하지만 본 교재 초판을 발행하면서 기대 이상의 큰 성과를 얻게 된 것에 감사하는 마음도 있지만, 부족한 졸저(拙著)가 많은 곳에서 인기를 끌고 있는 것에 부끄러운 마음을 금할 길 없다.

어느덧 시간이 흘러 교육과정이 개편되어 전통적으로 체육수업에서 강조했던 운동기능을 대신하여 신체활동가치를 강조하는 패러다임적 변화가 일어났다. 그럼에도 불구하고 제7차 체육과 교육과정의 화두였던 이해중심 게임수업모형이 체육수업에서 여전히 큰 비중을 차지하고 있는 까닭은 저자를 비롯한 현장교사들이 게임의 교육적 가치를 인식하고, 게임연구와 현장지도로 학생들의 전인적 발달 도모를 위해 불철주야 노력한 결실일 것이라 확신한다.

이번 개정판은 체육교육의 시대적 흐름과 변화의 내용을 충실히 담아 그동안 대학(원) 수업, 교원연수 등을 통해 현장의 목소리, 새로운 체육교육과정의 내용체계 등을 종합적으로 반영하여 게임수업의 질적 제고를 위한 최선의 교재로 거듭나도록 힘을 기울였다.

끝으로 본 교재의 내용과 구성에 부족한 부분은 지속적으로 보완하여 튼실한 교재로 완성해 나갈 것을 독자에게 약속드리며, 본 교재를 참고하는 모든 이들이 초등체육의 이상을 실현해나가는 동반자가 되길 소망한다.

2011년 2월
서초동 연구실에서 대표저자 안양옥

차 례

제1부 초등학교 게임수업의 이해 ································· 1

제1장 게임의 개념적 기초 ································· 3
게임의 이해 ································· 4
게임의 구조 ································· 12
게임의 교육적 가치 ································· 15

제2장 초등학교 체육교육에서의 게임지도 ································· 21
초등학교 체육교육과정과 게임 영역의 변천 ································· 22
2007년 개정 초등학교 체육과 교육과정에서의 게임지도 ································· 32
초등학교 체육교육에서의 전통적 게임지도 ································· 45

제3장 이해중심 게임수업 ································· 51
이해중심 게임수업의 이해 ································· 52
이해중심 게임수업의 계획 ································· 64
이해중심 게임수업의 실행 ································· 70
이해중심 게임 지도의 평가 ································· 87
이해중심 게임수업 모형의 적용 ································· 96

제2부 초등학교 게임수업의 실천 ································· 113

제1장 피하기형 게임 ································· 115
개요 ································· 116
전략 요소 ································· 116
변형의 주안점 ································· 116
지도시 유의점 ································· 117

게임의 실제 ·· 117
　　　　　유리한 위치 선정하여 술래 피하기 ······················ 118
　　　　　안전한 경로를 찾아 술래 피하기 ························ 122
　　　　　술래의 움직임을 예상하여 피하기 ······················· 126
　　　　　술래의 예상을 무너뜨리면서 피하기 ····················· 130
　　　　　유리한 위치 선정하여 피하기 ···························· 134
　　　　　안전한 이동로를 찾아 앞으로 나아가기 ·················· 138
　　　　　술래의 움직임을 예상하여 달아나기 ····················· 142
　　　　　술래의 예상을 무너뜨려 안전하게 피하기 ················ 146
　　　교수·학습 과정안(피하기형 게임 예시) ······················ 150
　　　평가도구 예시 ·· 154

제2장 목표물 맞히기형 게임 ································ 155
　　　개요 ·· 156
　　　전략 요소 ·· 156
　　　변형의 주안점 ·· 157
　　　지도시 유의점 ·· 157
　　　게임의 실제 ·· 157
　　　　　손을 이용한 고정 목표물 맞히기 ······················· 158
　　　　　발을 이용한 고정 목표물 맞히기 ······················· 162
　　　　　도구를 이용한 고정 목표물 맞히기 ····················· 166
　　　　　손을 사용하여 이동 목표물 맞히기 ····················· 170
　　　　　발을 이용한 이동 목표물 맞히기 ······················· 174
　　　교수·학습 과정안(목표물맞히기형 게임 예시) ················ 179
　　　평가도구 예시 ·· 181

제3장 영역형 게임 ·· 183
개요 ·· 184
전략 요소 ·· 184
변형의 주안점 ·· 185
지도시 유의점 ·· 185
게임의 실제 ·· 185
- 빈 곳으로 이동하기 ·· 186
- 이동 저지하기 ·· 190
- 빈 곳으로 이어주기 ·· 194
- 공의 이동 차단하기 ·· 198
- 공간 만들기 ·· 202
- 공간 차단하기 ·· 206
- 골 넣기와 막기 ··· 210
- 공간 만들기 ·· 214
- 공간 차단하기 ·· 218
- 골 넣기와 막기 ··· 222
- 공간 만들기 ·· 226
- 공간 차단하기 ·· 230
- 골 넣기와 막기 ··· 234
교수·학습 과정안(영역형 게임 예시) ······························ 238
평가도구 예시 ·· 242

제4장 필드형 게임 ·· 243
개요 ·· 244
전략 요소 ·· 244
변형의 주안점 ·· 244
지도시 유의점 ·· 245
게임의 실제 ·· 245
- 빈 곳을 향하여 공 차기 ·· 246
- 수비위치 정하여 공받기 ·· 250
- 상황판단하여 발야구 하기 ······································ 254

>> 빈 곳으로 공 치기 ·· 258
>> 수비위치정하여 공 던지고 받기 ······················ 262
>> 상황판단하여 주먹야구하기 ····························· 266
>> 빈 곳으로 공치기 ·· 270
>> 수비 위치 정하여 공 받기 ································ 274
>> 상황판단하여 티볼 게임하기 ··························· 278
> 교수·학습 과정안(필드형 게임 예시) ······················ 282
> 평가도구 예시 ··· 288

제5장 네트형 게임 ·· 289
> 개요 ·· 290
> 전략 요소 ··· 290
> 변형의 주안점 ·· 291
> 지도시 유의점 ·· 291
> 게임의 실제 ·· 291
>> 빈 곳으로 공보내기 ·· 292
>> 수비위치 정하여 공받기 ································· 296
>> 협동하여 배구형게임 하기 ······························ 300
>> 빈 곳으로 공보내기 ·· 304
>> 수비위치 정하여 공받기 ································· 308
>> 협동하여 족구게임 하기 ································· 312
>> 빈 곳으로 공 보내기 ······································ 316
>> 수비위치 정하여 공받기 ································· 320
>> 협력하여 배드민턴 하기 ································· 324
> 교수·학습 과정안(네트형 게임 예시) ······················ 328
> 평가도구 예시 ··· 333

에필로그 ·· 335
참고문헌 ·· 340
찾아보기 ·· 345

xvii

제1부

| 초등학교 게임수업의 이해 |

어떠한 교육 내용이든지 제대로 실천하기 위해서는 그에 대한 이론을 철저하게 이해하는 것이 선행되어야 한다. 따라서 제1부에서는 이해중심 게임수업을 보다 효율적으로 실천하는 데 필요한 이론적 기초를 다지는데 초점을 두었다.

제1부는 '게임의 개념적 기초', '초등학교 체육교육에서의 게임지도', '이해중심 게임수업'이라는 세 개의 장으로 구성하였다. 제1장에서는 게임의 이론적 이해를 심화하기 위하여 게임이 어떻게 정의되고, 분류되며, 어떠한 구조를 지니고 있는지를 살펴보았다. 그리고 게임이 초등 학생 교육에서 지니는 가치를 신체적, 인지적, 심리적, 사회·문화적, 도덕적 가치로 나누어 살펴보았다.

제2장에서는 우리나라 초등학교 체육교육에서 게임지도가 어떻게 이루어져 왔는지에 대하여 살펴보았다. 세부적으로 우리나라 초등학교 체육과 교육과정의 변천에 따라 게임의 비중은 어떻게 달라졌고, 게임의 내용은 어떻게 변해왔는가를 살펴본 다음, 2007년 개정 초등학교 체육과 교육과정에서의 게임지도에 대해 자세히 살펴보았다. 그리고 우리나라의 교육 현장에서 이루어져 왔던 전통적인 게임지도 방법을 다루었다. 특히 전통적인 게임지도가 지니고 있는 문제점을 파악함으로써 이해중심 게임수업의 필요성을 도출하고자 하였다.

마지막 제3장에서는 이해중심 게임수업에 대해서 상세하게 살펴보았다. 먼저 이해중심 게임수업의 개념을 비롯하여 그것이 부각되게 된 배경을 알아본 다음, 이해중심 게임수업에서는 게임을 어떻게 분류하고, 유형별 전략은 어떠한지를 자세히 살펴보았다. 이와 함께 이해중심 게임수업에서의 평가 방법을 알아보았다. 그리고 이해중심 게임지도를 현장에서 적용할 경우에 보다 직접적인 도움을 제공하기 위하여 실제 현장에서 이해중심 게임수업을 어떻게 실천할 것인지를 다루었다.

제1장
게임의 개념적 기초

게임은 경쟁적인 신체 놀이로서, 인간의 본능적인 놀이 활동이 체계화·조직화된 형태이다. 여러 가지 게임 활동을 학교에서 가르치는 일은 학생들에게 게임이 갖는 신체적·인지적·사회문화적·심리적·도덕적 가치를 부여하는 중요한 일일 뿐 아니라, 이후의 중등교육에서 강조하는 스포츠교육을 위한 선수학습의 의미를 지닌다.

1 게임의 이해

게임을 이해하기 위해서는 게임을 명확하게 규정하는 작업이 선행되어야 한다. 그리고 게임은 놀이 및 스포츠와 밀접한 관련을 맺고 있기 때문에 이들 개념과의 관계 속에서 그 개념을 파악함으로써 게임에 대한 이해를 확대시켜야 한다.

1) 게임의 정의

'게임'이라는 용어만큼 다양한 의미를 지니고 있는 용어도 드물 것이다. 많은 사람들이 '게임'을 놀이나 스포츠와 동일시하기도 하고, 오락이나 레크리에이션과도 혼용해서 사용하고 있는 경우가 많다. 그러나 '게임'은 이런 여타 용어들과는 다소 다른 의미를 갖고 있기 때문에 게임의 정의를 명확히 규정할 필요가 있다.

Caillois(1961)는 저서 'Man, Play, and Games'를 통해 게임을 체계적으로 정의하고 분류함으로써 게임의 개념 규정에 매우 큰 역할을 담당하였다. 그는 게임을 다음과 같은 여섯 가지 특징으로 정의하고 있다.

① 자유로운 활동 : 게임은 의무적 활동이 아닌 자유롭게 참가하는 활동이다. 만약 게임의 참가자가 게임을 하도록 강요당하면 게임이 가지고 있는 '즐거움'이라는 성질을 잃어 버린다.
② 분리된 활동 : 게임은 사전에 정해진 명확한 공간과 시간의 한계내에서 이루어지는 제한된 활동이다.
③ 불확정적인 활동 : 게임에서는 활동이 어떻게 전개될 것인가를 알 수 없으며, 결과가 미리 결정되어 있지 않다.
④ 비생산적인 활동 : 게임은 어떠한 재화나 부를 창출하지 않는다. 단지 소유권의 이동이 있을 뿐이다.
⑤ 규칙이 있는 활동 : 게임은 규칙이 비교적 엄격한 활동이다.
⑥ 허구적인 활동 : 게임은 현실 생활과는 다른 이차적인 현실 또는 비현실이라는 특수한 의식을 수반한다.

Caillois는 위의 특성들을 놀이가 지닌 속성이라고 보았으나, 놀이를 규칙적이며 불확정적인 활동이라고 보는데는 논란의 여지가 있다. 오히려 위의 특성들은 게임의 특성으로 인정될 수 있는 성격의 것이라 할 수 있다.

Loy(1969)는 Caillois가 놀이의 특성으로 언급한 위의 여섯 가지에다 '경쟁성'을 필수 요소로 포함시키면서 게임을 다음과 같이 정의하였다.

게임은 단순 혹은 복합적인 신체기능, 전술, 또는 운에 의하여 결과가 특징지어지는 놀이 형태의 경쟁이다.

이와 함께, Roberts, Arth 그리고 Bush는 게임을 다음과 같은 특성을 소유한 레크리에이션 활동이라고 정의하고 있다(임번장, 1979).

① 조직화된 놀이
② 경쟁
③ 둘 또는 그 이상의 상대편
④ 승부 결정을 위한 기준
⑤ 규칙의 인정

한편 체육 수업에서는 모든 게임을 지도하지 않고 신체기능 게임만을 다루게 되며, 본 서에서도 신체기능 게임에 초점을 둔다. Ibrahim(1975)은 이러한 신체기능 게임을 대상으로 다음과 같이 정의하고 있다.

게임은 양측, 혹은 그 이상의 상대사이에 승부의 결정기준은 미리 정한 규칙에 의존하고, 조직적이며, 경쟁적인 신체운동 놀이이다.

이상과 같은 정의들을 종합하여 보면, 게임은 허구적이고, 비생산적이며, 현실 생활과 분리된 활동이고, 그 결과는 미리 알 수 없으며, 규칙에 의하여 통제되고, 결과는 신체기능, 운 또는 전술적 사고능력에 의해서 결정되는 경쟁적인 인간의 활동이라고 할 수 있다. 그리고 신체기능 게임이란 일반적인 게임 중 활발한 신체활동에 초점을 두고, 주로 신체 기능에 의해 승부가 결정되는 게임이라고 할 수 있다.

2) 놀이, 게임, 스포츠의 관계

놀이는 인간의 가장 근원적인 활동으로 자유롭고 자발적인 활동이며 즐거움과 재미가 핵심이다. 만약 놀이에서 참가를 강요당하게 되면 이미 놀이로서의 가치를 잃게 된다. 한편 놀이는 게임과 스포츠의 기초가 된다.

게임은 놀이가 발달하여 좀 더 조직화되고 역할분배가 이루어진 형태의 인간 활동이라 할 수 있다. 게임은 놀이에 경쟁의 요소가 첨가되어 이루어진 활동으로 놀이가 스포츠로 이어지는 중간단계의 교량적 역할을 맡고 있는 활동이며 스포츠의 기초 단위가 된다(임번장, 1979).

스포츠는 놀이 및 게임의 속성을 지니고 있기 때문에 놀이 및 게임의 일부라고 할 수 있다. 그러나 스포츠는 경쟁성을 포함함으로써 놀이와는 구별되며, 신체활동성을 필수 요소로 포함함으로써 게임과는 구별된다. 즉, 신체활동성은 게임의 충분조건이지만, 스포츠에서는 필수조건이 된다. 경쟁이 스포츠의 구성요소 또는 필요조건이라는 점은 스포츠의 모태라고 할 수 있는 게임(games)에서 연원한다. 즉 우열을 가르는 일이 겨루기(games)이며, 그 중에서도 기량을 겨루는 일이 경기(競技)가 된다. 겨루기에는 기량이 아닌 확률적 행운(fortune)의 겨루기와 같은 것도 존재한다. 따라서 모든 겨루기가 기량의 겨룸, 즉 경기는 아니다. 이 같은 스포츠와 게임, 그리고 놀이의 관계는 다음의 그림으로 표현할 수 있다. 놀이는 임의적 규칙(voluntary rules)에 의해 규정되는 활동이다. 게임은 관례화된 규칙(traditionalized rules)에 의해 규정되는 방식으로 이루어지는 경쟁적 활동이다. 스포츠는 제도화된 규칙(institutionalized rules)에 의해 규정되는 방식으로 신체적 탁월성을 겨루는 활동이다.

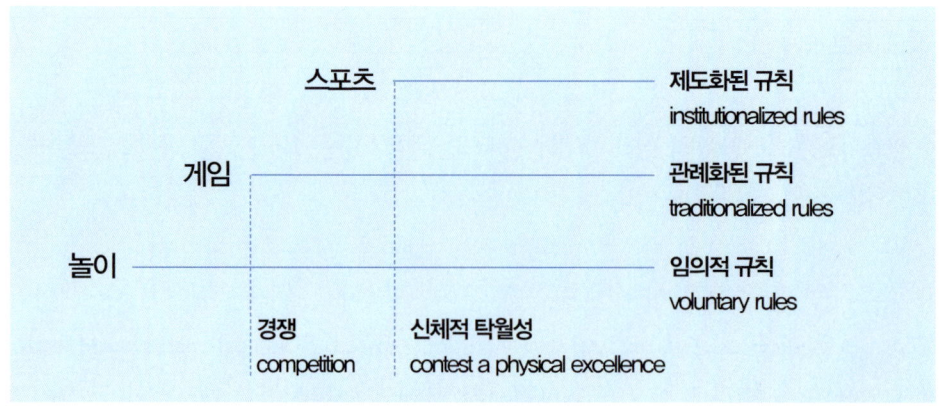

[그림 I-1] 놀이, 게임, 스포츠의 관계

놀이에서 게임으로, 그리고 게임에서 스포츠로 전환되는 과정에서 규칙의 성격이 더욱 엄격해짐을 알 수 있다. 규칙이 엄격해지는 배경에는 경쟁의 심화 및 확장이 자리하고 있다. 즉 행위에서의 경쟁의식이 전면으로 부각되고 경쟁양상이 확산 될수록 승패를 결정하는 기회 및 조건을 공평하게 활용할 수 있는 장치가 요구되면, 그 요구는 엄정한 규칙의 수립으로 나타난다. 그러기 때문에 놀이 → 게임 → 스포츠로의 전환은 규칙에 있어서 도 임의적 수준 → 관례적 수준 → 제도적 수준의 전환을 수반하게 되는 것이다.

결과적으로 놀이는 인간의 가장 기본적인 활동이며, 게임은 경쟁적인 놀이라고 할 수 있다. 그리고 스포츠는 신체활동적인 게임 중 제도화된 활동을 의미한다고 할 수 있다.

3) 게임의 특성

게임의 정의에서 살펴보았듯이 게임은 다양한 특성을 지니고 있다. 특히 본 서에서는 체육교육에서 다루는 게임에 초점을 두고 있기 때문에 게임 중 신체기능 게임의 특성을 중심으로 자세히 살펴보도록 한다.

(1) 경쟁성

놀이와 게임 구분의 가장 큰 경계는 경쟁 여부이다. 소꿉놀이와 같은 놀이는 경쟁성이 포함되어 있지 않으며 승패의 구분 또한 명확하지 않다. 그러나 게임은 놀이와 달리 승부가 명확하게 결정되어 이기고 지는 편이 확실히 구분된다.

일반적으로 초등학교에 입학하면 초등학생들은 이기고 지는 것에 대한 개념을 형성하게 된다. 따라서 유치원에서 주로 행해지던 놀이는 게임의 형태로 전환된다. 특히 경쟁은 인간의 본원적 특성 중의 하나로서 고학년이 되면 경쟁의식이 더욱 발달하게 되므로 다양한 학습 활동에서 경쟁을 적절하게 활용하면 학습 효과를 극대화시킬 수 있다. 이러한 의미에서 게임은 학생의 발달 단계상 매우 자연스러운 활동이라고 할 수 있다.

(2) 불확정성

게임은 승부가 명확히 결정되는 활동이나 그 결과는 미리 알 수 없는 불확실성을 지니고 있다. 게임은 음악, 미술 활동과는 달리 경기가 어떻게 진행될 것인가에 대해 사전에 전혀 알 수 없다. 이러한 이유 때문에 많은 사람들이 게임에 참가할 때 흥분하게 된다. 실제로, 객관적으로 실력이 뒤지는데도 불구하고 난공불락으로 보이는 상대편을 이길 때 참가자들이 느끼는 쾌감은 여타 활동에서는 맛보기 힘들다. 교사는 이러한 게임의 불확정성을 보장하기 위해서 실력 및 성별에 따라 규칙을 다르게 적용하는 방안을 고려해야 한다.

(3) 규칙성

게임은 놀이와는 달리 규칙이 비교적 엄격하게 준수된다. 놀이에서도 규칙이 존재하지만 규칙을 어겼을 때의 제약이 약한 편이다. 그러나 게임에서는 규칙을 어길 경우는 제약이 강하며, 상대방이 규칙을 인정하지 않으면 게임이 중단되기도 한다. 게임은 본질적으로 승패의 구분이 명확하기 때문에 규칙의 준수 여부는 승리의 정당성에 매우 큰 영향을 미친다. 실제로, 교사는 축구 경기후 패배한 팀 학생들 사이에서 상대 팀의 반칙으로 인하여 자기 팀이 졌다는 항변을 많이 듣게 된다. 학생들은 초등학교 중학년 정도가 되면 규칙의 준수 여부에 대해 매우 민감하게 반응한다. 그래서 규칙 준수 여부에 대한 논란으로 인하여 학생들의 게임이 중단되는 경우가 빈번히 발생한다.

4) 게임의 분류

게임은 학자마다 시각에 따라 다양하게 분류될 수 있기 때문에 명확하고 합의된 분류는 존재하지 않는다. 따라서 본서에서는 주요 학자들의 게임 분류를 중심으로 살펴보도록 한다.

(1) Caillois의 분류

Caillois(1961)는 Huizinga의 놀이에 대한 정의에서 놀이가 첫째, 비조직적인 놀이와 조직적인 스포츠간의 관계, 둘째, 기능 게임과 운 게임과의 관계, 셋째, 경쟁 게임과 비경쟁 게임간의 관계를 규명하지 못하고 있음을 지적하고 Huizinga의 놀이 개념을 보완하면서 한 걸음 더 나아가 자신의 게임 분류 범주를 제시하였다.

Caillois는 게임을 수직적 분류와 수평적 분류로 구분하였다. 〈표 I-1〉에서 보면 수직적 분류는 비조직적인 놀이와 조직적인 스포츠간의 관계에 대한 내용을 다룬 것이고, 수평적 분류는 기능 게임과 운 게임간의 관계, 그리고 경쟁 게임과 비경쟁 게임간의 관계에 대한 내용을 다루고 있다.

Caillois(1961)는 수직적인 차원에서 게임을 파이디아(PAIDIA)[1]와 루두스(LUDUS)[2]로 구분하는데, 파이디아(PAIDIA)에서 루두스(LUDUS)로의 점진적인 변화는 어린이의 자생적 활동으로부터 성징의 조직적 게임에로의 진전을 의미한다. 다시 말해서, 원초적 단계의 놀이 활동은 PAIDIA 요소가 강하며, 점차 아래로 내려 갈수록 LUDUS요소가 강해진다.

---

[1] 파이디아(PAIDIA)는 그리스어로 'chid'를 뜻하며, 무정부적이고 변덕스런 어린이의 성향인 소란, 혼란, 폭소와 같은 원초적 상태를 의미한다.
[2] 루두스(LUDUS)는 라틴어로 일반적으로 '놀다' 라는 뜻으로 사용되지만, 바라는 결과에 도달하는 것을 더 어렵게 만들기 위해 강제적으로 불편한 약속을 따르게 하고 더욱 더 거추장스러운 장애물을 설정·극복하기를 좋아하는 성향으로 투기(鬪技), 시합, 경기 등이 루두스(LUDUS) 의미의 기초라고 볼 수 있다.

이와 함께, Caillois(1961)는 수평적인 차원에서 게임을 심리적 태도, 즉 활동의 원동력이 되고 있는 충동과 원망의 욕구에 의해서 경쟁(Agon), 운(Alea), 의태(Mimicry), 현기증(Ilinx)[3]의 네 개 범주로 나누고 그 특징을 다음과 같이 제시하였다.

〈표 I-1〉. 게임의 분류

	경쟁	운	의태	현기증
PAIDIA 야단법석 소란 폭소	경주 씨름 등 운동경기	동전 앞뒤 알아맞추기	요술 놀이 술래 놀이 병정 놀이 가면 가장놀이	뱅뱅돌기 말타기 그네타기 회적목마타기 춤추기
연날리기 혼자두는 장기 혼자하는 카드놀이 글자넣기 수수께끼 LUDUS	권투, 검도 축구, 탁구 당구, 바둑, 장기 스포츠전반	돈 내기 룰렛 단식, 복식 및 이월식 복권	연극, 공연예술 전반	투우 순회축제 스키 등반 공중곡예

자료 : Caillois(1961). Man, Play and Games. Translated by Meyer Barash. New York: The Free Press.

① 경쟁(아곤, Agon)-그리스어로 시합, 경기를 뜻함

어느 일정분야에서 자기 자신의 우월성을 나타내려는 욕구가 이의 원동력이며, 개인이나 집단이 경쟁의 형태를 취하는 게임이다. 승패가 명확하므로 이의를 제기하지 않도록 평등한 기회와 조건이 인위적으로 설정되며, 일정 한계 내에서 다른 사람의 도움없이 자기 스스로 최고 능력을 발휘함으로써 우열을 겨룬다. 따라서 승리에 대한 욕구는 공통적 규칙에 의해서 통제되어야 한다. 그리고 규칙에 따른 우월성의 증명은 끊임없는 노력, 적절한 훈련 및 강인한 의지를 전제로 한다. 대부분의 신체기능 게임 및 스포츠가 전형적인 경쟁(Agon)게임이라고 할 수 있다.

② 운(알레아, Alea)-라틴어로 요행, 우연을 뜻함

운이나 우연에 결과를 맡기는 게임으로서, 경쟁(Agon)과 마찬가지로 평등하고 공통적인 규칙을 따른다. 그러나 경쟁(Agon)이 오로지 자신의 능력에 의존하여 승리를 추구하는데 반하

---

[3] Caillois는 인간의 놀이를 규칙과 의지의 有,無에 따라 규칙이 있고 의지도 있는 것을 경쟁(Agon), 규칙은 없으나 의지를 반영하는 것을 의태(Mimicry), 규칙은 있으나 의지가 반영되지 않는 것을 운(Alea), 규칙도 없고 의지도 반영되지 않는 것을 현기증(Ilinx)의 네 가지 범주로 분류하였다.

여 운(Alea)은 활동자의 능력을 부정하고 운이나 재수와 같은 우연성에 결과를 맡긴다. 즉, 운(Alea)은 규칙의 평등을 보장하지만, 인간의 능력, 인위적인 영향력 등이 개입되지 않고 절대적으로 운에 의존하는 게임이다. 즉, 운명만이 승리를 만들어내는 유일한 존재이며, 이때 승리란 상대가 있는 경우에는 승자가 패자보다 운으로부터 더 많은 혜택을 입었다는 것만을 의미한다. 운(Alea)에 해당되는 게임으로는 동전 앞뒤 알아맞히기, 돈내기 등이 있다. 한편, 경쟁(Agon)의 결과가 내기나 도박이 대상이 되어 경쟁(Agon)과 운(Alea)가 결합할 수 있는데, 축구 스코어 알아맞히기나 각종 경기 결과에 내기를 거는 행위가 이의 좋은 예가 된다.

③ 의태(미미크리, Mimicry)-흉내, 모방, 의태(擬態)를 뜻함

모의, 모방 또는 가장 놀이로서 자신의 인격을 일시적으로 망각하고 위장해서 다른 인격으로 변심함으로서 타인이 되어 느끼는 해방의 기쁨이 활동의 원동력이 된다. 그러나 진정 타인으로 전환되는 것이 아니라, 어디까지나 일시적으로 타인의 행세를 취하는 것이고, 그것을 믿고 인정해 주는 허구의 상황이 규칙을 대신한다. 즉, 허구, 상상, 모방 의식이 공통적으로 통용되지 않으면 안 된다. 영화나 연극이 이의 전형적인 형태이다. 한편 관람스포츠는 스포츠가 구경거리로 되어 선수와 관중이 동일시화되는 것으로서 경쟁(Agon)과 의태(Mimicry)가 결합된 좋은 예이다(임번장, 1979).

경쟁(아곤, Agon)
예) 축구형 게임

운(알레아, Alea)
예) 가위,바위,보 게임

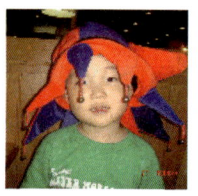
의태(미미크리, Mimicry)
예) 광대놀이

현기증(일링크스, Ilinx)
예) 번지점프

[그림 1-2]. 경쟁(Agon), 운(Alea), 의태(Mimicry), 현기증(Ilinx)의 예

④ 현기증(일링크스, Ilinx)-그리스어로 소용돌이를 뜻함

감각이나 지각의 안정을 파괴하고 의식상태를 혼란에 빠뜨려 어지러움이나 짜릿한 현기증을 추구하는 게임이다. 이는 그네, 미끄럼, 뱅뱅돌기, 급속회전 등에 의해 일시적으로 지각이나 의식을 혼란시킴으로서 가벼운 공포(Panic)를 즐기는 것이다. 현기증(Ilinx)은 이렇게 의식이나 지각을 무력케 함으로써 완전히 현실로부터 탈피한다. 물리적 운동에 의한 것, 심리적인 것, 알콜이나 마약 등에 의한 화학적 약물에 의해서 현기증(Ilinx)의 상태로 유도할 수 있는데,

자기 의식에 의한 통제를 무력케 하는 위험을 동반하기 때문에 이를 예방할 장치나 준비가 필요하다. 암벽타기, 스키, 수상스키, 스카이다이빙, 번지점프 등이 현기증(Ilinx)의 좋은 예이다.

(2) Roberts, Arth 그리고 Bush의 분류

Roberts, Arth 그리고 Bush(1974)는 게임을 경쟁의 결과인 승부 결정 요인을 기준으로 하여 신체 기능 게임(Games of Physical Skill), 전술 게임(Games of Strategy) 및 운 게임(Games of Chance)의 세 가지로 분류하고 그 특성을 다음과 같이 제시하고 있다.

① 신체기능 게임 : 게임의 결과가 활동자의 운동능력에 의해 결정되는 게임
  (예 : 마라톤경주, 화살던지기 등)
② 전술 게임 : 게임의 결과가 합리적인 선택에 의하여 결정되는 게임
  (예 : 고누, 오목, 장기, 바둑 등)
③ 운 게임 : 게임의 결과가 추측 혹은 우연에 의해 결정되는 게임
  (예 : 주사위, 빙고 등)

(3) Roberts와 Sutton-Smith의 분류

Roberts와 Sutton-Smith는 신체기능, 전술, 운으로 특성을 구분한 Roberts등의 분류에 추가하여 우리에게 친근한 주변의 게임은 위의 세 범주가 혼합된 복합형이라고 밝히고, 다음과 같은 일곱 가지 결합된 형태의 게임 분류를 제시하였다(임번장, 1979).

① 순수 신체기능 게임 : 역도, 달리기 등
② 신체기능과 전술 게임 : 야구, 농구 등
③ 신체기능과 운 게임 : 짝짓기 등
④ 신체기능, 전술 및 운 게임 : 보물섬 등
⑤ 순수 전술 게임 : 오목, 고누, 장기 등
⑥ 전술과 운 게임 : 화투, 윷놀이, 포커, 마이티 등
⑦ 순수 운 게임 : 뺑뺑이, 빙고, 주사위 등

이들 일곱가지 형태의 게임 가운데 순수 신체기능 게임 및 신체기능과 전술 게임이 체육 수업에서 다루는 게임 영역이라 할 수 있다.

2 게임의 구조

게임은 일정한 형식의 구조를 갖고 있다. 즉, 모든 게임은 목적, 활동 절차, 활동 규칙, 참가 인원, 참가자의 역할, 참가자의 상호작용 유형, 결과 및 보상 등의 요소를 포함하고 있다. 게임의 구조를 이해함으로써 학생들은 게임 수행 능력을 향상시킬 수 있으며, 게임을 구성하고 있는 요소의 변경을 통해서 새로운 게임을 창조해낼 수 있다.

1) 목적

게임의 궁극적인 목적은 공정한 경쟁을 통한 승리라고 할 수 있다. 그러나 승리를 추구하는 방법은 각각 다르기 마련이다. 즉, 각 게임 유형에 따라 구체적 목적은 다르다. 축구나 농구는 상대방의 영역을 침투함으로써 골을 성공시키는 것이 목적이고, 골프는 가능한 한 적은 타수로 코스를 끝마치는 것이 목적이다. 또한 야구나 발야구는 상대방의 빈 곳에 공을 치거나 발로 차서 루를 돌아오는 것이 목적이고, 배구나 테니스 등은 상대팀 코트 빈 곳에 공을 쳐 넘겨서 상대팀이 공을 받지 못하도록 하는 것이 목적이다.

2) 활동 절차

모든 게임에는 활동 절차가 있다. 이는 활동 과정 및 게임 방법을 의미한다. 야구의 경우, 공격팀과 수비팀으로 구분하여 수비팀의 투수가 던진 공을 타자가 치고 루까지 달린다. 한편 야수는 그 공을 받아서 루를 책임지고 있는 선수에게 송구한다. 배구의 경우, 득점한 팀에서 상대팀 코트에 서비스를 넣으면, 서비스를 받는 팀에서 3번 안에 공을 서비스를 넣은 팀 코트의 빈 곳으로 보내게 된다. 일반적으로 활동 절차는 활동 규칙 및 참가 인원과는 달리 어린이와 성인사이에 별 차이가 없다.

3) 활동 규칙

모든 게임에는 규칙이 존재한다. 예를 들어, 축구의 경우 골키퍼를 제외하고는 공을 손으로 잡으면 안되며, 상대방의 몸을 손으로 밀치면 반칙이 된다. 그리고 농구의 경우, 공을 잡은 상태에서 세 걸음 이상 걸어가면 안 된다. 또한 야구는 네 개의 볼이 연속으로 들어오면 타자는 1루까지 자동적으로 진루하게 된다.

물론 모든 게임에서 규칙이 적용되는 정도가 일정하지는 않다. 일부 게임은 규칙이 그다지 많지 않으며, 이해하기 쉬운 반면, 일부 게임은 규칙이 매우 까다로우며, 규칙을 이해하는데 어려운 경우도 있다. 일반적으로 축구는 농구에 비해 규칙을 이해하기가 용이하며 까다롭지 않기 때문에 게임을 실시하기가 편리하다고 볼 수 있다.

초등학교 학생에게 게임의 규칙을 적용할 때에는 초등학생의 발달 수준에 적합하게 규칙을 변경할 필요가 있다. 위에서 언급한 것처럼 농구의 규칙을 초등학생에게 그대로 적용하게 되면, 초등학생은 게임 수행에 매우 어려움을 겪을 수 있다. 따라서 규칙을 다소 완화하여 초등학생에게 적용함으로써 초등학생이 흥미를 잃지 않도록 조정하는 것이 바람직하다.

4) 참가 인원

모든 게임에는 일정한 참가 인원이 있다. 이는 참여해서 활동을 할 수 있는 최소 혹은 최대의 인원을 나타낸다. 예를 들어, 핸드볼의 경우 7명이 필요하고, 야구의 경우 9명이 필요하며, 축구의 경우 11명의 선수가 필요하다.

그러나 게임을 학생에게 지도할 경우에는 참가자의 수준 및 특성을 고려하여 참가 인원을 조절할 필요가 있다. 일반적으로 한 학급에서 기능이 우수한 학생이 공을 독점하는 경우가 많기 때문에 교사는 처음에는 가능하면 소규모 인원이 참가하는 게임을 제공함으로써 모든 학생이 공을 소유할 기회를 증가시킬 수 있도록 하는 것이 바람직하다.

5) 참가자의 역할

모든 게임에는 참가자의 역할이 규정되어 있다. 즉, 배구에서 세터와 센터의 역할은 각각 다르다. 세터는 우리편 공격수가 상대방을 속이고 공격을 성공시키도록 공을 네트 위로 올려주는 역할을 수행하는 반면, 센터는 상대의 공격을 블로킹으로 차단하는 역할을 주로 수행한다. 그리고 농구에서 가드는 자기편 공격수들이 골을 넣을 수 있도록 도움을 주는 역할을 주로 담당하는 반면, 센터는 리바운드를 잡거나 골밑 슛을 노리는 역할을 담당한다.

많은 학생들은 게임 중에 자신의 역할을 망각하는 경우가 많다. 실제로 개인 경기에 비해 대인 및 단체 경기는 참가자 각각이 자신의 역할을 충실히 수행하는 것이 승리하는데 매우 결정적이다. 따라서 교사는 학생들이 게임 중에 자신의 역할을 확실히 인지하고, 충실히 수행할 수 있도록 지도해야 한다.

6) 참가자의 상호작용 유형

모든 게임은 참가자 사이의 상호작용이 존재한다. 신체 활동 게임에서의 상호작용은 개인과 개인간의 상호작용(테니스, 배드민턴 등), 팀과 팀의 상호작용(축구, 농구 등 단체 경기), 개인과 다수간의 상호작용(술래잡기 등), 개인 또는 팀과 자연계의 무생물간의 상호작용(골프, 양궁, 사격 등) 등으로 구분된다.

일반적으로 게임 및 스포츠를 분류할 때 이러한 상호작용 유형을 기준으로 분류하는 경우가 많다. 예컨대, 개인 스포츠, 대인 스포츠, 단체 스포츠 등의 구분은 이러한 상호작용 유형에 의한 분류이다.

7) 결과 및 보상

모든 게임은 결과와 그에 따른 보상이 존재한다. 즉, 모든 게임은 승패가 명확히 결정되며, 이기는 경우에는 일반적으로 트로피나 메달 등의 물질적인 보상, 또는 심리적 만족이나 칭찬 등의 비물질적 보상이 부여된다.

게임에 있어 결과 및 보상은 신중하게 다루어질 필요가 있다. 미래 사회 생활에 대한 준비 차원에서 적절한 경쟁은 바람직하지만, 경쟁이 지나치면 학생들이 게임 결과에만 집착한 나머지 게임 과정을 무시하게 되며, 이럴 경우 게임의 교육적 가치를 달성하기 어려워진다. 따라서 학생들이 결과에 너무 집착하지 않도록 지도하는 것이 바람직하다.

보상 또한 마찬가지이다. 보상은 학생의 동기 유발에 효과적인 수단이 될 수 있다. 그러나 게임 결과에 대한 보상이 물질적인 것에 지나치게 치우치면 학생들이 게임 자체에 집중하기보다는 보상에만 관심을 둘 수 있다. 따라서 가능한 한 심리적 만족이나 칭찬 등의 비물질적 보상을 제공함으로써 학생의 내적 동기 유발에 초점을 두어야 한다.

3 게임의 교육적 가치

게임은 단순한 놀이 수단이나 시간 낭비 활동이 아니라 초등학생의 신체적, 인지적, 사회적, 심리적, 도덕적 발달을 도모할 수 있는 유익한 활동이다. 즉, 게임을 통하여 학교 교육의 목적인 전인교육을 추구할 수 있다.

1) 신체적 가치

아동기는 신체 활동 욕구가 매우 왕성한 시기로서 다양한 게임 경험은 조화로운 신체 발달에 기여한다. 인간의 신체는 이용하면 이용할수록 발달하며 이용하지 않으면 퇴보하기 마련이다. 특히 아동기는 신체 성장이 활발하게 이루어지기 때문에 발달 단계에 적합한 게임 활동은 아동의 이상적인 발육 발달에 지대한 영향을 미친다.

그리고 다양한 게임 활동은 초등학생의 골격근계, 신경계, 호흡계, 순환계 등의 기능을 향상시킴으로써 건강 유지에 절대적인 역할을 담당한다. 구체적으로 초등학생의 게임 활동 참가는 근육을 굵게 하고 뼈를 튼튼하게 함으로써 보다 강한 힘을 발휘하도록 해준다. 그리고 지속적인 게임 활동은 초등학생의 운동 신경을 발달시켜 보다 빠른 반사 동작과 협응력 향상을 가져오게 된다. 또한 활발한 게임 참가는 허파의 크기를 증대시켜 폐활량을 크게 하여 산소 섭취량의 증가를 가져오며, 심장에서는 혈액 순환을 원활하게 함으로써, 결과적으로 보다 오랫동안 지치지 않고 활동을 지속할 수 있는 지구력을 향상시킨다.

초등학생의 게임 참가는 비만 예방에도 많은 기여를 한다. 최근 초등학생 비만이 심각한 문제로 대두되고 있다. 초등학생의 영양 상태는 과거에 비해 매우 호전되었으나 활동 기회는 감소됨으로써 상대적인 비만 상태의 초등학생이 급격히 증가하고 있는 추세이다. 비만은 체형을 바람직하게 하지 않을 뿐만 아니라, 동맥경화, 심근경색, 당뇨병, 고혈압, 관절염 등과 같은 질환을 유발할 가능성이 농후하다. 더더욱 이러한 생리학적 문제는 물론 심리적 차원에서도 우울증을 유발하는 등 매우 심각한 영향을 미치고 있다.

비만을 해소하는 방법에는 일반적으로 식이요법과 운동요법이 있다. 비만이란 섭취한 칼로리보다 소비한 칼로리가 적을 때 발생하기 때문에 많은 사람들이 칼로리 섭취를 줄이는 식이 요법을 통해서 비만을 해소하고자 노력한다. 그러나 식이 요법에 의한 비만 해소는 지방이 감소되는 것이 아니라 우리 몸에 있는 근육 및 단백질 복합체와 무기질 성분이 줄어들어 빈혈, 저혈당증, 심장마비 등을 초래하기도 한다. 따라서 식이요법만을 통한 비만 치료는 바람직하지 못하다.

반면 활발한 신체 활동이 포함된 게임을 통하여 활동량을 증가함으로써 비만을 해소할 경우에는 중금속 등과 같은 노폐물이 땀과 함께 배출됨은 물론 체지방이 감소되며 인체 조절 기능에 필요한 무기질의 양이 오히려 증가하기 때문에 건강에 매우 유익하다. 따라서 정규 수업시간은 물론 방과후에 다양하고 활발한 게임 활동 참가는 비만을 치유하는데 많은 도움이 될 수 있다.

한편 학생의 게임 참가는 운동 기술 습득에도 많은 도움이 된다. 일반적으로 학생들이 새로운 게임을 접하게 되면 자신의 뜻대로 몸을 움직이기가 쉽지 않은데, 이는 결국 운동 기술이 부족하기 때문이다. 게임 활동은 여러 스포츠에 필요한 기술을 배우고 활용하게 함으로써 효율적인 운동 기술 향상이 이루어지도록 도와준다. 실제로 성인이 되어 활발한 스포츠 참가를 저해하는 요인 중의 하나가 운동 기술의 부족이라고 할 수 있다. 성인이 되어 새로운 기술을 습득한다는 것은 신체적 차원은 물론 심리 불안을 동반할 가능성이 많다. 이러한 점에 비추어보면 아동기에 다양한 게임 활동을 경험함으로써 성인기에 보다 쉽게 스포츠에 참가할 수 있는 기술을 습득할 수 있는 것이다. 특히 인지적 지식과는 달리 신체적 기술은 쉽게 망각되지 않기 때문에 그 만큼 가치있는 경험이 될 것이다. 이와 함께 아동기 게임 참가를 통하여 운동 기술을 향상시킬 때 아동들은 자신의 능력 확대는 물론 자신의 잠재력을 발휘함으로써 자아존중감을 향상시킬 수도 있다.

2) 인지적 가치

초등학생은 다양한 활동을 통해서 주변의 사물, 사회적 환경에 대한 지식을 습득하게 된다. 초등학생은 게임이 진행되는 동안 피하기, 치기, 던지기 등의 행동들이 발생하게 되는데, 이러한 일련의 행동들을 통하여 게임의 규칙을 이해할 수 있게 되고 또한, 게임의 목적을 달성하기 위해 적절한 행동과 부적절한 행동을 판단하게 된다는 것이다.

또한 초등학생은 게임 활동을 통하여 창의적 능력 향상을 도모할 수 있다. 초등학생이 기본 게임에 익숙해지면 교사의 조언을 바탕으로 게임의 규칙, 도구, 인원 등을 변화시킴으로써 초등학생 스스로 게임을 재구성하는 경험을 가질 수 있다. 초등학생은 동료들과 다양한 상호작용을 통하여 자신들의 수준에 적합한 게임을 만들어봄으로써 창조의 경험을 갖게 되며, 그 과정에서 문제 해결력을 향상시킬 수 있다.

특히 본 서에서 강조하고 있는 이해중심 게임 모형을 이용한 수업은 초등학생의 인지적 능력 발달에 많은 도움을 줄 수 있다. 이해중심 게임 모형은 기능보다 전략을 중요시하는 인지적 접근 방법을 채택하고 있기 때문에 다양한 상황에서 개인의 의사결정 능력을 향상은 물론 어려운 상황에서 최선의 전술 및 전략을 구사함으로써 상황 대처 능력을 향상시켜준다.

3) 사회·문화적 가치

게임은 문화적으로 가치 있는 개인의 사회적 태도, 가치, 행동들을 습득하게 하는 환경을 제공한다고 여겨져 왔다. 많은 아동학자들은 초등학생의 사회화 과정에서 게임의 기능을 강조해왔다. 실제로 다양한 놀이 및 게임 활동을 통하여 초등학생은 다양한 발달 단계를 거침으로써 사회적 인격체로 성장하게 된다.

또한 게임은 민주시민 의식을 고취시키는데 매우 유익한 도구가 된다. 구체적으로 게임은 건전한 경쟁과 협동심을 함양하는데 좋은 도구가 될 수 있다. 우선, 활발한 게임참가는 선의의 경쟁 의식을 자연스럽게 형성하도록 돕는다. 이는 선의의 경쟁을 통하여 주어진 목표를 달성해야 한다는 우리 사회의 궁극적인 목적과 부합된다. 이와 함께 단체 게임은 협동심을 향상시키는데도 많은 도움을 준다. 최근 사회의 개인주의 성향은 초등학생의 남과 더불어 살 수 있는 능력 저하를 초래하고 있다. 따라서 학교에서는 초등학생에게 민주시민으로서 반드시 요구되는 협동심을 고취시키는데 많은 노력을 기울이고 있으며, 게임은 이러한 목적을 달성하는데 매우 유용한 수단이 될 수 있다. 실제로 단체 게임에서는 한 개인의 역량이 아무리 뛰어나더라도 팀의 승리를 이끌기는 어렵다. 따라서 승리하기 위해서는 팀 동료들과 원만한 상호작용 및 협동이 반드시 필요하게 된다.

한편 과거의 인류는 기본적인 의식주 해결에 모든 관심을 기울여야 했다. 그러나 산업화 및 기계화에 따라 여가 시간이 증가하면서 최근에는 여가 선용이 삶의 질의 척도로 활용되고 있다. 이러한 측면에서 아동기에 다양한 게임 활동 경험은 미래의 여가 활동 참여에 긍정적인 영향을 미칠 수 있다. 성인이 되어 새로운 활동에 입문하는 것은 쉬운 일이 아니다. 많은 사람들이 여가 활동 참가 욕구는 있으나 새로운 활동에 대한 두려움 등으로 인하여 참여하지 못하는 경우가 많다. 따라서 아동기의 다양한 게임 활동은 미래의 성인기 여가 활동 참가의 원동력이 될 수 있다. 초등학생은 다양한 게임 활동을 통해 스포츠 기술, 스포츠에 대한 태도 및 가치관을 형성함으로써 미래의 질 높은 여가 활동을 영위할 수 있는 기회를 경험할 수 있다는 것이다.

4) 심리적 가치

최근 부모의 높은 기대치와 만능적인 자질을 요구하는 사회 풍토로 인하여 대다수의 초등학생들은 지적 학습은 물론 예체능 분야에서 다양한 과외 학습을 실시하고 있다. 물론 다양한 과외 활동 경험은 초등학생의 미래 생활을 윤택하게 하는 자원으로 활용될 수 있으나, 초등학생의 의지와는 관계없이 부모의 기대를 충족시키는 수단으로 이용될 경우에는 초등학생에게 많은 스트레스로 작용할 수 있으며, 이러한 스트레스가 오랫동안 지속되면 정신 건강에 해로울 수 있다.

　　게임은 이러한 정신적 긴장을 해소하는데 가장 좋은 방법 중의 하나이다. 초등학생은 신체 활동에 대한 본능적인 욕구를 지니고 있다. 누구나 오랜 시간 동안 활동을 못하게 되면 자연 속을 거닐어 보고 싶고, 또 운동장에 나가 마음껏 뛰고 싶어진다. 특히 현대 사회에서는 과학 문명의 발달과 도시화로 인하여 초등학생의 활동 기회가 줄어들고 있는데, 게임은 이러한 인간의 신체 활동에 대한 욕구를 건전하고 적극적인 방식으로 해소할 수 있도록 한다.

　　한편 신체 건강은 정신 건강과 밀접한 관련을 갖는다. 즉, 활발한 게임 참가를 통한 체력 및 건강이 유지되지 않으면 건강한 정신 상태가 불가능하다는 것이다. 신체가 매우 허약하거나 피로할 경우 매사가 귀찮고 의욕이 저하되는 것을 우리는 종종 경험할 수 있다. 활기차고 밝은 학교 및 일상 생활의 영위는 건강한 신체의 바탕 위에 건강한 정신이 조화를 이룰 때 가능하므로 초등학생은 다양한 게임 참가 기회를 제공받아야 한다.

5) 도덕적 가치

　　게임은 기본적으로 명예, 정직, 페어플레이, 패배시의 자기통제, 예의범절 등과 같은 운동 정신을 강조하며 상대방을 공명정대하지 못한 방법으로 대하는 것을 허용하지 않는다는 점에서 도덕성을 발달시키는데 중요한 역할을 한다. 특히 현대 사회의 도덕 불감증으로 인하여 아동에게서도 도덕성이 약화되고 있는 시점에서 게임 활동의 내면화는 도덕성 회복의 밑거름이 될 수 있다.

　　페어플레이는 성문화된 규칙뿐만 아니라 불문율적인 관습까지도 엄정하게 지켜야함을 의미한다. 나아가 이는 순수한 게임의 본질이며 게임의 결과를 초월하여 게임을 행하는 가치의 표출이다. 즉, 페어플레이는 게임 참가자의 책임과 의무를 전제한 평등하고 공정한 처사이다. 이와 같은 페어플레이 정신은 지속적인 게임 활동 참여를 통하여 형성되는 기본적인 도덕적 성향의 하나로서 정정당당하게 경기하는 태도를 학습하고 승리를 위하여 비열한 행동이나 전략을 배격하며 규칙을 준수함으로써 상대방에게 실력을 유감 없이 발휘하여 대등한 조건 하에서 경쟁한다는 가치의식 및 태도체계의 함양에 기여한다(오순근, 1994).

　　또한 게임 활동 참여는 상대방에 대한 예의범절을 갖출 수 있는 유익한 수단이 된다. 게임 활동에서는 상대방, 동료, 심판, 경기규칙, 시설 및 용구, 승패 등과 관련하여 다양한 예절이 있다. 따라서 타인에 대하여 인격체로 구성된 집단 속에서 경기하게 되는 만큼 상대편에게 예절을 지키고 그들의 인격을 존중해주어야 한다.

패배시의 자기 통제도 중요하다. 게임에서 승리하는 것이 중요한 목표이기는 하나 승리 여부가 게임의 절대 목적이 되어서는 안 된다. 초등학생들은 게임에 참가하면서 때로는 패배하게 되는 경험도 겪게 될 것이다. 교사가 학생에게 다양한 게임 활동을 통하여 최종 결과와는 무관하게 게임 자체에 최선을 다하는데 의의를 두도록 유도함으로써 비록 패배했다 하더라도 패배감이나 허무감, 절망감에 사로잡히지 않고 이를 스스로 통제하고 극복할 수 있는 능력을 갖도록 지도하게 되면, 학생은 한층 인격적인 면에서 성숙할 것이다.

게임활동을 통해 초등학생들은 다양한 교육적 가치를 학습하게 된다.

제2장
초등학교 체육교육에서의 게임지도

 게임은 제1차 체육과 교육과정에서부터 초등학교 체육의 주요 내용으로 다루어졌으며, 개정된 체육과 교육과정에서도 여전히 핵심적인 위치를 점유하고 있다. 그러나 전통적인 게임수업은 교수·학습 방법 측면에서 기능 중심 수업에만 초점을 둠으로써 여러가지 문제들을 야기시켰다.

 초등학교 체육교육과정과 게임 영역의 변천

우리나라 초등학교 체육교육과정의 변화에 따라 게임 영역도 변천을 거듭하여 왔다. 여기에서는 제1차부터 제7차까지의 체육교육과정 내 게임 영역의 변천 과정 및 내용을 체육교육과정의 변화와 연계하여 살펴보도록 한다.

1) 제1차 초등학교 체육교육과정

제1차 초등체육교육과정은 '발달교육모형'과 '놀이교육모형'이 혼합된 절충적 교육과정으로 볼 수 있다. 교과목 명칭이 1895년부터 계속적으로 사용되어 오던 '체조'로부터 '체육과와 보건과'로 변화되었는데, 이는 체육 내용의 초점이 '체조' 중심에서 '놀이' 중심으로의 변화를 의미한다.

1895년에 학교 교육에 도입된 체육은 원래 아동의 즐거움과 같은 내재적 가치에 초점을 두기보다는 '신체의 교육' 즉, 신체활동을 통한 건강에 초점을 둔 교과였다. 특히 일제 시대에 접어들면서 체육 교육은 학생의 신체를 단련시킴으로써 강인한 군사 육성이라는 왜곡된 목적 하에 전개되었다. 그러나 제1차 초등체육교육과정에서는 '신체를 통한 교육'에 초점을 둠으로써 아동의 전인적 발달을 강조하였고, 내용 영역 또한 '체조(gymnastics)' 중심에서 '운동놀이(motoric play)' 중심으로 변화되었으며, 4개 영역(체조 놀이, 놀이, 춤놀이, 보건)으로 구성되었다.

현재의 게임은 제1차 초등체육교육과정에서 '놀이'에 해당된다고 할 수 있으며, 체조 중심에서 놀이(게임) 중심으로 바뀜에 따라, 체육의 초점이 게임이 되고 있다. 특히 내용 조직에 있어서 '활동 단원(activity unit)'으로 구성됨으로써 다양한 놀이 운동 프로그램이 포함되었다.

구체적으로 제1차 초등체육교육과정에서 게임 영역(놀이 영역)은 던지기, 잡기, 차기, 치기, 튀기기, 보내기로 구분되었으며 1, 2학년은 주로 기능, 3, 4학년은 기능과 게임의 혼합, 그리고 5, 6학년은 주로 실제 게임에 초점을 두고 교육 내용이 전개되었다. 실제적인 내용은 〈표Ⅱ-1〉과 같다.

<표 II-1>. 제1차 초등학교 체육교육과정의 게임 영역 내용

내용 \ 학년	1, 2학년	3, 4학년	5, 6학년
던지기	콩주머니 던지기 콩주머니 원안에 넣기 공 던지기 공 원안에 넣기	공 던지기 공으로 과녁 맞히기 원형 공 피하기 방형 공 피하기	방형 공 피하기
잡기	굴린 공 잡기 던진 공 방향 찾기 튀긴 공 방향 찾기 던진 공 받기	공 던지기 공으로 과녁 맞히기 원형 공 피하기 방형 공 피하기	방형 공 피하기
차기	발로 공 굴리기 발로 공 차기 찬 공 피하기	대열 공 차기 풋 베이스 볼	간이 축구
치기	손바닥으로 공치기 손바닥으로 공 쳐 멀리 보내기 주먹으로 공치기	롱 베이스 볼 삼각 베이스 볼	프리 테니스 롱 베이스 볼 원 아웃 볼
튀기기	튀긴 공 받기 두 손으로 공 튀기기 한 손으로 공 튀기기	두 손으로 공튀기기 한 손으로 공튀기기 공튀기며 이어 달리기	공튀기기 경쟁
보내기	굴린 공 피하기 손에서 손으로 공 보내기 던지는 패스로 공 보내기	굴린 공 피하기 코너 볼 공 보내며 이어달리기	보트 볼 캡틴 볼 마스바레이 볼 골 하기 간이 농구 간이 송구

2) 제2차 초등학교 체육교육과정

제2차 초등체육교육과정은 교과목 명칭이 전세계적으로 공용되고 있는 '체육(physical education)'으로의 변화를 제외하고는 제1차 초등체육교육과정과 큰 차이가 없었다. 즉, 제2차 초등체육교육과정은 제1차 초등체육교육과정과 마찬가지로 발달교육모형과 놀이교육모형에 근거를 두고 계획되었다. 따라서 게임 영역에 커다란 변화는 없었다고 할 수 있다.

그러나 부분적으로 제1차 교육과정과는 달리 제2차 교육과정에서는 기존의 던지기, 잡기, 차기, 치기, 튀기기, 보내기 영역과는 별도로 '놀이'라는 영역이 추가되었다. 따라서 제1차 교육과정에서는 1, 2학년의 경우, 주로 기본 기능 습득에만 초점을 두었으나, 제2차 교육과정에서는 1, 2학년에 게임을 포함시켰고, 3, 4, 5, 6학년은 '기본 기능'에 해당되는 영역과 '놀이' 영역을 분리시켰다. 게임 영역의 구체적인 내용은 〈표 Ⅱ-2〉와 같다.

〈표 Ⅱ-2〉. 제2차 초등학교 체육교육과정의 게임 영역 내용

내용\학년	1, 2학년	3, 4학년	5, 6학년
던지기	위로부터 아래로부터 옆으로부터	좌동 튀겨 던지기	좌동 달리며 던지기
잡기	굴린 공 잡기 던진 공 방향 잡기 튀긴 공 방향 잡기 던진 공 잡기	좌동 던진 공 받기 구른 공 잡기	좌동 달리며 공 받기
차기	발로 공 굴리기 발로 공 차기 찬 공 피하기	좌동 공 막아차기	좌동 바운드 공치기
치기	손바닥으로 공치기 손바닥으로 공쳐 멀리 보내기 주먹으로 공치기	좌동 던진 공 차기	좌동 막대로 공차기

튀기기	튕긴 공 받기 두 손으로 공 튀기기 한 손으로 공 튀기기	두 손으로 공 튀기기 한 손으로 공튀기기 공 튀기며 이어 달리기	좌동 공튀기기 경기
보내기	굴린 공 피하기 손에서 손으로 공 보내기 던지는 패스로 공 보내기	굴린 공 피하기 코너볼	
놀이	튀기기 내기 공 굴리기 내기	원형 공피하기 풋 베이스 볼 롱 베이스 볼 삼각 베이스 볼	엔드 볼, 보드 볼 간이 축구, 캡틴 볼 프리 테니스 매스 발레 볼 롱 베이스 볼 원 아웃 볼, 고울 하이 간이 농구, 간이 송구

3) 제3차 초등학교 체육교육과정

제3차 초등체육교육과정기는 1970년대 우리나라의 고도 성장 시대로서, 국민생활이 급속히 변화됨에 따라 성인은 물론 초등학생의 체력 저하가 사회적 문제로 등장하게 되었다. 특히, 이와 같은 사회적 요구(예:'체력은 국력'이라는 슬로건)와 중앙 정부의 진흥 정책(예: 엘리트 스포츠 정책)이 제3차 초등체육교육과정에도 강력한 영향을 미쳤다. 이러한 상황 속에서 개정된 제3차 초등체육교육과정은 '발달교육모형'과 '체력모형', '스포츠교육모형'의 절충적 교육과정으로 볼 수 있다.

제3차 초등체육교육과정에서는 제1차, 제2차에서 '놀이'에만 주로 초점을 둔 것과는 달리 '운동기능'과 '체력'을 강조하였다. 그리고 내용 영역의 명칭도 '놀이(play)'에서 '운동(exercise)'(예: 기구놀이 → 기계운동)으로 변화되었으며, 특히 기초체력 육성을 위한 '순환(기초력)운동(circulatory exercise)'영역이 추가로 포함되었다.

게임 영역은 농구형, 축구형, 야구형, 배구형 게임으로 구분함으로써 스포츠 기능 향상에 초점을 두었으며, 고학년으로 올라가면서 단순한 기능에서 점차 복잡한 기능을 수행하도록 계획되었다. 구체적인 게임 영역 내용은 〈표Ⅱ-3〉과 같다.

〈표 II-3〉. 제3차 초등학교 체육교육과정의 게임 영역 내용

내용 \ 학년	1학년	2학년	3학년	4학년	5학년	6학년
농구형	· 공 굴려 상대편 맞히기 · 던진 공 피하기 · 던진 공 받기	· 공 굴려 상대편 맞히기 · 공 던져 상대편 맞히기 · 던진 공 피하기	· 공 던져 상대편 맞히기 · 던진 공 피하기 · 던진 공 받기	· 패스로 공격하기 · 상대편 신체 접촉을 피하면서 방어하기	· 패스나 공 몰아 공격하기	· 상대편의 방어를 피해서 패스나 공 몰아 공격하기 · 상대를 정하여 방어하기
축구형	· 공 멀리 차기 · 굴린 공 발로 멈추기 · 공 몰기	· 공 멀리 차기 · 굴린 공 발로 멈추기 · 공 몰기	· 공 차 정확히 보내기 · 굴러 오는 공 발로 멈추기 · 공 몰기 · 구르는 공 받아차기 · 공 제기차기	· 라인축구 · 대열 공차기 · 공 제기차기 · 풋 베이스 볼	· 패스나 공 몰아 공격하기 · 재빨리 자기 위치에서 방어하기	· 패스나 공 몰아 공격하기 · 재빨리 자기 위치에서 방어하기
야구형	· 과녁 맞히기	· 과녁 맞히기	· 달리면서 과녁 맞히기	· 주먹으로 공 멀리 치기 · 구르는 공이나 공중에 나는 공 잡기	· 투수가 던진 공을 배트로 치고 달리기 · 구르는 공이나 공중에 나는 공 잡기	· 투수가 던진 공을 배트로 치고 달리기 · 구르는 공이나 공중에 나는 공 잡기
배구형			· 네트 넘어 온 공 놓치지 않고 받기 · 네트 너머로 공 던져 보내기	· 네트 넘어 온 공 놓치지 않고 받기 · 네트 너머로 공 튀겨 보내기	· 네트 넘어 온 공 놓치지 않고 받기 · 네트 너머로 공 튀겨 보내기 · 받은 공을 패스하여 쳐 넘기기	· 쳐서 서브 넣기 · 네트 넘어 온 공 놓치지 않고 튀겨 보내기 · 네트 넘어 온 공 패스하여 쳐 넘기기

4) 제4차 초등학교 체육교육과정

제4차 초등체육교육과정은 '신체를 통한 교육'의 개념을 확대하여 '움직임 교육(movement education)'의 개념을 부분적으로 수용함에 따라 '발달교육모형'과 '움직임교육 모형'의 절충적 교육과정으로 볼 수 있다.

구체적으로 '내용'은 '내용'영역 중에서 '순환(기초력)운동' 영역이 움직임 교육을 주창하는 일단의 미국 체육 교육학자들에 의해 새로운 '내용' 영역으로 개발된 '기본 운동(basic movement)' 영역으로 변화되었다. 그리고 지도 방법이 결과 중심에서 과정 중심으로 변화됨으로써, 문제해결 또는 유도발견방법(problem solving or guided discovery method)이 강조되게 되었다. 특이한 점은 저학년(1, 2학년) '체육'의 경우 광역 교육과정 이론에 기반을 둔 통합 교과 교육과정 이론이 적용됨으로써, '음악+미술+체육'을 통합한 '즐거운 생활'이라는 교과목으로 변화되었다는 점이다.

게임 영역의 경우 제3차 교육과정에서 주로 게임 기능 습득에 주안점을 둔 것과는 달리, 1-4학년까지는 주로 게임 기능 습득에 주안점을 두었으며, 5, 6학년에서는 이러한 기능을 토대로 배구형, 축구형, 야구형, 농구형의 간이 게임을 포함하였다. 구체적인 게임 영역 내용은 〈표 Ⅱ-4〉와 같다.

표 Ⅱ-4. 제4차 초등학교 체육교육과정의 게임 영역 내용

학년	1학년	2학년	3학년	4학년	5학년	6학년
내용	·던지기 ·받기 ·차기 ·멈추기 등 간단한 공 운동하기	·던지기 ·받기 ·차기 ·멈추기 등 간단한 공 운동하기	·던지기 ·받기 ·차기 ·멈추기	·던지기 ·받기 ·차기 ·멈추기	·배구형 ·축구형 ·야구형 ·농구형 ·운동의 기능을 익혀 간이게임 하기	·배구형 ·축구형 ·야구형 ·농구형 ·운동의 기능을 익혀 간이게임 하기

5) 제5차 초등학교 체육교육과정

제5차 초등체육교육과정에서는 체육과 움직임교육이 동의어로 해석되었으며, 이와 같은 관점에서 볼 때 '발달교육모형'보다는 '움직임교육모형'이 강조된 교육과정이다. 제5차 초등체육교육과정에서는 '체육 교과'의 성격을 '개인적 및 사회적 필요'에 의한 체력과 운동기능 향상 등의 가치만을 가진 교과라기보다는 '이론적 지식과 현실적 기능'을 공유하는 교과로 규정하고 있다.

구체적으로 제5차 초등체육교육과정에서는 '체력과 운동기능'이라는 목표와 함께 '운동 잠재력(motor capacity)'과 '지식(knowledge)'이라는 목표가 새로이 추가되었다. 그리고 내용 영역의 명칭은 '운동(exercise)'에서 '움직임(movement)'으로 변화됨으로써 조작적 개념의 성격을 띠고 있다 [예: 무용 리듬 및 표현 움직임(dance rhythme & expressive movement)]. 이와 함께 내용의 조직은 Laban의 움직임분석 이론과 학문중심 교육과정 이론에 의해 태동된 나선형 구성 원리의 적용을 시도하고 있다. 이로 인하여 전통적인 활동 단원에서 벗어나 '주제 단원(theme unit)'이 절충된 형태로 변화되었다.

움직임 교육모형은 신체 활동 자체보다는 이론적 지식이나 개념적 지식을 강조하기 때문에, 활발한 활동 기회가 다소 부족할 수 밖에 없다. 따라서 제5차 초등체육교육과정에서는 게임 영역이 상대적으로 소홀히 여겨진 시기라고 할 수 있다. 물론 움직임 교육 모형에서도 '효율적인 움직임 기능'을 강조하기 때문에 활동을 수행하기는 하지만, 주로 원리나 개념적 지식을 보다 강조하였다. 구체적인 게임 영역 내용은 〈표Ⅱ-5〉와 같다.

〈표 II-5〉. 제5차 초등학교 체육교육과정의 게임 영역 내용

학년	3학년	4학년	5학년	6학년
내용	· 이동운동하기 · 물체를 이동하는 운동하기 · 물체를 수용하는 운동하기 · 기본 운동을 결합한 운동하기	· 이동운동하기 · 물체를 이동하는 운동하기 · 물체를 수용하는 운동하기 · 기본 운동을 결합한 운동하기	· 기본 운동을 결합한 운동하기 · 기본 운동을 결합한 집단 운동하기 · 간단한 규칙에 따라 경기하기	· 기본 운동을 결합한 운동하기 · 기본 운동을 결합한 집단 운동하기 · 간단한 규칙에 따라 경기하기

6) 제6차 초등학교 체육교육과정

1995년부터 시행된 제6차 초등체육교육과정은 '체력중심모형'이 추가된 점을 제외하고는 제5차 초등학교 체육교육과정과 기본적으로 차이가 없었다.

구체적으로 교육과정 체제 내에 외재적 가치(건강)와 내재적 가치(운동기술)가 공존하는 교과로 규정한 '교과의 성격'항이 새롭게 포함되었고, '목표'항은 두 가지 포괄적 목표와 다섯 가지 구체적 목표로 세분되어 진술되어 있으나 추상적인 용어로 반복하고 있다. 또한 '내용' 영역은 세 가지 목표개념(기술, 지식, 태도)항으로 구분하고 있으며, 지도상의 유의점을 방법과 평가로 분리하여 상세화하고 있다.

제5차 초등체육교육과정에서와 마찬가지로 제6차 초등체육교육과정에서도 '움직임 교육모형'에 초점을 두었기 때문에 게임에 대한 강조는 적은편이었다. 구체적인 게임 영역은 〈표Ⅱ-6〉과 같다.

표 Ⅱ-6. 제6차 초등학교 체육교육과정의 게임 영역 내용

학년	3학년	4학년	5학년	6학년
내용	· 몸 모양과 공간을 다르게 하여 비이동 기능 익히기 · 몸 모양과 공간을 다르게 하여 이동 기능 익히기 · 신체 부위별로 공간을 다르게 하여 던지기, 치기, 밀기, 튀기기하기 · 공간을 다르게 하여 안기, 받기, 다루기 등의 수용 운동 기능 익히기 · 동작의 명칭, 움직임의 공간, 운동체의 위치 기능 익히기	· 몸 모양과 공간을 다르게 하여 비이동 기능 익히기 · 몸 모양과 공간을 다르게 하여 이동 기능 익히기 · 신체 부위별로 공간을 다르게 하여 던지기, 치기, 밀기, 튀기기하기 · 이동, 비이동, 조작 운동을 결합한 운동 기능 익히기 · 동작의 명칭, 움직임의 공간, 운동체의 위치 기능 익히기	· 공간과 힘을 조절하는 비이동 운동 기능 익히기 · 공간과 힘을 조절하는 이동운동 기능 익히기 · 공간과 힘을 조절하는 물체 조작 기능 익히기 · 집단으로 규칙에 따라 비이동, 이동, 조작 운동 게임하기 · 게임 형태의 규칙 이해하기	· 공간과 힘을 조절하는 비이동 운동 기능 익히기 · 공간과 힘을 조절하는 이동운동 기능 익히기 · 공간과 힘을 조절하는 물체 조작 기능 익히기 · 집단으로 규칙에 따라 비이동, 이동, 조작 운동 게임하기 · 게임 형태의 규칙 이해하기 · 복종심 기르기

7) 제7차 초등학교 체육교육과정

제7차 초등체육교육과정은 제6차 교육과정과는 상당히 많은 차이점이 있다. 일단 체육과를 기능적, 학문적, 규범적 성격을 두루 공유하는 종합 교과로서 성격을 규정하였으며, 체육과의 목표를 학생들이 도달해야 할 최종 성취 기준을 총괄적으로 묶어 제시하였다. 그리고 체육과의 학습 내용 구성에 있어서 체육과에서 반드시 다루어야 할 교육 내용을 최저 필수 학습 요소를 중심으로 학습내용을 정선함으로써 학습량의 최적화를 도모하였으며, 체육교육과정 내용을 필수와 선택 활동으로 나누어 제시함으로써 지역 및 학교의 특성에 따라 학습 내용을 탄력적으로 선정할 수 있는 여지를 두었다.

제7차 초등체육교육과정에서는 '게임' 영역을 확대하여 3, 4학년의 경우에는 육상, 구기, 계절, 민속놀이를 포함시켰으며, 5, 6학년에서는 육상을 제외하고 구기, 계절, 민속놀이를 포함시켰다.

특히 '게임' 영역에서 '구기'의 경우, 제6차까지의 전통적인 기능중심게임 수업과는 달리 제7차에서는 이해중심게임 수업에 초점을 두고 교육과정을 계획하였다. 즉, 제7차 초등체육교육과정에서의 게임 지도는 기능보다는 인지적 전략을 중요시함으로써 게임 운영 능력 향상에 초점을 두고 있다. 구체적인 게임 영역 내용은 다음 〈표Ⅱ-7〉과 같다.

<표 II-7>. 제7차 초등학교 체육교육과정의 게임 영역 내용

영역	영역	세부내용구성		학년 3학년 지도내용	4학년 지도내용	영역	세부내용구성	학년 5학년 지도내용	6학년 지도내용
게임활동		기본움직임의 이해/적용		밀기, 당기기, 걷기, 달리기, 던지기	휘돌리기, 건너뛰기, 차기	육상활동	달리기 활동의 이해/적용	이어달리기	장애물달리기
	육상·구기·계절·민속 활동의 이해 적용	육상		빠르게 걷기, 전력 달리기 (50m 달리기)	전력 달리기 (60m 달리기 등), 뜀뛰기		뜀뛰기 활동의 이해/적용	멀리뛰기 등	높이뛰기 앙감질뛰기 등
							던지기 활동의 이해/적용	여러 가지 공 던지기	여러 가지 무게의 공던지기
		구기		피하기형 게임 (피구 등), 표적맞히기게임 (과녁맞히기 등)	피하기형 게임 (원형피구, 공 피하기), 표적맞히기 게임 (공굴려맞히기 등)	게임활동	구기 활동의 이해/적용	축구형게임 2가지(짝축구, 라인축구 등), 농구형게임 2가지(3인조 농구, 대장공 등)	네트형게임 2가지(족구, 간이배구 등), 야구형게임 2가지(주먹야구, 발야구 등)
		계절		수상활동 (물 익히기 등), 설상 및 빙상활동 (눈썰매, 썰매 타기)	수상활동 (헤엄치기), 설상 및 빙상활동 (눈썰매, 썰매 등)		민속 활동의 이해/적용	태권도 관련 운동 2가지	씨름 관련 운동 2가지
		민속		투호, 굴렁쇠	제기차기 널뛰기		계절 활동의 이해/적용	수상운동 (자유형 또는 수구게임 등), 설상 및 빙상운동 1가지(스키 또는 스케이트)	수상운동 (평영 또는 수구게임), 설상 및 빙상운동 1가지(스키 또는 스케이트)

 ## 2007년 개정 초등학교 체육과 교육과정에서의 게임지도

2007년 개정 체육과 교육과정은 기존의 '신체 기능 중심'에서 '신체 활동 가치 중심'의 전향적인 변화를 보이고 있으며, "신체 활동을 종합적으로 체험함으로써 그 가치를 내면화하여 실행하는 사람이다."라고 밝힘으로써 신체 활동의 가치를 '일원화'하였다. 그리고 체육과의 목표를 학습 영역별(인지적, 정의적, 심동적 영역)로 제시하지 않고, 신체 활동 가치 영역별로 통합적이며 포괄적으로 제시하여 '건강', '도전', '경쟁', '표현', '여가'의 가치의 이해 및 실천을 강조하고 있다. 학습 내용의 구성에 있어서는 그 동안 간과되어왔던 체육의 인문적 측면과 예술적 측면의 강화 및 많은 신체 활동을 가르치고 배우는 과정에서 공통적으로 나타나는 신체 활동 가치 중심의 주제별 구분을 통해 내용의 균형성과 합리성을 확보하였다.

2007년 개정 체육과 교육과정에서는 3학년 경쟁 활동에서 '피하기형 경쟁'을, 4학년 도전 활동에서 '표적 도전'과 경쟁 활동에서 '영역형 경쟁'을, 5학년 경쟁 활동에서 '필드형 경쟁'을, 6학년 경쟁 활동에서 '네트형 경쟁'을 각각 다루도록 교육과정을 구성하였다. 개정 교육과정에서 '목표물 맞히기형 게임'을 다른 게임 유형들처럼 경쟁활동의 범주에 넣지 않은 이유는 게임의 성격이 '도전활동'에 가깝기 때문이다. 제7차 교육과정에서와 마찬가지로 게임 영역의 지도는 이해중심 게임수업 모형의 적용을 통한 교수·학습 과정을 강조하고 있다.

표 II-8. 2007 개정 초등학교 체육과 교육과정의 게임 영역 내용

학년	3학년	4학년	5학년	6학년
도전 활동		**표적 도전** ○ 표적 맞히기 활동 • 표적 도전의 의미와 특성 이해 • 표적 맞히기 활동의 기본 기능 습득 • 자기 조절의 개념의 이해 및 실천		
경쟁 활동	**피하기형 경쟁** ○ 피하기형 경쟁 활동 • 피하기형 경쟁의 의미와 특성 이해 • 피구형 게임, 태그 게임 등의 기본 기능과 게임 전략 습득 • 타인 이해의 개념 이해 및 실천	**영역형 경쟁** ○ 영역형 경쟁 활동 • 영역형 경쟁의 의미와 특성 이해 • 축구형 게임, 농구형 게임, 하키형 게임 등의 기본 기능과 게임전략 습득 • 팀워크와 페어플레이 개념의 이해 및 실천	**필드형 경쟁** ○ 필드형 경쟁 활동 • 필드형 경쟁의 의미와 특성 이해 • 야구형 게임의 기본 기능과 게임 전략 습득 • 자기 책임감의 개념 이해 및 실천	**네트형 경쟁** ○ 네트형 경쟁 활동 • 네트형 경쟁의 의미와 특성 • 배구형, 배드민턴형 족구형 게임의 기본 기능과 게임 전략 습득 • 운동 예절의 개념 이해 및 실천

1) 3학년

3학년 게임 활동 영역은 '피하기형 경쟁'의 형태로 '술래를 피하여 안전한 곳으로'와 '요리조리 공을 피하며'의 2개의 중 단원으로 구분되고 있는데, 본 서에서는 '술래를 피하여 안전한 곳으로'를 중심으로 살펴보도록 한다.

▶ 술래를 피하여 안전한 곳으로

(1) 영역 개관

'술래를 피하여 안전한 곳으로'는 태그형 게임을 이해하고, 사용되는 기본 전략과 운동 기능의 습득·적용하는 능력을 기르며, 타인을 이해하는 태도를 함양하는 영역이다. 이 영역은 '유리한 위치 선정', '안전한 이동로 선정', '술래의 이동 방향 예상', '술래의 예상 빗나가게 하기', '경기의 흐름 판단'으로 구성되어 있다.

피하기 유리한 위치 선정 기본 게임을 수행하면서 유리한 위치 선정 전략을 탐색하고 적용하며, 이를 또 다른 게임에 응용하는 능력을 기르도록 하였다. 또한, 술래 피하기형 경쟁의 중요성을 다뤄 이에 대한 참여 의지를 기르도록 내용을 구성하였다.

안전한 이동로 선정 기본 게임의 수행을 통해 안전한 이동로를 과학적으로 판단하는 능력을 기르고, 빠르게 달리기, 방향 전환의 기본 기능을 익히게 하였으며, 변형된 게임에서의 전술의 변화를 체감하도록 내용을 구성하였다.

술래의 이동 방향 예상 기본 게임을 통해 술래의 이동을 예상하는 능력과 빠르게 달리기, 방향 전환 등의 기본 운동 기능을 익히게 하였으며, 활동에 대한 반성을 통해 타인 배려 태도를 기르도록 내용을 구성하였다.

술래의 예상 빗나가게 하기 상대의 예상을 무너뜨리는 전략을 탐색하고 협동을 통한 전략 수행을 경험하도록 하였으며, 속이기의 기본 운동 기능을 익히고, 규칙의 변형을 통해 타인을 배려하는 태도를 기르도록 내용을 구성하였다.

경기의 흐름 파악 협동을 위한 타인 배려의 필요성을 느끼게 하고, 경기장, 규칙 등 게임의 특성을 파악하여 그동안 배운 전략과 기본 기능을 통합적으로 적용해 볼 수 있도록 내용을 구성하였다.

(2) 영역의 목표
① 술래 피하기형 경쟁의 의미와 특성을 이해하고 술래 피하기형 경쟁의 주요 전략 요소를 탐색할 수 있다.
② 술래를 피하기에 유리한 위치를 이해하고, 이를 바탕으로 술래를 피할 수 있으며, 규칙을 잘 지켜 활동에 참여할 수 있다.
③ 안전하게 이동할 수 있는 길을 찾아 술래를 피할 수 있으며, 활동에 적극적으로 참여할 수 있다.
④ 다른 사람을 배려하는 마음을 가지고 활동에 참여하며, 술래의 이동 방향을 예상하여 술래를 피할 수 있다.
⑤ 술래의 예상을 빗나가게 할 수 있는 전략을 알고, 이를 적용하여 술래를 피할수 있으며, 운동 능력이 다른 사람을 배려할 수 있다.
⑥ 경기의 흐름을 판단하고, 이에 맞는 전략을 세워 술래를 피할 수 있으며, 활동에 적극 참여할 수 있다.

(3) 영역 계획(지도 계획)

〈표 II-9〉. '술래를 피하여 안전한 곳으로' 영역계획

구분	차시	차시별 제재	주요 내용 및 활동
피하기형 경쟁	1	영역 도입	술래 피하기형 경쟁의 의미와 특성 이해 술래 피하기형 경쟁의 주요 전략 요소 탐색
	2~3	피하기 유리한 위치 선정	유리한 위치 선정을 위한 기본 활동 술래 피하기형 경쟁의 중요성 이해 기본 활동의 변형과 응용
	4~5	안전한 이동로 선정	유리한 위치에서 보다 안전한 이동로를 확보하기 위한 기본 활동 기본 활동의 변형과 응용
	6~7	술래의 이동 방향 예상	상대의 위치 선정 및 이동로를 예측하기 위한 기본 활동 기본 활동의 변형과 응용
	8~9	술래의 예상 빗나가게 하기	자신에게 필요한 운동법 알아보기 운동 계획을 세워 실천하는 마음 다지기
	10	경기의 흐름 판단	위치, 이동로, 예측, 예측 무너뜨리기의 유기적 적용 활동

2) 4학년

4학년 게임 활동은 도전 활동과 경쟁 활동 영역에서 다루고 있다. 먼저 도전 활동 영역에서는 '목표물 맞히기형'게임을, 경쟁 활동에서는 '영역형 경쟁'게임을 다루고 있다. 본 서에는 도전 활동의 '표적을 향해 쏴라'와 경쟁 활동의 '발로 공을 다루며 원하는 곳으로'를 중심으로 살펴보도록 한다.

▶ 표적을 향해 쏴라

(1) 영역 개관

'표적을 향해 쏴라' 영역은 다양한 표적 맞히기 게임의 전략과 전술을 이해하고, 기능을 익혀 즐겁게 게임에 참여할 수 있는 방법을 알게 하는 데 그 목적을 둔다. 이 영역은 '손으로 던져 목표물 맞히기', '발로 차서 표적 맞히기', '도구를 이용하여 표적 맞히기', '플라잉 디스크를 이용한 게임'으로 구성되어 있다.

손으로 던져 목표물 맞히기 학생들이 일정한 거리에서 손으로 콩 주머니와 같은 물체를 던져 표적인 통이나 상자에 넣는 활동에 참여하면서 물체를 던지는 속도나 힘을 거리에 따라 조절하는 능력을 기를 수 있도록 구성하였다. 또, 표적과의 거리나 표적의 크기를 조절하여 다양한 조건에서 눈과 손의 협응 능력, 자신이 정한 표적에 물체를 정확하게 던지려는 집중 능력을 기를 수 있도록 하였다.

발로 차서 표적 맞히기 학생들이 일정한 거리에서 발로 축구공이나 배구공을 차서 페트병이나 사각형 나무 도막과 같은 표적을 정확하게 맞히는 활동에 참여하면서, 거리에 따라 발의 힘을 조절하고 정확하게 차는 능력을 기를 수 있도록 구성하였다. 또, 표적과의 거리를 조절하여 다양한 조건에서 눈과 발의 협응 능력, 자신이 정한 표적을 정확하게 맞히려는 집중 능력을 기를 수 있도록 하였다.

도구를 이용하여 표적 맞히기 학생들이 막대를 이용하여 고무공이나 테니스공과 같은 물체를 쳐서 표적까지 정확하게 보내는 활동에 참여하면서 손으로 도구를 조절하는 능력을 기를 수 있도록 구성하였다. 또, 표적의 크기나 거리를 조절하여 다양한 조건에서 도구를 이용하는 힘의 조절과 정확하게 쳐서 보내려는 집중 능력을 기를 수 있도록 하였다.

플라잉 디스크를 이용한 게임 학생들이 플라잉 디스크를 던지는 방법을 익히고, 표적에 정확히 던져 넣는 활동에 참여하면서 힘과 속도를 조절하고, 집중하는 능력을 기를 수 있도록 구성하였다.

(2) 영역의 목표
① 다양한 표적 맞히기 게임의 전략과 전술을 이해하고, 기능을 익혀 즐겁게 게임에 참여할 수 있는 방법을 알 수 있다.
② 손으로 할 수 있는 표적 맞히기 게임의 전략과 전술을 이해하고, 기능을 익혀 즐겁게 게임에 참여할 수 있다.
③ 발로 할 수 있는 표적 맞히기 게임의 전략과 전술을 이해하고, 기능을 익혀 즐겁게 게임에 참여할 수 있다.
④ 도구로 할 수 있는 표적 맞히기 게임의 전략과 전술을 이해하고, 기능을 익혀 즐겁게 게임에 참여할 수 있다.
⑤ 플라잉 디스크 던지는 방법을 이해하고, 거리를 달리 하면서 플라잉 디스크를 던져 표적에 집어넣을 수 있다.

(3) 영역 계획(지도 계획)

〈표 II-10〉. '표적을 향해 쏴라' 영역계획

구분	차시	차시별 제재	주요 내용 및 활동
표적 · 투기 도전	1	영역 도입 및 계획	단원의 주요 활동 내용 알아보기 표적 맞히기 게임의 종류, 특성, 방법 이해하기
	2	손으로 던져 표적 맞히기	손으로 던져서 표적 맞히는 도전하기 손으로 던져서 표적 맞히기 기본게임 및 변형게임 손으로 던져서 표적 맞히기 게임의 구체적 전략 익히기
	3	발로 차서 표적 맞히기	발로 차서 표적 맞히는 도전 하기 발로 차서 표적을 맞히거나 표적에 집어넣는 게임 및 변형게임 발로 차서 표적 맞히기 게임의 구체적인 전략 익히기
	4	기구를 이용하여 맞히기	도구(막대)로 쳐서 표적 맞히는 도전 하기 도구로 쳐서 경기장을 돌아오는 '간이골프' 게임 및 변형게임
	5	플라잉 디스크	플라잉 디스크의 경기 규칙 및 기능익히기 플라잉 디스크를 정확하게 던질 수 있는 마음가짐 익히기

▶ 발로 공을 다루며 원하는 곳으로

(1) 영역 개관

'발로 공을 다루며 원하는 곳으로' 영역은 발로 공을 몰아주거나 주고받아 원하는 곳으로 이동 및 득점하기 위한 기본 기능과 게임 수행에 필요한 전략과 가치를 배우는 단원이다. 이 영역은 영역형 경쟁 활동 중 발로 공을 다루는 기술이 요구되는 바 이에 익숙하지 않은 학습자들을 위해 초기에는 드리블, 패스와 같은 기본 기능 및 전략을 넓은 공간을 활용하여 익히도록 구성하였다.

이 영역에서는 게임에서의 승리도 중요하지만, 그에 앞서 정정당당하고 최선을 다하는 태도의 중요성을 깨닫고 이를 실천하도록 하며 게임 상황에서 공간 활용의 필요성을 학습자 스스로 인지하고 공간을 활용한 전술·협력 플레이를 통해 득점을 시도하는 과정을 강조하였다. 이 영역은 '공간을 탐색하며 공 이어주고 받기', '공간을 활용하여 득점하기', '간이 축구 게임하기'로 구성되어 있다.

공간을 탐색하여 공 이어주고 받기 공을 연결하며 원하는 곳으로 보내기 위해 공간 활용의 중요성을 알고, 반칙을 하지 않고 규칙을 준수하며 정정당당한 태도로 참여하는 것을 강조하였다.

공간을 활용하여 득점하기 공간(넓은 공간, 좁은 공간)의 크기에 따른 전술을 적절히 활용하여 게임 활동에 참여하고, 모둠의 팀웍를 높이기 위한 짝축구, 응원가 만들기 등을 경험해 보게 하였다.

간이 축구 게임하기 득점에 유리한 공간을 이용하는 것의 중요성을 알고, 페어플레이 정신을 실천하고 서로 협력하며 간이 축구 게임에 참여하도록 하였다.

(2) 영역의 목표

① 발로 공을 다루며, 원하는 곳으로 이동하거나 보내기 위한 게임의 전략과 전술을 알아보고, 기능을 익혀 즐겁게 게임에 참여할 수 있다.
② 공을 이어받아 원하는 곳으로 이동하기 위한 전략과 전술을 이해하고, 게임활동에 즐겁게 참여할 수 있다.
③ 공간을 이용하여 공을 보내기 위한 전략과 전술을 이해하고, 서로 협동하며 즐겁게 게임에 참여할 수 있다.

④ 좁은 공간에서 빠르게 공을 연결하기 위한 전략과 전술을 사용하고, 서로 협력하여 즐겁게 게임에 참여할 수 있다.
⑤ 득점에 유리한 위치로 공을 연결하기 위한 전략과 전술을 이해하며, 즐겁게 게임에 참여할 수 있다.
⑥ 공간을 잘 활용하여 간이 축구 게임에 즐겁게 참여할 수 있다.

(3) 영역 계획(지도 계획)

표 II-10. '발로 공을 다루며 원하는 곳으로' 영역계획

구분	차시	차시별 제재	주요 내용 및 활동
영역형 경쟁	1	영역 도입	영역의 주요 활동 내용 알아보기 '빠르게 공몰기', '빠르게 공 이어주기' 게임하기
	2~3	공을 서로 연결하며 원하는 곳으로 보내기	'공 연결하여 표적 맞히기', '다양한 형태의 경기장에서 공 연결하기 표적 맞히기' 게임 및 변형게임하기 부상 예방 방법과 정정당당한 게임을 위한 표어 만들기
	4	공간을 이용하여 원하는 곳으로 공 보내기	'두 개의 표적 맞히기' 게임 및 변형 게임하기 모둠의 응원가 만들기
	5	좁은 공간에서 빠르게 공을 연결하여 득점하기	'칸 축구 게임' 및 변형 게임하기 수비수 피해 공을 빠르고 정확하게 연결하기 위한 전략 탐색하기
	6	득점에 유리한 위치로 공 연결하기	'득점 공간으로 공 연결하여 표적 맞히기' 게임하기 모둠의 협력 수비 방법을 그림으로 표현하기
	7	동, 서, 남, 북 간이축구 게임하기	서로 협력하며 간이 축구 게임하기

3) 5학년

경쟁 활동은 경쟁(competition)의 가치를 추구하는 신체 활동으로, 게임 상황에 존재하는 상호 경쟁적 요소를 과학적으로 수행하고 감상하는 활동을 말한다. 신체 활동 게임에서 이루어지는 개인 및 집단 간의 경쟁 활동을 통하여 인지 전략과 이를 실현할 수 있는 경기 수행 능력을 습득하는 활동으로 모둠원 간 협동심과 리더십, 스포츠맨십 등의 사회적 가치 덕목을 강조한다. 본 서에서는 야구형 게임을 중심으로 살펴보도록 한다.

▶ 야구형 게임

(1) 영역의 개관

초등학교 5학년의 경쟁 활동은 필드형 경쟁으로 필드에서 모둠끼리 공격과 수비의 역할을 번갈아 경쟁하는 필드형 경쟁 활동들로 구성되어 있다. 5학년의 경쟁 활동에서는 필드형 경쟁이란 주제로 발야구형 게임, 주먹야구형 게임, 티볼형 게임, 필드형 변형 게임 등의 세부 신체 활동 종목을 예시로 하고 있다.

필드형 게임은 학생들의 흥미와 발달 단계를 고려하여 필드형 게임의 특징을 가지고 있는 놀이 또는 게임 중심으로 지도하고, 지나친 경쟁심을 유발하지 않도록 지도한다. 또한 부분적인 기능 습득에 중점을 두기보다는 다양한 간이 게임을 통해 문제 해결 및 상황 판단 능력을 기를 수 있도록 지도한다. 더불어 필드형 게임에 참여하면서 자신에게 주어진 역할을 최선을 다하여 수행하려는 자기 책임감의 개념을 내면화하고 실천할 수 있도록 지도한다.

① 경쟁 활동은 다양한 유형의 집단 간 경쟁을 경험하는 신체 활동이므로 학생들의 흥미와 발달 단계에 적절한 경쟁의 형태를 갖춘 놀이나 게임을 중심으로 지도한다.

② 학생의 흥미와 관심을 집중하기 위해 활동의 선택 과정에 학생들을 참여하도록 할 수 있으며 이를 학습 활동의 일부분으로 이용할 수도 있다.

③ 자기 책임감을 체험하고 실천하기에 적합한 활동을 선정하거나 놀이나 게임의 방법과 규칙을 변형하여 적용하는 것도 바람직하다.

④ 게임의 목표, 방법, 규칙 등의 설정 작업이나 실제 적용하는 활동, 평가 등 다양한 상황과 학습 활동들이 학생들에게 제공될 수 있다.

⑤ 효과적인 체육 수업을 위하여 다양한 형태의 신체 활동이 포함되도록 하고, 여러 가지 움직임 기술이나 개념이 적용됨을 인지할 수 있도록 지도한다.

⑥ 경쟁 활동 과정에서 학생들이 동료를 돕는 역할을 수행하고, 상대편이라 할지라도 서로를 배려하고 이해하며, 다른 사람의 감정을 파악하고, 재미를 추구하고, 서로 의도적으로 경쟁하는 것을 경험하도록 지도한다.

(2) 영역의 목표

신체 활동에서 이루어지는 경쟁의 의미와 특성은 구체적으로 무엇이고, 이를 위해서는 어떤 신체활동의 수행 능력을 길러야 하는지를 목표로 설정하고 있다. 동시에 경쟁 활동에서 요구되는 바람직한 규범인 자기 책임감을 신체 활동에 참여하면서 습득하고 실천해야 함을 강조한다.

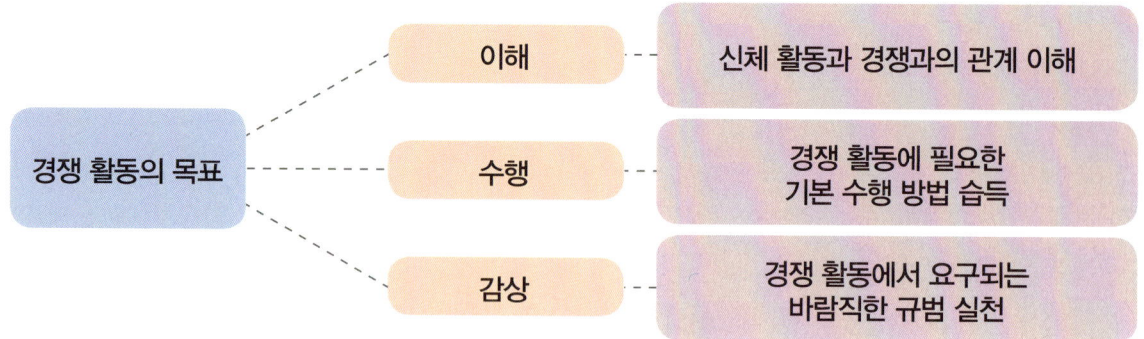

(3) 영역의 계획(지도계획)

〈표 II-10〉. '발로 공을 다루며 원하는 곳으로' 영역계획

소단원 및 차시	활동 주제	활동 내용
필드형 경쟁 활동의 개관 (1/30)	필드형 경쟁 활동 이해하기(1/30)	- 필드형 경쟁의 특징 이해 - 필드형 경쟁의 유형 이해 - 자기 책임감 이해
1. 발야구형 게임 (2~10/30)	빈 곳으로 공차기(2~4/30)	- 게임의 규칙 파악 및 정하기 - 빈 곳 판단하기 및 게임에 적용하기 - 빈 곳으로 공차는 방법 탐색 적용 - 변형 게임에 적용하기
	수비 위치 정하여 공 던지고 받기 (5~7/30)	- 게임의 규칙 파악 및 정하기 - 수비 구역 정하여 위치하기 - 상황에 적합한 공 던지는 방법 탐색 및 적용하기 - 변형 게임에 적용하기
	상황 판단하며 발야구 하기 (8~10/30)	- 게임의 규칙 파악 및 정하기 - 공굴리기 전략과 공의 방향과 빠르기 예상하기 - 변형 게임에 적용하기

	빈 곳으로 공차기(11~13/30)	- 게임의 규칙 파악 및 정하기 - 수비수의 이동 범위를 고려하여 빈 곳 판단하기 - 빈 곳으로 공치는 방법 탐색 적용하기 - 변형 게임에 적용하기
2. 주먹야구형 게임 (11~20/30)	수비 위치 정하여 공 던지고 받기 (14~16/30)	- 게임의 규칙 파악 및 정하기 - 모둠원의 특성을 고려하여 수비 역할 정하기 - 높이에 따른 공 받기 방법 탐색 및 적용하기 - 변형 게임에 적용하기
	상황 판단하며 주먹야구 하기 (17~20/30)	- 게임의 규칙 파악 및 정하기 - 타자는 공치는 방향 예상하여 수비 위치 바꾸기 - 수비 위치 이동에 따라 공치는 방법 달리하기 - 자기 책임감 내면화 활동
3. 티볼형 게임 (21~30/30)	빈 곳으로 공치기(21~23/30)	- 게임의 규칙 파악 및 정하기 - 주자의 이동을 고려하여 빈 곳 판단하기 - 방망이를 이용하여 빈 곳으로 공치는 방법 탐색 적용하기 - 변형 게임에 적용하기
	수비 위치 바꾸어 공 던지고 받기 (24~26/30)	-게임의 규칙 파악 및 정하기 - 수비 위치를 바꿔 안전하게 수비하는 방법 탐색 및 적용하기 - 높이를 달리하여 공 던지는 방법 탐색 및 적용하기 - 변형 게임에 적용하기
	상황 판단하며 티볼하기 (27~30/30)	-게임의 규칙 파악 및 정하기 - 빈 곳으로 공치기 전략 탐색 적용하기 - 글러브를 사용해 공 받는 방법 탐색 및 적용하기 - 변형 게임에 적용하기 - 자기 책임감 내면화 활동

4) 6학년

경쟁 활동은 경쟁의 가치를 추구하는 신체 활동으로, 다양한 유형의 신체 활동 중심의 게임 활동을 생활화하며 개인 및 집단 간 경쟁을 전제로 경쟁에 필요한 경기 수행 능력과 다양한 인지 전략을 강조하는 활동을 말한다. 본 서에서는 네트형 게임을 중심으로 살펴보도록 한다.

▶ **네트형 경쟁**

(1) 영역의 개관

초등학교 6학년의 경쟁 활동은 네트형 게임으로 학생들이 주로 두 모둠으로 나누어 네트를 사이에 두고 활동할 수 있는 게임 활동들로 구성되어 있다.

6학년 경쟁 활동은 '네트형 경쟁'이라는 주제 아래 배구형 게임, 족구형 게임, 배드민턴형 게임 등의 신체 활동을 예시로 하고 있다. 6학년 경쟁 활동에서는 네트형 게임의 방법과 규칙에 대한 올바른 이해와 게임 활동에의 참여를 강조하고 있으며, 스스로 게임을 구성하고 변형하는 데에도 관심을 갖도록 하고 있다. 네트형 경쟁에서는 맨손으로 공을 가지고 하는 활동과 도구로 공을 다루는 활동이 대부분이므로 여러 가지 도구를 다루는 기초 기능에 대한 연습이 필요하다. 이러한 기초 기능을 바탕으로 네트형 경쟁의 다양한 전략을 발휘하여 여러 가지 형태의 게임 활동을 실시하는 데 초점을 두고 있다. 또한 네트형 경쟁은 대부분 모둠 경기이므로 사회 생활에 필요한 운동 예절·협동심·동료애 등의 사회성 향상과 순발력·지구력·협응성 등의 체력 향상에도 중점을 두고 있다.

① 학생들의 흥미와 발달 단계를 고려하여 놀이 또는 게임 중심으로 지도하되, 지나친 경쟁심을 유발하지 않도록 한다.
② 부분적인 기능 습득에 중점을 두기보다는 다양한 간이 게임을 통해 문제 해결 및 상황 판단 능력을 기를 수 있도록 지도한다.
③ 소외되거나 활동에서 뒤처지는 학생이 없도록 하기 위해서는 소집단 활동이 바람직하며, 집단 내 전체 학생들의 역할과 활동이 고루 이루어지도록 유의하여 지도한다.
④ 경쟁 활동 과정에서 학생들이 동료를 돕는 역할을 수행하고, 상대편이라 할지라도 서로를 배려하고 이해하며, 다른 사람의 감정을 파악하고, 재미를 추구하며 서로 호의적으로 경쟁하는 것을 경험하도록 지도한다.
⑤ 같은 모둠끼리 서로 부딪치지 않도록 안전에 유의하고 도구를 안전하게 다루는 방법도 사전에 터득하도록 지도한다.

(2) 영역의 목표

신체 활동에서의 경쟁의 의미와 특성은 무엇이고, 이를 위해서는 어떤 신체 활동 수행 능력을 길러야 하는지를 목표로 설정하고 있다. 동시에 경쟁 활동에서 요구되는 바람직한 규범인 운동 예절을 신체 활동에 참여하면서 습득하고 실천해야 함을 강조한다.

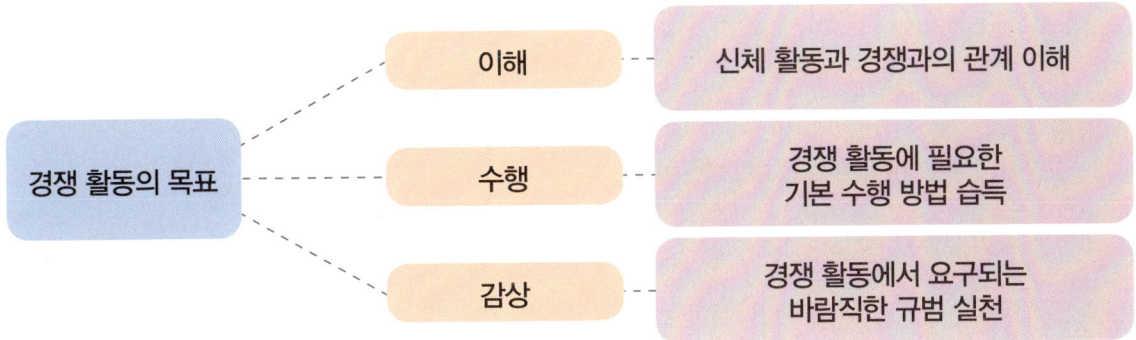

(3) 영역의 계획(지도계획)

〈표 Ⅱ-10〉. '발로 공을 다루며 원하는 곳으로' 영역계획

소단원 및 차시	활동 주제	활동 내용
네트형 경쟁 활동의 개관 (1/30)	네트형 경쟁 활동 이해하기(1/30)	- 네트형 게임의 특성 알아보기 - 네트형 게임의 전략과 가치 알아보기
1. 배구형 게임 (2~10/30)	빈 곳으로 공 보내기(2~4/30)	- 게임의 방법과 규칙 파악 - 공격 전략, 필요 기능 탐색 및 적용 - 운동 예절, 책임감 내면화 활동 - 변형 게임에 적용하기
	수비 위치 정하기(5~7/30)	- 게임의 방법과 규칙 파악 - 수비 전략, 필요 기능 탐색 및 적용 - 운동 예절, 책임가 내면화 활동 - 변형 게임에 적용하기
	서로 협동하여 배구형 게임하기 (8~10/30)	- 게임의 방법과 규칙 파악 - 수비, 공격 전략, 필요 기능 탐색 및 적용 - 운동 예절, 책임감 내면화 활동 - 변형 게임에 적용하기

	빈 곳으로 공 보내기(11~13/30)	- 게임의 방법과 규칙 파악 - 공격 전략, 필요 기능 탐색 및 적용 - 운동 예절, 책임감 내면화 활동 - 변형 게임에 적용하기
2. 족구형 게임 (11~20/30)	수비 위치 정하기(14~16/30)	- 게임의 방법과 규칙 파악 - 공격 전략, 필요 기능 탐색 및 적용 - 운동 예절, 책임감 내면화 활동 - 변형 게임에 적용하기
	서로 협동하여 족구형 게임하기 (17~20/30)	- 게임의 방법과 규칙 파악 - 공격 전략, 필요 기능 탐색 및 적용 - 운동 예절, 책임감 내면화 활동 - 변형 게임에 적용하기
	빈 곳으로 공 보내기 (21~23/30)	- 게임의 방법과 규칙 파악 - 공격 전략, 필요 기능 탐색 및 적용 - 운동 예절, 책임감 내면화 활동 - 변형 게임에 적용하기
3. 배드민턴형 게임 (21~30/30)	수비 위치 정하기 (24~26/30)	- 게임의 방법과 규칙 파악 - 공격 전략, 필요 기능 탐색 및 적용 - 운동 예절, 책임감 내면화 활동 - 변형 게임에 적용하기
	서로 협동하여 족구형 게임하기 (27~30/30)	- 게임의 방법과 규칙 파악 - 공격 전략, 필요 기능 탐색 및 적용 - 운동 예절, 책임감 내면화 활동 - 변형 게임에 적용하기

3. 초등학교 체육교육에서의 전통적 게임지도

초등학교 6학년 체육 전담교사인 김교사는 이제 막 3차시로 이루어진 농구단원의 수업을 끝마쳤다. 그의 수업은 1차시에는 농구의 기본 기술인 패스와 드리블을 학습하고, 2차시에는 슛을 학습하는 것이 목표였다. 학생들은 첫 차시부터 "선생님 농구(게임)해요"라고 졸랐지만 교육과정과 교과서를 충실히 따르는 김교사는 교과서에 따라 수업을 진행했다. 마지막 3차시에는 아이들이 고대하던 농구 게임을 하였다. 게임이 시작되자 김교사는 혼돈에 빠지기 시작하였다. 학생들은 그 동안 배운 드리블, 패스, 슛의 기능들을 자기 마음대로 사용하기 시작하였고, 공을 잡은 학생들은 "여기" "여기" 하며 소리를 지르는 학생들 속에서 결정을 못하고 머뭇거리기 일쑤였다. 따라서 결국 그 동안 2차시에 걸쳐 배운 농구의 기능은 마지막 차시에서 게임으로 통합되지 못하고 말았다.

위에서 제시된 내용은 초등학교 체육수업에서 게임영역을 지도하는 경우에 자주 볼 수 있는 수업의 한 장면이다. 김 교사는 체계적인 수업계획을 가지고 학생들을 지도했으나 매번 게임 영역을 지도할 때마다 이 같은 문제에 부딪히곤 했다. 즉, 학생들은 단계적인 기능 연습에는 소홀한 반면 '게임'을 좋아하였고, 실제로 게임을 하게 되면 김 교사의 역할은 단지 심판에 지나지 않았다. 학생들은 게임수업을 '놀이'로 인식하는 경향이 있었고 교사는 공을 던져주고 방관하는 입장이 될 수밖에 없었다. 김 교사가 겪고 있는 문제점은 결국 현행 초등학교 게임 지도에서의 문제점을 단적으로 보여주고 있다. 여기에서는 현재 초등학교 게임수업에서 지배적인 모형으로 자리잡고 있는 기능중심 게임수업에 대하여 살펴봄으로써 전통적인 게임지도의 문제점을 파악하도록 한다.

1) 기능중심 게임수업의 이해

현재 초등학교 게임수업에서는 기능중심 게임수업 모형(technique-oriented approach)이 일반적으로 적용되어 왔다. 이 모형에 따르면 게임이나 스포츠를 가르칠 때에는 그 게임을 하기 위해서 반드시 숙달해야만 하는 개개의 운동기능을 독립적으로 숙달하고 단원의 맨 마지막에 실제 시합을 하는 과정으로 이루어진다. 이러한 '기능중심 게임 수업모형'의 주된 절차는 교사가 가르쳐야 할 기능을 간단히 소개하고, 시범을 보인 후에 학생들이 신체활동을 통하여 반복적으로 연습한 다음 마지막 단계에서 게임을 하는 순서로 구성된다.

이와 같은 기능중심 게임수업 모형을 현장의 교사들이 많이 받아들이고 있다는 사실은

Anderson(1978)이 83명의 체육교사들의 교수행동 유형을 분석한 비디오 자료에 의해서 뒷받침되었다. 또, Cheffers와 Mancini(1978)는 체육교사들이 강의, 시범, 지시하기와 같은 기능중심 게임수업 모형의 절차와 일치되는 교수 방법을 주로 사용하고 있다는 점에서 교사들이 게임 지도 방법으로 이 모형을 많이 사용하고 있음을 밝혔다. '기능중심 게임수업 모형'은 전통적인 게임 수업 모형으로서 다음과 같은 이유에 의하여 현장의 교사들에 의하여 널리 받아들여지고 있다.

첫째, 교육현장에서 교사의 책무성을 강조하기 때문에 교사들은 명확하고 문서화하기 쉬운 체계적인 수업계획을 가지고 가르치려고 한다. 즉, 교사들이 이러한 이유에 의하여 선호하는 수업지도안 양식은 도입활동, 기능연습, 게임이라는 순서로 진행되는 기능중심 모형과 일치되는 양식이다(Bunker & Thorpe, 1986).

둘째, 교사교육을 받는 동안 교사들은 기능습득과 평가를 중요한 것으로 교육받았기 때문에 기능습득에 효율적이고 평가하기 용이한 수업모형을 선호한다. 즉, 개개의 기능을 평가할 수 있는 기준과 정보는 비교적 많이 제시되어 있어 평가하기 용이한 반면, 게임 능력이나 전략의 사용은 평가하기가 모호하기 때문에 교사들이 비교적 평가가 용이한 기능중심 모형에 따라 수업을 전개한다(Rovegno, 1993).

이와 같이 기능중심 모형이 게임수업의 지배적인 모형으로 잡아온 데에는 학생의 학습과정에 대한 고려보다는 주로 교사의 학습지도 과정에 근거를 두고 있다. 즉, 시합을 위주로 실시하는 교사는 방관자로 인식하는 반면, 부분적인 운동기능을 중심으로 가르치는 교사는 체계적인 학습지도 계획을 가진 책무성이 있는 교사로 인식하기 때문에 교사들이 이 모형을 선호하는 경향이 있다.

2) 기능중심 게임수업의 한계점

이렇듯 기능중심 게임수업 모형이 현장에서는 게임수업의 지배적인 모형으로 자리잡고 있지만 최근 들어서는 기능중심 모형의 한계점을 인식하는 연구들이 증가하고 있다.

기능중심 모형이 가지는 첫 번째 한계점은 학생들의 동기유발이 어렵다는 점이다. 즉, 교사는 기능을 가르치는 것을 가장 중요한 학습내용으로 인식하고 있는 반면, 학생들은 개개의 기능이 전체적인 게임 상황에서 어떻게 이용되는지를 모르기 때문에 그 중요성을 인식하지 못하고 있다. 기능을 배우는 수업시간에 학생들로부터 빈번하게 들을 수 있는 요구는 "선생님, 시합해요" 또는 "선생님 게임은 언제 해요?"와 같은 것들이다. 이와 같이 학생들이 동기유발이 어렵다는 것은 효율적인 학습이 일어나기 위해서는 학생들의 동기유발이 결정적 요소라는

Schmidt(1988)의 주장을 고려할 때 주목할 만한 한계점이다.

둘째, 부분적인 기능의 연습이 게임상황에서 통합된다는 기능중심게임 수업모형의 가정은 많은 연구에서 의문시되고 있다(Hughes, 1980). 비록 학생들이 개개의 기능에는 숙달되었다 할지라도 학생들은 그 기능이 전체적인 게임의 맥락 속에서 어떻게 이용되는 지를 이해하지 못하기 때문에 알 수 없으므로 게임능력으로 연결되지 못한다. 일례로, 게임상황에서 오히려 학생들의 기능수준이 후퇴한다는 연구결과가 있다(Buck & Harrison, 1990). 즉, 단순한 기능의 학습에서 복잡한 게임 학습으로의 전환은 학생의 준비성을 무시한 것이기 때문에 기능학습에서 게임학습으로 자연스럽게 전환되기 위해서는 연습과정에서 게임상황과 유사한 학습경험이 요구된다.

셋째, 기능중심 모형은 학생들에게 '어떻게'라는 측면은 강조하여 가르친 반면, '왜'를 가르치지 못하였다. 따라서 학생들은 역동적인 게임상황에서 요구되는 의사결정이나 전략의 사용에서는 미숙할 수밖에 없었다.

넷째, 기능중심 모형의 평가는 주로 결과 중심의 평가로서 과정을 무시하고 있다. 전통적인 체육 수업의 평가는 운동 기술을 테스트하는 형태로 이루어지며 운동 기능 향상이 학생들의 체육 수업 목표가 되는 것이다. 따라서 학생들의 참여 및 태도는 측정이 불가능하며, 과정이야 어떻든 기능이 우수한 학생이 좋은 성적을 받게 된다.

과거 전통적인 평가의 문제점을 정리하면, 첫째, 결과 중심의 총괄 평가, 평가관과 측정관의 혼동, 선발적 평가관을 강조하였으며, 둘째, 평가 내용이 운동 기술(기능)에 중점을 두었고, 셋째, 평가 방법에 있어서도 실기시험 위주로 이루어졌으며, 넷째, 평가 결과 활용에 있어서 아동들의 상대적 서열을 결정하기 위한 자료로 활용되었고, 다섯째, 교사, 교육 행정가, 학부모의 올바른 인식 결여 및 평가의 발전을 위한 연구 활동이 미흡하였다.

3) 기능중심 게임수업 사례에서 나타나는 문제점

이처럼 전통적 게임수업에 대한 회의적 반응은 다음과 같은 이유에서 출발한 것으로 볼 수 있다.

첫째, 게임수업은 기능 수준이 높은 학생들 위주로 이루어진다. 게임수업에 있어서 기능이 우수한 학생들이 도구를 차지하거나, 득점을 하거나, 활동에 참여하는 시간이 많음은 항상 비판의 대상이 되어왔다. 더구나 기능이 우수한 학생들은 기능이 낮은 학생에 비해 교사들로부터 보다 많은 긍정적 피드백을 받기도 한다. 특히, 학급 단위의 발야구와 같은 게임에서 기능이 우수한 학생들이 좋은 위치를 차지하거나, 게임을 주도하는 경우를 흔히 발견할 수 있다.

> **교대 재학생 a** : 늘 공을 손에 잡고 있는 건 몇몇 학생들뿐이었다. 아직 정신적으로 성숙하지 못한 아이들이 능력상으로 우위에 있는 아이들만을 인정하고 공을 맡기려는 태도를 보이기 때문에 그런 아이들은 소외감을 받고 있었던 것이다. 교사는 그런 아이들까지도 게임에 같이 동참할 수 있도록 배려해 주어야 한다.
>
> **교대 재학생 b** : 뜀틀, 멀리뛰기, 달리기, 매트 등 기능 위주의 수업은 수많은 좌절감을 가져다주었다. 그러한 기능 위주의 게임 수업은 '잘하는' 아이들 중심이었다.

둘째, 게임은 주지 교과의 학습을 위한 잉여 에너지를 소비하는 시간으로 사용된다. 일부 교사들은 학생들의 잉여 에너지를 소모시킴으로써 교실 수업에서의 효율성을 증가시키는 도구로써 게임을 이용한다. 학급 담임들이 '운동장에서 학생들을 충분히 활동하게 하면 교실에서 조용히 수업을 받게 된다'라고 말하는 것을 흔히 들을 수 있다. 그러나 게임 수업이 학급 여가 활동으로 휴식 시간에 진행되는 것이 아님은 명백하다.

> **교대 재학생 c** : 체육 시간은 늘 지루했고 늘 자유시간으로 대신하는 경우가 태반이었다.
>
> **교대 재학생 d** : 답답한 교실에 갇혀 책을 보는 것이 아니라 넓은 공간에 나와 아이들이 뛰 놀 수 있어서 좋았었다.

셋째, 게임의 목표는 단지 재미를 얻는 것이지 학습 결과를 산출하려는 것이 아니다. 사실 게임 활동이 즐거워야 하는 것은 당연하다. 다만, 오늘날 학교에서 수행되는 다수의 조직 수준이 낮은 게임은 움직임 수행 목표가 미미하다는 것이다. 다시 말하면, 게임은 즐거움뿐만 아니라 게임을 통해 물체를 능숙하게 조작하거나, 복잡한 게임 상황에서 전술을 발휘하거나, 다양한 전략을 구상하는 것 등과 같은 것을 배울 수 있을 때 보다 의미가 있다는 것이다. 예를 들면, 학생들은 게임을 통해 공이 없는 상황에서 유리한 공간을 만들기 위해 이동하는 방법, 수비수에 대해 속임 동작을 사용하는 방법, 공을 몰고 들어오는 학생을 효과적으로 방어하기 위한 거리 유지 방법 등을 배울 수 있어야만 한다. 즉, 학생들은 게임 활동을 통해 배운 것 없이 많은 시간을 낭비하는 것이 아니라 즐겁게 진정으로 배울 수 있는 시간을 가져야만 한다.

교대 재학생 e : 누구에게나 즐거운 체육 시간이 되려면 무엇보다 선생님의 따뜻한 배려가 있어야 한다고 생각된다. 좀 체육이 뒤떨어지는 아이들에게는 너무 무리한 요구를 하여 다그치지 말고 좀더 쉬운 동작부터 익히게 해서 체육이란 과목에 흥미를 잃지 않고 두려움을 가지지 않도록 만들어 주어야 할 것이다.
교대 재학생 f : 아동의 흥미에만 모든 것을 초점을 맞추어 놓았기 때문에 학년 단계 별로 오는 다른 활동은 소홀히 했다.
교대 재학생 g : 사실 게임 수업은 그 자체가 즐거워야 한다고 생각한다. 아이들과 함께 하는 즐거운 신체 활동을 통해 사회성도 기를 수 있을 것이다.
교대 재학생 h : 마냥 즐겁게 학교 운동장을 뛰어 놀았던 기억 밖에 나지 않는다. 어떤 학습의 결과를 눈에 드러나게 효과로서 도출해야 했던 수업보다는 재미를 느끼면서 친구들과 함께 어울릴 수 있었던 게임 수업이 기억에 남는다.

넷째, 게임의 학습 과정이 미약하다. 전통적인 게임 수업 모형들은 학습해야할 과제에 대한 체계적인 지도 계획 없이 그저 해야할 일을 나열하는 경우가 많았다. 비록, 지도 계열이 있었다고 해도 움직임 원리나 게임 전략에 대한 지도 없이 단순히 치기 게임이나 공을 사용한 게임을 지도하는 것과 같은 방식이었다. 즉, 학생들은 게임 활동에 참여하였지만 보다 훌륭한 게임 활동을 하는 방법을 배울 수 없었다. 따라서 게임 수업은 보다 바람직하고, 만족스러운 학습 결과를 낼 수 있도록 계획되어야 한다.

교대 재학생 i : 나이가 좀 많거나 여자 선생님이 담임인 경우에는 반 애들 중에 체육을 잘하는 아이에게 시범을 보이도록 하고 간단한 지시만 하고 나서 방치해 버리는 경우가 많았다.
교대 재학생 j : 초등학교 시절 체육 수업을 생각하면 어렴풋이 공을 가지고 놀았던 생각이 난다. 공을 가지고 축구하고 배구를 했던 것 같다. 축구나 배구라는 활동이 어떤 체계에 의해서 단계적으로 이루어졌다기 보다는 선생님께서 공을 나누어주시고 우리가 하고 싶은 놀이를 하도록 했던 것 같다. 지금 생각해 보면 선생님께서 우리를 자유롭게 풀어놓았던 것이 과연 옳은 것인가 생각해 보게 된다.
교대 재학생 k : 그저 선생님이 다른 사무로 바쁘실 때 그냥 "너희들끼리 나가서 피구나 해라"는 식이다. 게임을 수업의 한 형태로 생각하지 않는 데 문제가 있다. 그런 이유로 좀더 짜임새 있게 실행되어야 할 게임 수업이 그저 시간을 때우기 위한 수단으로 밖에 이용되지 않았다.
교대 재학생 l : 우리가 할 수 있는 게임의 가지 수도 얼마 되지 않았던 것 같다. 늘 새로운 것을 받아들이려는 욕구가 강한 초등학교 시절에는 그것 역시 불만이었다.

다섯째, 게임은 교사 중심적이다. 대부분의 조직 수준이 낮은 게임은 교사 중심적인 경향을 갖는다. 즉, 교사가 게임 선정에서 규칙 설정, 학생 조직, 공간 제한, 심판 활동까지 모든 것을 결정한다. 이는 오늘날 모든 초등학교 교육과정에서 강조되고 있는 '학생 중심 접근'에 상치되는 것이다. 학생 중심 교육과정에서는 학생들에게 학습에 대한 일정한 책임을 부여하여 스스로 학습 내용 및 교사의 중재 요구 등과 같은 결정을 하도록 하고 있다.

교대 재학생 m : 5학년 때의 담임 선생님은 유독 운동하기를 좋아하셨는데 특히 배구를 좋아하셨던 것 같다. 날아오는 공을 보면 눈부터 감아버리는 나에게 배구도 쉬운 운동이 아니었다. 우리에게 토스하는 법을 가르쳐 주시기 위해 선생님이 직접 공을 보내주셨는데 그 공은 내가 치기에는 너무나 빨랐다. 그리고 손목으로 공을 받아야 한다는 사실을 충분히 전달받지 못하여 손톱 끝이 빠져서 정말 고생했다.

교대 재학생 n : 과거 나의 초등학교 시절을 회상하면서 생각한 것인데 아동들의 흥미를 무엇보다도 유발하면서 다양하고 아동들이 주체가 되어서 조직하고 운영하는 그런 체육 수업이 바람직하지 않을까 생각된다.

교대 재학생 o : 나의 초등학교 시절을 회상해 볼 때 참가하는 아동이 중심이 되어야 할 게임 수업이 교사 중심이 되는 경우가 있었다. 그렇지 않으면 철저한 교사의 무관심이다.

교대 재학생 p : 국어나 수학 같은 과목에만 개인차가 존재하는 것은 아니다. 체육도 개인차가 심한 과목중에 하나라고 생각한다. 그런데 초등학교 때 선생님들은 이런 개인차를 무시하고 수업을 너무 일방적으로 진행한 것 같다. 선생님에게는 쉬워 보이는 동작도 아이들이 빨리 이해하고 따라 하기에는 힘든 부분이 있을 수 있기 때문에 반드시 좀더 세심한 주의를 기울여야 할 것이다.

여섯째, 게임 수업을 통해 학생들은 상당한 시간을 대기하는 데 소비한다. 조직 수준이 낮은 선수게임(lead-up game)에서 많은 학생들은 단순히 차례를 기다리는 데 시간을 소비하는 경향이 있다. 다수의 게임 수업에서도 학생들이 대기하거나 팀을 구성하는 데 시간을 보내는 것을 흔히 관찰할 수 있다. 이는 학생들로 하여금 보다 세련된 게임에서 요구되는 능숙한 기능을 습득할 수 있는 기회를 박탈하는 것이다. 따라서 학생들의 충분한 기능 발달을 위해서는 게임 활동 참여 시간을 최대한 확보하는 것이 중요하다.

교대 재학생 q : 그나마 체육시간에 해보았던 유일한 종목이 발야구였다. 발야구를 할 때는 누가 뒷줄에 서느냐가 큰 관건이었다. 잘하면 게임에 참가 안하고 수업이 끝날 수가 있기 때문이었다.

교대 재학생 r : 수업 시간 10분은 줄을 서고 체조하고 다음 10분에 걸쳐서는 운동장을 뛰었습니다. 정작 수업 시간에는 차렷, 얼중쉬어, 좌향좌, 우향우, 뒤로 돌아 등과 같은 딱딱한 교련을 배웠다.

제3장
이해중심 게임수업

　게임수업에서 가장 중요한 것은 부분적인 운동기능을 배우는 것이 아니라 게임 또는 스포츠를 수행할 수 있는 능력을 기르는 것이다. 전통적인 기능중심 게임수업의 한계를 극복하기 위한 대안적 수업 방식의 하나로 제시된 이해중심 게임수업 모형은 부분적인 기능의 학습보다는 게임의 실행을 강조(전체 → 부분)하고, 전체적인 게임 맥락 속에서 활용할 수 있는 '전술적 지식'과 게임에 대한 '안목'을 강조한다.

 **이해중심 게임수업의 이해**

　이해중심 게임수업을 이해하기 위해서는 이해중심 게임수업 모형이 어떻게 발전되어 왔고, 어떠한 요소들로 구성되어 있는가를 파악하는 일이 선행되어야 한다. 이와 함께, 이해중심 게임수업 모형에 관한 다양한 연구 결과들을 확인함으로써 이해중심 게임수업에 대한 이해를 확대할 필요가 있다.

1) 이해중심 게임수업 모형의 개념

　지금까지의 체육교육이 세계적으로 다활동 모형(multi activity model)을 주된 체육교육과정 모형으로 채택하게 됨으로서, 필연적으로 학생들이 배워야할 활동 영역(게임뿐만 아니라, 체조, 무용, 야외활동 등등)의 수가 증가하게 되었으며, 이러한 추세와 함께 '게임' 영역내의 활동 단원도 점진적으로 증가될 수밖에 없었다. 따라서 이러한 게임을 1-2주 단위로 모두 가르친다는 것은 사실상 불가능할 수밖에 없다. 이와 같은 문제점을 인식하여 1960년대 후반 영국의 Loughborough 대학 체육 교수진을 중심으로 한 일단의 체육교육 연구가들은 이해중심 게임수업모형을 발전시켜 왔으며, 대표적인 학자로는 Bunker와 Thorpe를 들 수 있다.

　이해중심 게임수업 모형은 행동주의에 기초한 상향식 접근(bottom-up approach)의 수업 설계 방식을 지양하고, 구성주의 및 인지심리학에 기초한 하향식(top-down approach)의 수업 설계 방식을 강조한다. 따라서 부분적인 기능의 학습보다는 게임을 실행하는 것을 강조하고(전체 부분), 전체적인 게임의 맥락 속에서 활용할 수 있는 '전술적 지식'과 게임에 대한 '안목'과 같은 인지적 요소에 초점을 두고 있다.

　따라서 이해중심 게임수업 모형에서 교사의 역할은 기초적인 수준의 기능을 지니고 있는 학생들이 무난하게 행할 수 있는 종류의 게임을 제공하는 것이며, 그 게임의 성격이 무엇이냐를 이해함으로써 게임능력이 향상될 수 있다는 관점을 바탕에 두고 있다. 즉, 이해중심 게임수업 모형이 지향하는 하향식 접근에 따르면, 학습 내용을 전체적으로 개관함으로써 학생들이 전체적인 형태를 인식할 수 있도록 계획된 경험을 제공하여야 한다(Vickers, 1990).

　이와 같이 이해중심 게임수업 모형은 인지심리학적 기초 위에서 기존의 상향식 접근과는 달리 하향식 접근을 취하여 전체적인 게임상황을 먼저 접할 수 있는 학습경험을 제공할 것을 강조하였다.

2) 이해중심 게임수업 모형의 구성

Loughborough 대학 체육 교수의 일원인 Bunker와 Thorpe(1982)는 이해중심 게임수업 모형을 6단계로 구성하여 포괄적으로 설명하고 있다. 단계별 세부 내용을 살펴보면 다음과 같다.

(1) 게임 제시

이 모형의 제안자들은 게임의 유형들 중에서 네트 게임이 맨 처음 제공되어야 한다고 주장한다. 그 전략이 쉽게 이해될 수 있고 게임이 덜 복잡하다는 것이다. 초등학교 고학년 학생들은 이와 같은 네트 게임 경험으로부터 많은 이점을 얻을 수 있다. 초기의 활동은 기구 및 코트의 크기를 변형시킨 상태에서 진행될 수 있다. 예를 들어 학생들은 파트너와 일정 영역(두 10×20 직사각형 공간) 내에서 공을 던지고 받을 수 있다. 즉, 이 단계에서는 성인들이 하는 스포츠와 유사한 형태의 소규모 간이게임이 소개된다. 이 단계에서 제공되는 간이게임은 원래의 게임이 가지고 있는 성격을 잘 반영하되, 인원, 공간, 장비 등이 변형된 형태로 제시되게 된다.

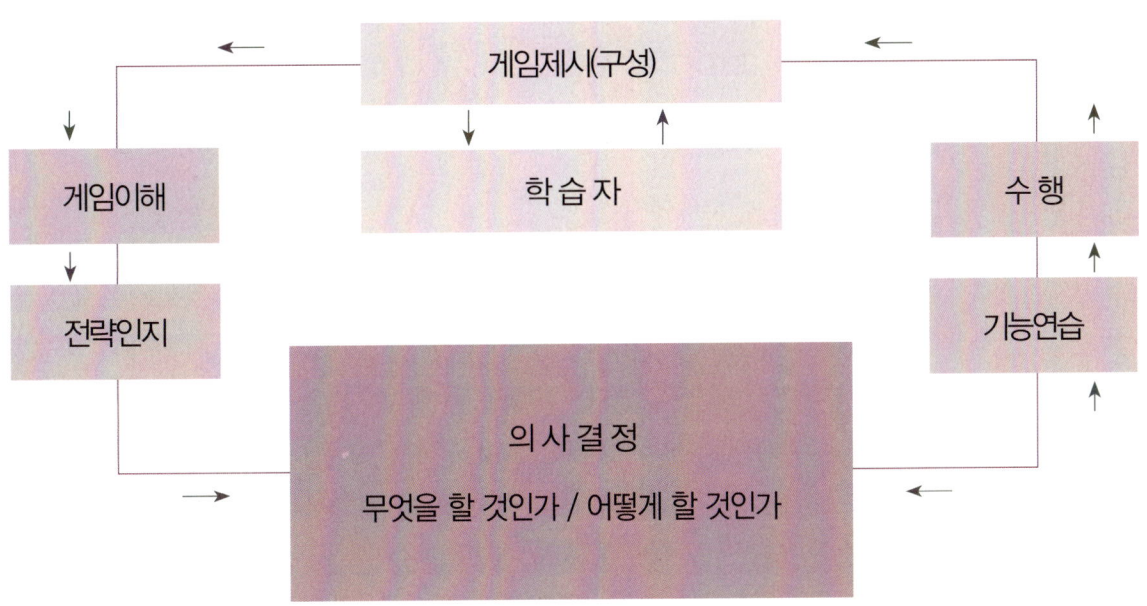

[그림 Ⅲ-1]. 이해중심 게임수업 모형의 구성(Bunker와 Thorpe, 1982)

(2) 게임 이해

이 단계는 게임의 규칙들을 학생들로 하여금 이해하게 하는 것에 강조점을 둔다. 규칙은 게임의 범위를 제공하며, 게임의 시간과 공간에 대해 제한을 두게 된다. 하나의 예로서 시간 제한 규칙(농구의 경우에는 10초 라인을 그린다거나 공은 3초나 5초 이상 잡고있을 수 없다는 등)을 적용한다든지, 공간 제한 규칙(축구의 경우 페널티 에어리어를 작거나 크게 하는 등)을 적용한다든지, 또는 다른 규칙을 실행한다든지 하는 등의 규칙 적용은 게임을 실제로 행할 때 활용되는 학생의 기능 수준과 기술 전략에 제한을 가할 것이다.

(3) 전략 인지

이 단계는 규칙들에 내포되는 문제점들과 게임에 사용되는 전략을 고려하는 것이 필수적이다. 예컨대, 공격하기에 좋은 공간을 만들어 내는 방법, 수비하기에 좋은 공간을 만들어내는 방법들이 강구될 수 있다. 게임의 보편적 플레이는 전략적 접근을 위한 기초를 형성한다. 예를 들어, 간이배구의 경우 공을 띄우고 때리는 각도를 계측하며, 스파이크를 함으로써 공격의 기회를 마련하고, 자신이 맡아야 할 수비공간을 예측하기 위하여 각도를 세밀히 따지는 기회를 제공하게 된다. Bunker와 Thorpe(1982)는 던지기 같은 기능이 여러 종류의 게임들에 전이가 되듯이, 운동전략에 대한 지식도 전이가 될 것이라고 주장하고 있다.

(4) 의사 결정

이 단계는 무엇을 할 것인가에 기초한 의사결정과 그것을 어떻게 할 것인가의 의사결정을 강조하며, 학생과 교사가 의사결정 시 결점들을 인식하고 찾아내는 데에 강조점을 둔다. 전략적 인식(무엇을 할 것인가)이 의사결정에 필수적이라면 게임의 성격은 게임상황 내에서 계속 변화하는 것을 뜻한다. 무엇을 할 것인가를 결정하기 위해 각 상황은 평가되어야만 한다. 일례로서 테니스를 배우는 학생의 경우, 코트 뒤로 깊숙이 떨어지는 로브나 네트 바로 앞에 떨어지는 드롭샷의 중요성을 깨달은 후에 로브 또는 드롭샷 기술을 배우고자 하는 욕구가 증가할 것이다. 농구를 배우는 학생의 경우, 가드에 의해서 옴짝달싹 못하게 된 상황을 당해본 학생만이 여러 가지 다른 방법으로 공을 바운드 할 수 있는 기술과 페인트를 동반한 체스트 패스 기술을 배워야 한다는 사실을 깨닫게 될 것이다.

(5) 기능 연습

이 단계에서는 교사가 게임 상황 내에 요구되는 실제 기술을 시범보인다. 기능 연습은 항상 개인의 상황 내에서 학습자에게 제시된다. 이 단계는 다음 단계의 수행의 개념과는 달리 기능의 효율성과 적절함을 판단하는 질적인 요소를 포함한다는 점에서 구별이 되며, 이 단계에서 학생들은 운동이 제대로 수행되었는지 여부를 판단하고 운동 기능 향상 여부를 판단하기 위하여 교사의 도움을 받아야 한다.

(6) 수행

이 단계에서는 게임에 필요한 기능 연습과 전략을 바탕으로 게임 활동이 이루어진다. 또한 기술의 효율성뿐만 아니라, 전술적 실행의 적절성에 대하여 학교수준 혹은 국가적 기준에 기초하여 학생들의 수준을 평가하는 단계이다(Turner와 Martinek, 1995; 최의창, 1996).

3) 이해중심 게임수업 모형 관련 연구
(1) 국외연구

이해중심 게임수업 모형과 기능중심 게임수업 모형에 대한 연구 관심이 증가함에 따라, 각 모형의 타당성에 대한 이론적 연구와 더불어 어느 모형이 더 효과적인 학습을 가능하게 하는가에 대한 현장 연구가 북미지역의 체육교육자들을 중심으로 증가하고 있다(Chandler & Mitchell, 1990). 특히, 연구자들의 집중적인 관심을 모았던 연구로는 '기능'을 강조하는 접근과 '전술'을 강조하는 두 접근에 대한 학생들의 운동에 관한 지식, 게임 수행 능력과 학생들의 기능발전 여부를 규명하고자 하는 연구가 대표적이며, 최근까지 수행된 연구를 요약하면 다음과 같다.

① 운동지식에 관한 연구

학생의 운동지식에 관한 연구는 Anderson(1976)이 분류한 운동지식 체계의 토대 위에서 이루어졌다. Anderson(1976)은 운동지식의 종류를 명제적 지식(declarative knowledge)과 과정적 지식(procedual knowledge)의 두 가지로 분류하여 제시하였다. 명제적 지식은 사실적 지식이며 과정적 지식은 역동적인 게임상황에서 의사결정을 할 수 있는 전술적 지식이다. 학생의 운동지식에 관한 연구는 Anderson(1976)이 분류한 운동지식을 기능중심 게임수업 모형과 이해중심 게임수업 모형을 적용하며 학생들이 명제적 지식과 과정적 지식에서 어떠한 변화를 보이는지 연구하는 근거를 제시하였다.

Lawton(1989)은 이해중심 게임수업 모형과 기능중심 모형의 효과를 최초로 비교하였다. 그는 12-13세의 배드민턴 선수들이 두 가지 모형으로 6주간의 처치를 받았을 때 명제적 지식과 과정적 지식에 어떠한 변화가 있는지를 연구한 결과, 학생들의 지식에 있어서는 별 차이가 없다는 것을 발견하였다. 이 연구는 Turner와 Martinek(1992)이 필드하키를 대상으로 한 연구 결과와 유사하다. 이러한 두 연구가 유의한 차이를 나타내지 못한 이유는 연구기간과 연구대상자들의 지식의 수준에서 그 원인을 찾을 수 있다. 6주간이라는 짧은 처치 기간 동안 학생들이 실제적으로 얻을 수 있는 지식의 양에는 한계가 있기 때문에 학생들은 6주의 처치를 받았다 하더라도 지식의 본체의 관점에서 여전히 초보자 수준을 유지하고 있다고 할 수 있다. 실제로 French와 Thomas(1987)의 연구는 전 시즌 동안 계속되었기 때문에 학생들이 지식의 증가를 보였다는 결과를 제시하고 있다. 따라서 Lawton(1989)과 Turner & Matinek도 처치 기간을 더 길게 했다면 학생들의 지식의 변화에 대한 의미 있는 결과를 제시할 수 있었을 지도 모른다.

이러한 한계점을 고려하여 Turner(1993)는 필드하키 선수를 대상으로 하여 한 학기 내내 이해중심 모형과 기능중심 모형으로 수업을 한 각각의 처치집단과 통제집단을 비교하는 연구를 하였다. 연구결과 두 처치집단은 통제집단에 비교하여 지식의 증가를 보였다. 그러나 과정적 지식은 두 처치집단 모두 유의한 변화를 보이지 않았다. 이 연구 결과는 과정적 지식이 발전하기 위해서는 반드시 명제적 지식의 토대가 있어야 한다는 French와 Thomas(1987)의 연구결과와 비교할 때 흥미 있는 결과이다. Turner(1993)의 연구에서 학생들의 명제적 지식은 이해중심 모형에 의해서 증가했을지도 모르지만 학생들의 과정적 지식의 발전은 더 오래 걸릴지도 모르며 본 연구에서는 이루어지지 않았을지도 모른다.

Rink, French와 Werner(1991)는 전략중심의 이해중심 모형과 기능중심 모형, 두 가지 모형을 조합한 처치를 9학년의 초보 배드민턴 선수들에게 가하여 그들이 지식 검사에서 어떠한 변화가 있는지를 연구하였다. 연구 결과, 각 처치집단 간에 유의한 지식의 차이는 발견되지 않았다. 인지검사는 운동규칙, 기능, 전략으로 분류되었는데 모든 처치집단이 배드민턴 수업을 받지 않은 통제 집단보다 높은 점수를 보였다.

이와 같이 운동지식의 발전에 관한 연구는 처치 기간이 비교적 짧았고 습득해야 할 운동지식의 양이 많다는 문제 때문에 어느 한 모형이 더 나은 결과를 보인다는 일관된 연구결과는 없다.

② 게임수행에 관한 연구

이해중심 게임수업 모형과 기능중심 게임수업 모형을 적용한 결과 학생들의 게임수행 능력에서 어떠한 변화를 보였는지에 관한 연구는 주로 게임상황에서의 의사결정 능력에 초점을 두어 연구되었다.

Rink, French와 Werner(1991)는 9학년의 초보 배드민턴 집단학생을 대상으로 하여 전략중심, 기능중심, 그리고 이 두 가지를 조합한 접근의 세 가지 처치집단의 게임 운영 능력을 비교하는 연구를 실시하였다. 기능중심과 전략중심 집단은 신체의 위치잡기, 경쟁적인 결정, 그리고 기능수행에 있어서 두 가지 모형을 조합한 집단보다 우수하였다. 그러나, 이 결과는 어느 한 처치집단이 다른 처치집단보다 게임수행 능력(통제, 의사결정, 게임 실행)에 있어서 우수하다는 것을 밝히지는 못하였다.

　　Turner와 Martinek(1992)은 이해중심 게임수업 모형과 기능중심 게임수업 모형을 6, 7학년의 필드하키 수업에 적용하였으나 두 처치집단간에 하키 게임 능력에는 유의한 차이가 없었다.

　　이들의 연구는 French와 Thomas(1987)가 어린이들의 농구경기에서 밝힌 결과와는 대조를 이룬다. 이들의 연구는 전문수준과 초보수준의 선수들이 사후검사에서 게임 수행을 하는 동안 성공적인 결정을 하는 비율이 증가하였다고 보여주었다. French와 Thomas는 어린 선수들이 기능중심 수업에서보다 게임중심 상황에서 인지적 결정을 빨리 할 수 있게되었다고 보고하였다.

　　이와 같이 연구결과들이 일치하지 않는 데는 몇 가지 이유가 있다. 첫째, French와 Thomas(1987)의 연구에서 연습시간은 오직 경쟁을 위한 게임 전략과 팀의 조직에만 할애된 반면, Turner와 Martinek(1992)의 연구에서는 앞의 연구와 같이 전략적 요소에만 초점이 주어지지는 않았다.

　　둘째, 두 연구는 연구기간에서 차이가 있었다. French와 Thomas(1987)의 연구에서는 농구시즌 동안에 연구가 이루어진 반면, Turner와 Martinek(1992)의 연구에서는 오직 6주만에 이루어졌다. 이러한 관점은 Thomas와 French, Thomas와 Gallagher(1988)가 게임의 상황에서 정확한 의사결정을 하기 위해서는 상당한 시간이 소요된다는 주장에 의하여 연구기간의 차이가 결과의 불일치를 가져올 수 있음을 뒷받침하고 있다. 이 관점을 뒷받침하는 후속연구가 Turner에 의하여 보고되었다. 그는 필드하키에서 게임중심 모형으로 좀 더 긴 처치기간을 받은 학생들이 게임수행 과정에서 기능중심 집단이나 통제 집단보다 더 나은 결정을 하였다고 보고하였다.

　　McPherson과 French(1991)는 연습을 위한 각기 다른 강조점이 다른 결과를 초래한다고 하였다. 예를 들어 전략학습에 지나친 강조를 두면 학습자들은 게임 상황에서 무엇을 할 지는 알지만 그것을 성공적으로 수행할 수 있는 운동기능을 습득하지는 못하게 된다. 이들은 테니스 게임을 가르치는데 기능과 전략을 가르쳐야 하는 적절한 시기에 대하여 연구하였다. 이들에 따르면 초보선수들에게는 기능모형으로 가르치고 나중에 게임과 전술을 가르쳤을 때 그들의 의사결정 능력이 증가하였다는 점에서 초보적인 수준의 전략은 직접 가르치지 않고서도 일어날 수 있다고 하였다. 이와 같이 게임수행능력에 관한 두 모형간의 효과검증은 연구의 기간과 처치의 강조점에 따라서 일관된 결과를 보이지는 않았다.

　　③ 운동기능에 관한 연구

　　기능중심 게임수업 모형과 이해중심 게임수업 모형에서 연구주제로 관심을 가지고 있는 것은 이 두 모형이 운동기능의 발전에 어떠한 영향을 미치는가에 관한 것이다. 일반적으로 기능중심 모형에 비해 이해중심 모형을 적용할 경우 학생들의 운동기능이 저하될 것이라는 예측을 하였으나 이 부분에 대한 연구의 결과들은 그 예측이 빗나갔음을 보여주고 있다.

Turner와 Martinek(1992)의 필드하키 연구는 정확성과 속도의 기능 검사에서 각 처치집단 간에 차이가 없음을 밝히고 있다. 이러한 결과는 기능중심 모형에서 이해중심 모형으로의 전환이 학생들의 특정한 영역에 대한 운동기능 학습을 저해하지 않는다는 것을 보여주고 있다. 이러한 결과는 Lawton(1989)의 연구와 Rink, French와 Werner(1991)의 연구 결과와도 유사하다. Lawton은 기능중심 집단과 이해중심 집단간에 배드민턴 서브 기능검사에서 차이를 발견하지 못했다고 밝히고 있다.

기능요인에 대한 연구는 운동기능 지식과 의사결정 능력과 관련하여 연구되어야 한다는 주장이 제기되고 있다. 이러한 연구는 다양한 교수법에 바탕을 둔 접근에서 연구자들이 각각의 변인을 변화시키기 위해 얼마의 시간이 소요될지를 결정하는 데 많은 도움을 줄 것이다. 일부 연구자들은 세 가지 변인들이 변화하는 비율은 매우 다를 것이라고 한다. 예를 들면 French와 Thomas(1987)는 학생들이 인지적인 기능을 이용하는 능력과 운동수행에 포함된 지식이 운동기능의 발달보다 빠르다고 하였다. McPherson과 French(1991)는 운동기능 요소에 대한 학습곡선 보다 인지적 요소에 대한 학습곡선의 경사가 더 급하게 상승한다고 하였다. 따라서 과거의 연구들은 비교적 처치기간이 짧았기 때문에 지식과 의사결정 변인만큼 운동기능 변인이 많은 영향을 받지 못하였다고 가정할 수 있다.

④ 이해중심 게임수업에 대한 교사-학생의 실제 반응

이해중심 게임수업 모형을 현장에 적용하였을 때, 수업을 직접 담당하는 교사들이 보이는 반응은 전통적인 접근에 대하여 대안적으로 나온 이해중심 게임수업 모형의 적용가능성에 중요한 의미를 갖는다. 새로운 게임수업 모형으로서의 이해중심 게임수업 모형의 수용은 게임교육의 교육적 가치에 대한 오래된 신념에 이의를 제기하였다는 점에서는 이론의 여지가 없다. 그러나 현장 교사들과 학생들의 관심사에 귀를 기울이지 않고 새로운 모형이 가져다주는 변화에 대해 구체적인 자료를 제시하지 못한다면 일시적인 유행의 하나로 여겨지게 되어 결국 현장에 뿌리를 내릴 수 없다는 점에서 이들의 반응은 중요한 의미를 갖는다.

Werner와 그 동료들(1996)은 교사들이 이해중심 게임수업 모형에 대하여 어떻게 반응하는지 연구하였는데 그 반응은 양극화되어 나타났다고 보고하였다. 긍정적 반응을 보인 교사들은 놓쳤던 퍼즐 조각을 찾았을 때처럼 "아하" 느낌을 가지게 되었다고 하였고, 부정적인 반응을 보인 교사들은 학생들에게 스스로 생각하게 하는 도전적인 활동을 요구했을 때 성공적으로 수행하지 못할 것이라고 보고 오히려 '숟가락으로 하나 하나 떠 먹여 주는' 방식의 자세하고 철저한 전통적인 모형이 더 나을 수 있다고 반응하였다.

이해중심 모형에 대한 교사들의 이러한 다양한 의견을 보다 체계적으로 연구한 사람은 Butler(1993)이다. 그는 "스포츠 교육에서의 교사의 변화"라는 제목의 연구에서 이해중심 게임수업 모형을 교육과정 모형으로 소개한 다음 교사들의 다양한 반응을 양적 자료와 질적 자료에 의하여 분석하였다.

이해중심 게임수업 모형에 따라 수업을 하였을 때 교사질문의 인지수준의 범위가 더 넓어졌고 각 수준별로 질문의 수가 많아졌으며 학생들이 더 높은 수준에서 사고하도록 북돋아 줄 수 있었다고 하였다. 또 교사와 학생의 상호작용을 분석한 결과 교사의 반응보다는 학생의 반응에 더 중점을 두고 학생들이 그들의 생각을 설명하고 더 확산적이고 높은 수준의 사고질문에 답하도록 격려하였다. 학생들의 수업 관리 측면에서 학생들은 교사들에게 덜 의존적이었고 인지적, 정의적, 수업집중 측면에서도 현저한 향상을 보였다고 보고하였다.

(2) 국내 연구

이해중심 게임수업모형에 대한 국내의 연구는 안양옥(1998)의 '게임 수업의 질적 제고를 위한 대안적 접근'을 시작으로 최근 10여 년간 활발하게 수행되어왔다. 국내의 연구들은 주로 현장적용 가능성, 기능중심 수업과의 비교, 교사의 경험과 지식, 학생의 경험과 인식에 관한 연구가 주를 이루고 있으며, 그 밖에 이해중심 게임수업모형의 본질을 탐색한 연구도 발견된다.

① 현장 적용 가능성 시사 연구

안양옥 등(1999)은 3학년과 5학년 학생들을 대상으로 이해중심 게임수업모형의 현장 적용 가능성을 발달 단계별로 탐색을 시도한 연구를 실시한 결과, 이해중심 게임수업모형에 대한 참여도 및 흥미, 교과내용에 대한 인식, 교사에 대한 인식에서 3학년 학생들은 주로 기능적인 측면에 대한 흥미, 인식이 강하였고, 교사를 주로 심판을 보는 일과 소극적 방관자의 역할로 인식하고 있었던 반면, 5학년 학생들은 이해중심 게임수업에 흥미를 느끼고 소규모 집단 활동을 통한 상호작용, 팀워크, 전략사용 등에 적극 참여하였으며 교사의 역할에 대해 긍정적으로 인식을 하였다. 이를 토대로 3학년 학생들에게는 초보적인 수준의 게임을 가르치는 방향으로 전략과 수준이 단순화 될 필요가 있음을 시사하였다.

장용규(2002)는 초등학교 6학년과 중학교 1학년 및 교사를 대상으로 하여 '이해중심 게임수업모형'의 적용을 통해 '이해중심 게임수업'에 대한 학생의 참여 및 반응, 학생의 이해 및 수용 교사의 이해 및 수용 가능성 등을 고찰한 연구에서 학생들의 수업에 대한 참여 및 반응과 관련하여 이해중심 게임수업은 동기 및 흥미 유발, 게임 이해, 상호 작용 등에 긍정적이며, 학생들이 게임 및 스포츠종목에 대한 안목 형성과 이해 심화에 유리한 것으로 나타났다. 또한, 이해중심 게임수업 모형은 동료 및 상대방에 대한 인식, 협동심의 발현을 통한 학생들 사이의 상호작용 확대, 학생의 교사 인식 개선에도 긍정적 효과가 있음을 보고하였다.

신재정(2003)은 중학교 2학년을 대상으로 중학생 수준에 적합한 이해중심 게임수업 모형의 개발 및 적용을 통한 학습효과를 분석한 결과 변형게임의 흥미와 동기유발 향상, 게임수행 능력 향상을 포함한 게임에 대한 안목의 변화, 학생들 간의 교우관계 개선 및 사회성 내면화의 기회 제공, 운동량 증가를 통한 체력 향상 도모, 체육에 대한 인식의 변화, 여가 시간을 활용한 게임 활동 참여와 같은 긍정적인 변화를 토대로 이해중심 게임수업모형이 효과가 있었음을 보고하였다.

② 기능중심수업과의 비교 연구

우길동(2001)은 이해중심 게임수업모형과 기능중심 수업을 고등학교 배드민턴 수업에 적용하고 비교 분석한 결과 배드민턴의 기능적 측면에서 기능중심 수업집단의 평균이 높게 나타난 반면 게임 중 생각한 지식량, 수업에 대한 만족도와 운동에 대한 태도 등에서 이해중심 게임수업모형을 적용한 집단의 평균이 높게 나타났다. 이러한 결과는 개개의 배드민턴 기능의 발달에 기능중심 수업의 적용이 효과적일 수 있으나, 기능을 게임 중에 활용하는 능력 및 인지적, 정의적 측면에서는 이해중심 게임수업모형이 오히려 효과적임을 보고하였다.

손승도(2003)는 핸드볼 종목을 중심으로 기능중심 수업과 이해중심 게임수업모형을 각각 적용하여 성취도의 비교·분석 연구를 실시한 결과 기능평가 영역에서는 기능중심 수업을 적용한 집단과 이해중심 게임수업을 적용한 두 집단 간에 통계적으로 유의한 차이는 나타나지 않았으며 게임평가 영역에서는 이해중심 게임수업을 적용한 집단의 평균치가 더 높게 나타났으나 통계적으로 유의한 차이는 나타나지 않았음을 보고하였다.

김영언(2004)은 이해중심 게임수업모형을 적용한 지도방법과 기능중심 게임수업 지도방법이 학생의 게임 만족도와 수업에 대한 태도에 미치는 영향을 파악하고자 교육과정에 제시된 게임 영역별 게임 만족도 비교결과 이해중심 게임수업모형을 적용한 집단이 기능중심 게임수업을 적용한 집단에 비해서 높게 나타났으며 특히 피하기형 게임에서 두드러진 차이가 나타났다. 반면, 게임 수업에 대한 태도 비교에서 이해중심 게임지도 방법을 적용한 집단의 평균이 좀더 높게 나타났으나 통계적으로 유의한 차이를 보이지는 않았다.

박중길과 문익수(2008)는 핸드볼과 배구 종목을 중심으로 이해중심 게임수업모형과 기능중심수업을 12주간 적용하여 중학생의 인지 및 정의적 발달에 미치는 효과 연구를 실시한 결과 두 게임수업 모두 전술적 게임기술 수준의 향상에 효과가 있었고, 이해중심 게임수업모형을 적용한 수업은 문제해결능력 중 문제해결 자신감과 개인적 통제 수준의 향상, 만족감, 의사소통, 신뢰감, 개방성과 효과성, 비판적 사고 자신감, 호기심 및 성숙 수준의 향상에 효과가 있었던 반면 기능중심 게임수업은 만족감 수준의 향상에 그치고 있어 이해중심 게임수업모형이 학생의 인지 및 정의적 영역의 발달에 효과가 있음을 시사하였다.

③ 교사의 경험 및 인식 연구

신기철(2004)은 초등 예비교사의 이해중심 게임수업모형에 관한 경험과 교육적 의의에 관한 연구에서 예비교사들은 게임에 관한 경험이 초중고 시절, 교육대학 시절, 교육실습 기간 동안 변화해 왔고 그 같은 변화에 이해중심 게임모형이 중요한 전환점으로서 많은 영향을 미쳤으며, 예비교사들은 이해중심 게임수업모형이 초등학생을 대상으로 한 게임 수업에 적합한 방식으로 인정하게 되었으며 특히 이해중심 게임수업모형의 교육적 의의로서 즐거운 학습, 이해를 통한 학습의 강화에 주목하였음을 밝히고 있다.

안양옥 등(2006)은 초등교사가 습득한 게임에 대한 개념적 지식에 초점을 맞추어 연구를 수행한 결과 초등교사들은 게임에 관한 개념적 지식 형성에 있어서 개인사적인 특성이 강하게 나타났고, 특히 교사가 되기 이전 시기에서의 게임 활동 경험 및 여건의 영향을 많이 받고 있었다. 한편, 교사들은 게임에서의 주요 기능, 규칙, 도구를 중심으로 게임의 속성을 이해하고 있었으며 학생의 수준과 학교의 상황에 따라 이를 변형하고 조절하였다. 특히, 연구참여교사들은 이해중심 게임수업모형을 게임 지도의 이상적인 접근으로 보았으며, 수업 중의 학생들의 행동을 관리하는 것의 중요성을 지적하였고 게임 활동이 평생체육으로 이어지는 가교가 되어야 한다는 인식 선상에서 보다 의미 있고 재미있는 수업을 추구하고 있음을 보고하였다.

이종목(2006)은 이해중심 게임수업에 대한 교사의 인식과 경험 연구에서 연구 참여교사들은 이해중심 게임수업모형을 접하기 이전 체육수업 방식은 대체로 전통적인 아나공 수업이나 기능위주의 수업, 자료가 없는 교사 주도적 수업을 진행하고 있었고, 이해중심 게임수업모형에 대한 느낌으로는 신선하고 모형의 이상적 측면을 이해하면서도 적용과 관련해서는 강한 의구심이 있었다. 한편, 이해중심 게임수업모형의 실행을 통한 인식과 경험은 이해중심 게임수업모형에서 인지적 사고와 교사와 학생의 인간적 관계의 중요성, 학생이 주도하는 수업, 긍정적 변화를 통한 다양한 모습의 학생, 학생들의 참여도 향상, 이해중심 게임수업모형의 어려움, 이해중심 게임수업 실현을 위해 교사의 반성, 제반 환경 개선의 필요성 등으로 나타났다.

이수판과 황영성(2007)은 초등 예비교사의 이해중심게임 수업에 대한 내적동기와 수업 만족도에 관한 연구를 실시한 결과 흥미-재미와 유능감 요인 및 수업만족도에서 남학생이 통계적으로 유의하게 높게 나타났으며, 내적 동기 가운데 흥미-재미와 유능감이 수업 운영, 흥미-재미와 긴장-억압이 수업지도, 흥미-재미가 수업환경, 흥미-재미가 건강생활에 각각 유의한 영향을 미치는 것으로 보고하였다.

④ 학생들의 경험, 태도, 인식 연구
임문택, 이종목과 최원준(2004)는 초등학교 여학생들이 이해중심 게임수업에 대해 갖고 있는 인식에 대해서 연구를 실시한 결과 여학생들은 이해중심 게임수업모형을 적용하는 교사는 여학생들의 입장을 잘 이해하고, 친절하며 전략 등을 보다 구체적으로 가르치고, 성실한 교사로 인식하고 있었다. 또한 생각하는 체육수업, 힘들고 재미없는 수업에서 즐겁고 기다려지는 체육수업으로의 변화, 게임수업 참여를 통한 능력 향상과 같은 긍정적인 인식과 더불어 상대팀과 의견 충돌로 인한 친구관계 악화, 언어적 상호작용과 전략 및 작전회의 등의 시간소요로 인한 실제경기 시간 부족과 같은 부정적인 인식도 있었음을 보고하였다.

임문택(2005)은 초등학생들이 이해중심 게임수업에서 체험하는 경험과 그것의 의미에 대해서 연구하였다. 이해중심 게임수업을 적용한 결과 학생들은 다양한 과정을 통해서 체육수업이 그냥 노는 수업, 무의미한 수업이 아니라 항상 생각을 해야 한다는 인식을 갖게 되었고, 실제 게임에서 얻을 수 있는 기술성공의 성취감, 동료들과의 상호작용 등을 통해서 즐거움이 늘어났음을 보고하였다. 또한, 자기주도적인 경험을 많이 하는 학생이 주인이 되는 수업이 이루어졌으며, 친구들과의 관계개선 및 자기 자신의 모습을 긍정적인 방향으로 찾아가고 있었음을 보고하였다.

박상봉 등(2006)은 농구형 게임수업을 통한 학생들의 전술적 의사결정능력의 변화를 다룬 연구에서 약 5개 여월 간의 농구형 게임 학습과 이의 반복적 연습을 통하여 학생들이 실제 농구형 게임에서 수행하는 패스의 유형과 질적 측면에서 향상이 있었음을 증명하고 있는데, 이러한 패스의 향상은 근본적으로 초등학생들이 전술적 의미에서 '패스에 대한 인지적 의사결정 능력의 변화'가 발생하였음을 증명하는 것으로 이해중심 게임수업모형의 적용이 일종의 학생사고 능력의 향상에 기여할 수 있음을 시사하였다.

김규성 등(2007)은 여중생들의 넷볼을 활용한 이해중심게임수업 체험 연구에서 여중생들의 이해중심게임수업에 대한 체험은 시간의 흐름에 따라 낯설음과 신선함의 공존, 나눔과 배려, 즐거움의 반응을 보였으며, 넷볼의 게임특성으로 인해 두려움에서 즐거움, 효능감, 성취감으로 변화됨을 관찰할 수 있었다. 또한 이해중심게임수업을 통해 여학생들은 수업에서 자발적인 움직임 과정, 게임의 이해와 안목을 넓히는 과정, 게임연습을 통해 게임수업과 생각하는 체육수업을 체험하고 있었음을 보고하였다.

⑤ 그 밖의 연구

류태호와 이규일(2007)은 현장 교사들이 이해중심 게임수업모형을 실제 교육과정 적용에 어려움을 겪고 있는 이유가 모형의 실행원리를 밝혀주는 기본가정에 대한 면밀한 고찰이 이루어지지 않았기 때문임을 강조하면서 구성주의 학습이론의 관점으로 이해중심게임 수업모형의 기본가정을 살펴봄으로써 모형의 실행원리를 탐색하였다. 연구결과 이해중심 게임수업모형의 기본가정은 총체적인 학습경험 강조, 전체(a whole)로 기능하는 상황중심학습 강조, 학습자 중심의 학습과정 강조로 나타났고, 모형의 실행원리는 '게임 변형의 원리'와 '상호작용 원리'로 찾을 수 있음을 보고하였다.

 **이해중심 게임수업의 계획**

게임 단계와 학생 발달 지식에 대한 이해는 바람직한 교육과정을 형성하는데 초석이 된다. 학생은 게임이 어떻게 실행되는지, 게임에 영향을 미치는 요소는 무엇인지를 이해함으로써 게임을 진정으로 배우게 되는 것이다. 이를 위해서 학생중심, 문제해결 중심의 교수방법 도입이 가능하며 학생과 게임내용에 대한 교사의 면밀한 검토가 필요하다.

1) 게임 선택 시 고려사항

교사는 동료교사의 추천이나 자신의 경험 등 다양한 방법을 통하여 게임을 선택한다. 그러나 학생의 발달단계에 적합한 교육적 가치를 지닌 게임을 선택하는 것은 쉬운 일이 아니다. 따라서 게임을 평가하고 선택할 수 있는 적절한 기준이 필요하다.

(1) 가능한 한 많은 학생이 게임에 참가할 수 있도록 해야 한다.

전통적으로 운동능력이 우수한 학생이 공이나 참가 기회를 독점하고, 운동 기능이 낮거나 체육에 대한 관심이 적은 학생은 체육 수업에서 소외되는 경우가 빈번하게 발생한다. 특히 선진국에 비해 학생 수가 상대적으로 많은 우리나라의 경우, 이는 운동기능이 낮은 학생으로 하여금 게임에 대한 관심 및 흥미를 저하시키는 요인이 될 수 있다. 따라서 교사는 게임을 선택할 때 무엇보다도 학급의 모든 학생이 참여하고 그에 필요한 장비도 충분히 갖출 수 있는가를 고려해야 하며, 또한 기술이나 전략을 향상시킬 수 있는 충분한 활동 시간을 제공해야 한다.

(2) 활동의 안전성을 고려해야 한다.

게임수업은 상대적으로 격렬한 신체 활동이 많이 포함되어 있기 때문에 항상 안전사고의 위험이 존재한다. 학생들이 아무리 즐거워하고 재미있어 하더라도 수업 중에 부상이 발생하게 되면 학생들의 주의집중 저하는 물론 수업의 효율성이 떨어지기 마련이다. 따라서 교사는 용구 및 장비를 사용함에 있어서 안전사고의 위험은 없는지, 게임의 움직임이 격렬하여 부상당할 위험은 없는지 반드시 확인해야 한다. 특히 초등학생은 골격이 완전히 성장한 상태가 아니기 때문에 비교적 약한 몸싸움이나 가볍게 넘어지는 경우에도 쉽게 부상당하는 경우가 많다. 따라서 교사는 게임 선택 시 무엇보다도 학생의 안전을 고려하여야 한다.

(3) 유용해야 한다.

게임은 학생에게 유용해야 한다. 이는 게임의 질적인 측면에 대한 고려로서 게임이 초등학생의 신체적 발달은 물론 사회적, 정의적, 인지적, 도덕적 발달을 함께 도모할 수 있어야 함을 의미한다. 특히 이해중심 게임수업은 게임의 운영 능력을 강조하기 때문에 교사가 선택한 게임이 학생들의 게임 전술 및 기능을 증진시키는 데 효과적이어야 한다. 즉, 단지 학생이 선호한다고 해서 교육적 가치가 결핍되어 있는 게임을 선택해서는 안 된다.

(4) 다양한 기능 수준을 가진 학생의 욕구를 충족시켜 줄 수 있어야 한다.

동일한 연령대라도 학생의 능력은 다양하기 때문에 기술, 발달 수준 등을 고려하여 학생의 특성에 맞게 게임을 선택해야 한다. 우선 규칙은 모든 학생이 이해할 수 있어야 하며 게임 또한 낮은 기술수준부터 높은 기술 수준까지 변형될 수 있어야 한다. 그리고 능력이 낮은 학생에게는 보다 쉬운 규칙 및 방법을 적용하고, 우수한 학생에게는 보다 복잡한 규칙 및 방법을 적용해야 한다. 대부분 자기 수준에서 약간 어려울 때 도전의식이 생기므로, 교사는 학생들에게 게임을 제공할 때 가능하면 개별화 시켜서 모든 학생이 흥미를 갖고 활동에 참여할 수 있도록 유도해야 한다.

(5) 학생의 발달 원리에 부합되어야 한다.

게임은 학생의 성장 및 발달 단계와 일치하거나 그것에 기초해야 한다. 우리나라 초등학교의 경우, 성인의 게임 및 스포츠를 변형없이 학생에게 적용하는 경우가 대부분이며, 이는 초등학생의 발달 원리를 무시함으로써 학생의 체육에 대한 흥미를 반감시키는 결과를 초래하고 있다. 따라서 교사는 초등학생의 발달수준을 고려하여 규칙 및 방법을 변형한 게임을 제공해야 한다.

(6) 숙련되고 효과적인 움직임을 유도할 수 있어야 한다.

체육수업에서 실시하는 게임지도는 활발한 신체활동이 포함된 것이다. 따라서 교사는 학생에게 활발한 신체활동이 포함되고, 보다 숙련되고 효과적인 움직임이 포함된 게임을 제공해야 한다. 움직임을 제한하는 불필요한 규칙을 제정해서는 안 되며, 학생의 수준을 벗어나 너무 넓은 공간을 허용해도 효과적인 움직임이 발현되지 않을 수 있다.

(7) 이전의 지도내용과 연계할 수 있어야 한다.

교사가 게임을 선택할 때에는 반드시 교육적 목적을 달성하는데 초점을 두어야 한다. 따라서 게임은 선수학습 내용을 바탕으로 전략이나 기술면에서 점차 높은 수준으로 제시되어야 한다. 이는 학생의 사고 수준 및 기술 실행 모두를 포함한다. 물론 이전의 지도내용보다 지나치게 높으면 학생이 쉽게 포기할 수 있기 때문에, 선수 학습한 게임보다 약간 복잡한 기술 및 전략이 포함된 게임을 선택해야 한다.

(8) 사회적·정서적 발달을 도모할 수 있어야 한다.

게임은 학생에게 매우 유용한 교육 수단으로서 단지 신체적 발달에만 초점을 두어서는 안 된다. 바람직한 게임은 또래와의 활발한 상호작용을 통해 상대방을 존중하고 배려하며, 자신이 담당한 역할을 충실히 수행하고, 규칙을 준수하는 등 다양한 사회적 효과를 도모할 수 있다. 이와 함께, 게임은 본능적으로 움직이고자 하는 욕구를 강하게 지니고 있는 학생에게 운동 욕구를 해소시켜줌으로써 학생의 정서적 안정에 기여할 수 있다. 따라서 교사는 게임을 선택할 경우 신체적 발달은 물론 사회적, 정서적 발달 차원을 고려하여 전인적 발달이 가능하도록 선정해야 한다.

2) 게임 조직시 고려사항

게임 선정 작업이 끝나면 게임을 조직해야 한다. 게임의 조직은 수평적 계열화와 수직적 계열화로 구분될 수 있는데, 어떠한 유형의 게임을 먼저 실시하느냐가 수평적 계열화이며, 동일 유형의 게임에서 난이도가 쉬운 게임부터 점차 난이도가 높은 게임으로 진행시키는 것이 수직적 계열화이다. 게임의 조직시 고려사항은 다음과 같다.

(1) 어떠한 유형의 게임을 먼저 시작할 지를 결정한다.

현재 이해중심게임수업에서 활용되는 게임 유형은 피하기형, 목표물 맞히기형, 영역침범형, 네트형, 필드형으로 구분된다. 이 중에서 일반적으로 피하기형 게임이 가장 먼저 제시될 수 있다. 술래잡기와 같은 피하기형 게임은 기능 및 전술이 다른 게임에 비해 비교적 단순한 편이어서 저학년 학생도 쉽게 참여할 수 있다. 이와 함께 피하기형 게임은 다른 게임들의 기능을 습득하는데 요구되는 기초기술이 많이 포함되어있어, 여타 게임의 전 단계로 실행될 수 있다.

한편 Bunker와 Thorpe(1982)는 게임 유형 중 피하기형 게임은 제외했는데, 나머지 게임 중에서는 네트형 게임이 가장 먼저 제공되어야 한다고 주장하고 있다. 네트형 게임은 규칙이 단순해서 학생이 쉽게 적응할 수 있다. 그리고 필드형 게임이 가장 어려운 편에 속하므로, 고학년을 대상으로 실시하는 것이 보다 바람직하다고 할 수 있다.

(2) 게임은 이후의 게임과 관련되어 조직해야 한다.

게임을 조직할 경우에는 연계성이 매우 중요하다. 이전에 배운 게임 내용이 다음에 배울 게임을 자연스럽게 연결될 수 있어야 한다. 이를 위해서는 무엇보다도 학생의 성숙 및 발달을 고려해야 한다. 따라서 저학년기에는 전략 및 기능이 다소 단순한 게임을 실시하고, 고학년에서는 보다 복잡한 전략 및 기능이 이용되는 게임을 실시해야 한다. 이와 함께 게임을 조직할 경우에는 학생의 관심 및 동기 수준을 명확히 파악해야 한다.

(3) 경기자의 편성은 신중해야 한다.

게임 조직시 팀의 편성은 신중하게 해야한다. 이 또한 게임의 흥미 및 긴장감을 유지시키는 데 매우 중요하다. 현행 체육교육과정에서는 남녀 혼성 수업을 권장하고 있기 때문에 가능하면 남녀가 함께 할 수 있는 게임을 제공하는 것이 바람직하다. 이는 이성에 대한 이해 및 정상적인 사회화 과정에 긍정적인 역할을 할 것이다. 그러나 한 편으로는 남자 학생의 운동 능력이 하향 평준화될 가능성 또한 존재한다. 그러므로 남녀가 함께 게임을 할 경우에는 여자 학생에게 규칙 적용을 완화함으로써 게임이 느슨해지거나 지루해지지 않도록 유도할 필요가 있다. 그리고 적절한 경쟁이 존재할 때 게임이 보다 흥미로워지므로 가능하면 팀의 실력을 대등하게 편성해야 한다.

한편, 도입 단계에서 단순한 간이게임을 실시할 경우에는 학생의 수준별로 팀을 구성하는 것도 고려할 만하다. 대부분 운동기능이 낮은 학생은 열등감이나 친구들의 질책 등으로 인해 게임에 참가하지 않는 경우가 빈번히 발생한다. 따라서 운동 기능이 낮은 학생끼리 시합을 하도록 하면 열등감 없이 게임에 참여할 수 있을 것이다. 실제로 학생은 게임을 좋아하지만 성공 경험이 부족하여 게임의 가치를 인식하지 못하는 경우가 많이 때문에, 비슷한 수준의 학생끼리 시합을 구성함으로써 게임 중 성공 경험의 빈도가 높아지면 게임의 교육적 효과가 극대화 될 것이다.

(4) 활동은 정적 상태에서 동적 상태로 발전되도록 구성해야 한다.

게임은 정적인 상태에서 동적인 상태로 발전하도록 구성해야 한다. 게임은 처음에는 정지 상태에서 점차 천천히 움직이고, 마지막으로 빠르게 움직이면서 기술을 향상시켜 나가도록 고안되어야 한다. 처음부터 격렬한 신체활동을 시작하면 신체가 운동할 준비가 되어 있지 않기 때문에 부상당할 위험이 매우 크며, 효율성 또한 반감될 가능성이 농후하다. 따라서 정적상태에서 활동을 시작하여 신체가 운동에 적응할 수 있는 충분한 시간을 제공해야 한다.

3) 게임 재구성에 영향을 미치는 요소

일반적으로 초등학교 체육수업에서 실시하는 게임은 성인이 선호하는 스포츠의 규칙 및 방법을 변경 없이 적용하기 때문에 학생에게는 어려울 수 밖에 없다. 따라서 기존의 스포츠 규칙 및 방법을 학생의 수준에 맞게 재구성할 필요가 있다.

(1) 경기장의 크기 및 형태
우선 게임을 재구성할 경우에는 학생 수준이나 연령에 맞게 경기장의 크기를 조절할 필요가 있다. 저학년 학생에게 경기장의 크기가 너무 크면 의욕이 저하되기 쉽고, 너무 좁으면 정밀한 운동 능력이 부족한 학생에게 너무 어려울 수 있다. 물론 경기장의 크기는 경기 참가인원과 관련해서 조절해야 한다.
경기장의 형태도 자유롭게 변경이 가능하다. 일반적으로 피구형 게임은 사각형의 형태로 실시하지만, 이를 원형으로 만든다든지 또는 오각형으로 변경할 수 있다. 그리고 야구 및 발야구형 게임에서도 야구장의 모양을 원형으로 만들 수 있다.

(2) 도구 및 장비의 종류와 수
많은 게임들이 도구 및 장비를 이용한다. 예컨대, 배드민턴, 테니스, 탁구, 야구, 골프 게임들은 모두 도구 및 장비를 가지고 하는 게임들이다. 그런데, 이러한 게임에서 원래 이용되는 도구 및 장비를 가지고 학생의 게임을 실시하는 것은 신체발달수준 등의 문제로 인해 한계를 드러낼 수밖에 없다. 따라서 게임의 본질이 훼손되지 않는 범위 내에서 게임의 도구 및 장비의 종류와 수를 조절할 필요가 있다. 예를 들면, 야구의 경우 학생이 야구 방망이를 가지고 자그마한 야구공을 정확하게 타격하는 것은 쉽지 않다. 따라서 학생에게 테니스 라켓을 이용하여 타구하게 한다든지, 또는 야구 방망이로 하되 공을 야구공보다 큰 탱탱볼이나 배구공 등으로 대치하는 방법도 가능하다. 또한 도구의 재질 변경도 가능하다. 일반적으로 배구형 게임에서 저학년 학생에게 배구공은 조작이 쉽지 않으며, 공을 손으로 칠 때 상당히 아프기 때문이다. 이럴 경우 보다 가벼운 탱탱볼 같은 것을 이용하면 학생이 어렵지 않게 참여할 수 있을 것이다.
이와 함께, 목표물 맞히기형 게임의 경우에는 목표물의 크기를 조정함으로써 처음에는 다소 크게 만들었다가 점차 목표물의 크기를 줄임으로써 게임의 난이도를 조정할 수도 있다.

(3) 사용 기술의 형태
모든 게임은 게임마다 핵심적인 기술을 지니고 있다. 따라서 궁극적으로는 그 게임의 핵심적인 기술을 익히는 것을 추구해야 한다. 그러나 일부 게임들은 핵심 기술을 습득하기가 매우 까다로운 경우가 있다. 이와 같은 경우 학생에게 게임의 규칙이나 방법을 익히기 위해 보다 쉬운 기술을 배울 수 있는 기회를 제공하는 것이 효과적이다. 예를 들어 야구의 경우, 투수가 던진 공을 방망이로 치는 기술이 다소 어려울 수 있는데, 대신 티볼게임을 함으로써 학생에게 야구의 규칙 및 방법을 쉽게 인식하면서도 게임에 보다 흥미롭게 참여할 수 있다.

⑷ 규칙

규칙은 게임의 흥미를 유지하고, 게임을 보다 박진감있고 매력적으로 만드는데 중요한 요소이다. 게임의 가장 큰 매력 중에 하나는 결과의 불확정성이다. 결과를 미리 알 수 없기 때문에 참가자는 보다 흥미를 가지고 게임에 참가하며 승리했을 경우 그에 대한 기쁨 또한 배가된다. 그러므로 게임의 흥미 및 결과의 불확정성을 유지하기 위해 교사는 규칙을 다양하게 변경할 필요가 있다. 예컨대 배구의 경우, 학생이 땅에 떨어뜨리지 않고 배구공을 계속 패스하는 기술은 상당히 어렵고, 공중에서 떨어지는 공을 직접 손으로 치는 일도 쉽지 않다. 따라서 저학년 학생에게는 땅에 한 번 떨어뜨린 후에 공을 치게 하는 등 게임의 규칙을 변경함으로써 학생이 보다 흥미를 가지고 게임에 참여할 수 있도록 할 수 있을 것이다. 또, 야구에서는 원래 공을 치지 못하면 '스트라이크 아웃'이라는 규칙이 존재하나, 발야구에서는 발로 차기 때문에 대부분 공을 맞힌다. 그래서 발야구에서는 파울을 3번 또는 4번 하면 야구에서 말하는 소위 '스트라이크 아웃'으로 판정한다고 규칙을 변경할 수 있다.

이와 함께, 피구형 게임에서는 학생의 안전을 위해서 공이 얼굴에 맞으면 아웃이 아닌 것으로 판정할 수 있다. 피구는 현재 초등학교 학생이 가장 선호하며, 초등 현장에서 가장 많이 실시되고 있는 게임 중의 하나이다. 그런데 고학년, 특히 남학생의 경우에는 공을 던지는 속도가 매우 빨라 얼굴에 맞으면 부상당할 가능성이 있음에도 불구하고, 학생들은 공을 잡으면 별 생각 없이 세게만 던지기 때문에 얼굴에 맞는 경우가 종종 발생하며, 특히 안경을 착용한 학생은 매우 위험할 수 있다. 그래서 얼굴에 맞으면 아웃이 아니라는 규칙을 설정하면 학생이 될 수 있으면 허리 아래로 던지려고 노력하게 만들 수 있다. 또, 공을 얼굴로 던지는 것보다 허리 아래로 던지는 것이 아웃시키기에도 훨씬 유리하기 때문에 이러한 규칙의 변경은 학생에게 부상 위험 감소는 물론 효과적 기술 습득에도 긍정적일 수 있다.

농구형 게임에서도 고학년 정도가 되면 남녀의 운동 능력 차이가 크기 때문에 여자와 남자로 나누어 시합할 경우, 여자는 두 손으로 드리블을 하고 남자는 원래의 규칙에 맞게 한 손으로만 드리블을 하게 함으로써 게임의 균형을 유지할 필요가 있다.

게임 재구성 시 규칙 변경과 관련하여 주의할 점은 규칙을 너무 복잡하게 만들면 안된다는 점이다. 학생은 게임 중 상대방의 규칙 준수에 대해 매우 민감하기 때문에 규칙이 복잡하거나 애매모호하면 학생끼리 말다툼이 자주 발생하며, 게임이 중단될 가능성이 있다. 또한 게임의 수준을 높인다는 취지 하에 규칙이 너무 어려우면 학생이 이해하지 못하는 경우가 있고, 규칙에 신경 쓰다 보면 실제 활동에 치중하지 못하는 경우도 발생한다. 따라서 게임의 규칙은 가능하면 명쾌하게 제정되고 학생이 이해할 수 있으며 실행 가능한 것들이어야 한다.

(5) 참가 인원

게임 재구성시 참가 인원 변경을 꾀할 필요가 있다. 참가 인원이 너무 많으면 앞에서도 밝혔던 것처럼 운동 기능이 우수한 학생이 공을 독점하는 경우가 빈번히 발생한다. 따라서 처음에는 참가 인원을 소수로 하여 가능하면 많은 학생이 참가할 수 있도록 해야 한다. 물론 이럴 경우 경기장의 크기도 줄임으로써 대기하는 학생 없이 모든 학생이 활동에 참가할 수 있는 공간을 확보해야 한다. 학생들의 게임 전략 및 기능이 점차 향상되면 참가 인원을 원래 게임의 규칙에 맞게 적용함으로써 보다 게임을 흥미롭게 즐길 수 있도록 유도해야 한다.

(6) 참가자의 구성

게임의 팀 편성 시 학생의 능력을 고려하고, 남녀 혼성으로 할 것인지 아니면 분리해서 실시할 것인지를 상황에 적합하게 결정해야 한다. 게임의 흥미는 결국 결과의 불확실성을 통해 배가되기 때문에 가능한 한 승부가 미리 예측되지 않도록 팀을 편성하는 것이 바람직하다.

3 이해중심 게임수업의 실행

이해중심 게임수업은 무엇보다도 게임의 전략에 초점을 두고 있다. 따라서 교사는 이해중심 게임의 분류 및 가장 핵심적인 요소인 각 게임 유형별 전략을 반드시 이해하고 있어야 한다.

1) 이해중심 게임의 분류

이해중심 게임수업 연구자들은 게임의 속성 이해에 주요 초점을 둠으로써 게임의 유형을 분류하려는 노력을 지속하여 왔다. 대표적으로 Mauldon(1968), Ellis(1983), Bunker, Thorpe & Almond(1984)등이 있으며, 그들은 게임의 속성을 바탕으로 게임의 유형을 분류해 왔다.

표 III-1. Bunker, Thorpe & Almond의 분류

영역형 (Invasion)	네트/월 (Net / Wall)	필드형 (Fielding/Run-scoring)	목표물 맞히기형 (Target)
핸드볼(FT) 농구(FT) 넷볼(FT) 프리스비(OET)	**네트(Net)** 배드민턴(I) 테니스(I) 탁구(I)	야구 소프트볼 크리켓	골프 컬링
수중폴로(FT) 미식축구(OET) 축구(FT) 럭비(OET) 스피드볼(OET) 필드하키(FT) 라크로스(FT) 아이스하키(FT) FT: 한정된 목표 OET: 개방된 목표	패들 테니스(I) 플랫폼 테니스(I) **벽(Wall)** 스쿼시(I) 패들볼(I) 라켓볼(I) 자이 알라이(I) I: 도구 H: 손	킥볼	당구 스누커 풀

초등학생들이 새로운 네트형 게임인 플링고(Flingo)를 하고 있다.

이들의 주장을 토대로 게임의 유형을 분류하면, 피하기형 게임, 목표물 맞히기형 게임, 네트형 게임, 영역형 게임 그리고 필드형 게임의 다섯 가지로 나눌 수 있다.

표 III-2. Bunker, Thorpe & Almond의 분류

구분	피하기형 게임 (Tag)	목표물 맞히기형 게임 (Target)	네트형 게임 (Net/Wall)	영역형 게임 (Invasion)	필드형 게임 (Fielding/Run-scoring)
내용	상대편을 치거나 피하는 유형의 게임	정해진 곳으로 물체를 정확하게 보내는 유형	네트나 벽을 두고 물체를 보내거나 받는 유형	물체를 가지고 상대편의 영역을 침범하여 득점을 하는 유형	필드에서 공을 보내고 받아 경기를 하는 유형
관련 스포츠	다방구, 술래잡기 등	양궁, 당구, 골프, 피구, 볼링, 배구 등	테니스, 탁구, 스쿼시, 배구, 배드민턴 등	축구, 럭비, 핸드볼, 농구, 풋볼, 하키 등	야구, 발야구, 소프트볼, 크리켓 등

(1) 피하기형 게임

피하기형 게임은 저학년 학생에게 가장 친근하면서도 초보적인 게임이다. 피하기형 게임은 교육적인 의미에서보다는 놀이적인 측면을 더 많이 가지고 있는 것으로 간주되어 왔다. 전래의 술래잡기 놀이가 피하기형 게임의 대표적인 예이다.

피하기형 게임이 이해중심 게임수업 모형으로 전환되기 위해서는 학생에게 균형의 개념, 신속하게 방향을 바꾸는 방법, 움직이는 방향에 대한 지각력이 학습내용으로 다루어져야 한다. 이러한 전략이나 전술에 대한 이해가 없는 피하기형 게임은 놀이로만 인식될 소지가 있다. 그러나 모든 스포츠에는 기본적으로 피하기형 게임에서 다루어지는 기본적인 기능과 전술의 요소가 포함되어 있다는 점을 생각하여 신중히 다루어야 한다.

(2) 목표물 맞히기형 게임

이 유형의 게임들은 특정한 곳에 물체를 보내는데 있어 정확성을 강조하고 있다. 다른 게임과는 달리 목표물 맞히기형 게임은 주로 자기 통제적인 게임이다. 즉, 이는 피구와 같은 게임을 제외하고는 대부분 고정되어 있는 목표물을 맞히는 게임으로 폐쇄형 운동기능을 주로 이용한

다. 따라서 학생사이에 협력이나 집단을 형성하는 것에 익숙하지 않은 저학년이나 중학년 학생에게 적합한 게임이다.

　목표물 맞히기형 게임은 기술조절 능력을 시험하는데 유용하다. 기술조절의 정확도에 대한 도전은 학생의 흥미를 불러일으키는데 적합하다. 목표물 맞히기형 게임에서 목표물의 설치는 정지해 있는 것으로부터 점차 움직이는 것으로 발전시켜 나갈 수 있다. 또 거리, 목표물의 크기, 장비, 요구되는 기술을 조정함으로써 변화시켜 나갈 수 있다.

　목표물 맞히기형 게임은 단일한 교육목표 안에서 개개인이 기술을 습득하도록 하는 응용 게임이다. 또 정확성을 충분히 강조할 수 없는 학년 학생에게도 필요에 의하여 충분히 쉽게 변형·적용시킬 수 있다. 목표물 맞히기형 게임에는 양궁, 볼링, 골프 등이 포함된다.

(3) 네트형 게임

　물체를 움직이고 조절하여 벽이나 네트를 향하여 물체를 보내서 다른 사람이 그 물체를 조작하는 것을 어렵게 만드는 게임이다. 게임 참가자는 상대편이 던지거나 쳐서 되돌아오는 것을 방어하기 위해 지정된 공간 내에서 스스로 판단하여 빠르게 이동해야 한다. Thorpe(1982)는 이러한 게임에 사용되는 전략이 영역형 게임이나 필드형 게임에서보다는 배우기 쉽다고 주장한다.

　일부 필드형 게임에서는 복잡한 규칙 및 전략이나 특별한 조건 등으로 인하여 관중들이 게임을 이해하기 어려운 경우가 발생한다. 그러나 이와는 대조적으로 네트형 게임에서는 한 사람이 물체를 네트 위를 통과하여 상대편 지역으로 되돌려주기만 하면 되고, 그런 다음에는 아주 약간씩만 움직여서 일정 공간을 점유하면 된다. 하지만, 때로는 복잡한 경기기술과 빠른 속도로 네트형 게임을 도전적이며 어렵게 만들기도 한다. 여기에는 테니스, 배구, 탁구, 배드민턴, 족구 등이 포함된다.

(4) 영역형 게임

　한 집단이 공이나 물체를 조절하다가 다른 집단의 공간을 침범하면서 골 라인이나 골 에어리어로 보내 점수를 획득하는 게임이다. 초등학생이 가장 즐겨하는 게임이며 정해진 위치에서 자신의 역할을 확실히 알고 수행해야 하는 게임으로 대체적으로 다양한 전략을 세워 게임을 할 수 있다. 여기에 속하는 게임으로는 럭비, 축구, 하키, 농구, 핸드볼, 하키 등이 있다.

(5) 필드형 게임

　물체를 특정 지역으로 보낸 다음 루를 향해 뛰고 수비는 물체를 잡아 루를 향해 던지는 유형의 게임으로 수비전략과 팀원의 주자를 어디에 배치하느냐가 이 유형에서 매우 중요하다. 필드형 게임에는 달리기, 치기, 던지기와 받기 그리고 차기가 포함된다. 필드형 게임은 야외공간을 필요로 한다. 학생은 복잡한 게임을 할 때 상당 수준의 자기 책임을 필요로 한다. 필드형 게임은 많은 기술과 전략을 필요로 하므로, 꾸준한 연습이 없다면 게임을 능숙하게 효율적으로 수행하는데 어려움이 있다. 이러한 복잡한 기술과 전략은 필드게임의 계획, 조직, 지도를 어렵게 만든다. 이와 관련된 여러 종류의 경험 학습은 학생이 다른 필드형 게임을 할 때도 적용할 수 있는 기술을 향상시키는데 도움이 될 것이다. 여기에 속하는 게임으로는 야구와 발야구 등이 있다.

2) 게임 유형별 전략

이해중심 게임수업에서 교사는 학생이 게임을 하는 동안 능숙한 기술 구사 여부에 초점을 두지 말고 전략에 초점을 두어 지도해야 한다. 즉, 이해중심 게임수업에서는 전략 사용 여부가 가장 핵심이라고 할 수 있다. 따라서 교사는 게임 유형별 전략에 대해서 자세히 이해하고 있어야 한다.

(1) 피하기형 게임의 전략
피하기형 게임은 준비성, 균형성, 게임시 유리한 위치 선정 등과 같은 기술을 학습하는데 매우 효과적이며, 다른 유형의 게임에 비해 비교적 기초적인 전략을 사용한다. 피하기형 게임은 네트형 게임이나 영역형 게임과는 달리 스포츠 종목에 포함되지는 않지만, 다른 유형의 게임들의 기초가 된다고 할 수 있다. 예컨대, 능숙한 방향전환 및 속도조절, 준비된 자세로 균형을 잃지 않고 움직이는 민첩성과 정확성, 상대를 속이는 속임수 동작은 대부분의 스포츠에서 매우 중요한 요소이다. 구체적으로 피하기형 게임의 전략은 다음과 같다.

① 균형을 유지하고 다양한 방향으로 움직일 수 있도록 준비 자세를 취한다.
피하기형 게임에서 가장 중요한 기술 중의 하나는 균형을 유지하고 다양한 방향으로 빨리 움직일 수 있도록 준비 자세를 취하는 방법을 이해하고 사용하는 것이다. 준비자세란 빠르게 움직이기 위해서 발을 어깨 너비로 벌리고 무릎을 편안하게 구부린 상태에서 무게중심을 재빠르게 낮춤으로써 상대방을 피하려는 자세를 말한다.
일반적으로 학생은 재빨리 움직일 수 있는 준비자세를 취하는 데 있어 상체를 허리보다 앞으로 기울이는 경우가 많다. 이는 앞으로 움직이는 데는 효과적일 수 있지만, 뒤나 옆으로 움직이는데는 오히려 비효과적일 수 있다. 따라서 올바른 준비자세는 앞, 뒤, 옆 모든 방향으로 쉽게 움직일 수 있는 자세가 바람직하다. 이와 함께 뒤꿈치에 무게 중심을 두고 있으면 움직이는 반응이 느려질 수 밖에 없기 때문에 무게중심은 발의 앞쪽에 위치시키도록 한다.

또한 학생은 재빨리 방향이나 속도를 변화시킬 때 역동적이고 동적인 균형을 유지하는 방법을 습득해야 한다. 교사는 학생에게 상대방을 그대로 따라 하는 동작을 해보도록 지도하거나, 방향을 빨리 바꿈으로서 자신의 그림자를 없어지게 해보려는 활동을 연습시킴으로써 학생이 동적인 균형을 유지하도록 할 수 있다.

② 다양한 속임 동작을 사용한다

많은 게임에서 속임 동작의 활용은 매우 중요하다. 축구나 농구와 같이 공격과 수비가 직접적으로 접촉하는 게임에서는 공격과 수비 모두 속임 동작을 이용해야 한다. 마찬가지로 피하기형 게임에서도 술래와 술래가 아닌 학생이 직접적인 접촉을 통하여 게임이 이루어지기 때문에 다양한 속임 동작을 사용할 필요가 있다. 학생이 속임 동작을 잘 하기 위해서는 다양한 신체 부위 및 눈을 이용하는 것을 상황에 따라 연습해두는 것이 필요하며, 다른 사람의 동작을 모방하고 상대편이 무엇을 하는지 따라하는 것 또한 유용할 수 있다. 특히 피하기형 게임에서의 속임 동작 연습은 일반 스포츠 경기에서의 속임 동작 활용에 많은 기여를 하게 되므로 더욱 유익한 전술이라고 할 수 있다.

③ 몸을 피하기 위해서 빠르게 방향 및 속도를 바꾼다.

움직임의 방향과 속도는 속임 동작과도 관련이 있다. 예컨대, 술래잡기 게임에서 술래가 전속력으로 달려 도망치는 사람을 잡으려 할 때, 도망치는 사람은 방향만 바꾸어도 잡히지 않거나, 술래가 천천히 달리다가 갑자기 빨리 달려서 도망치는 사람을 잡는 경우를 볼 수 있다. 그러나 실제로 술래잡기 게임에서 많은 학생은 속도 변화나 방향 전환에 대해 아무런 전략없이 그저 단순히 달리기만 하는 것을 자주 경험할 수 있다. 따라서 학생은 피하기형 게임에서 방향 및 속도의 변화가 매우 중요하다는 것을 인식해야 한다.

④ 앞, 뒤, 옆 등 주위에서 무슨 일이 일어나는지 파악한다.

게임에 참가하는 학생은 자신의 주변 상황을 알아차려야 한다. 이는 게임에 참가하는 학생은 여러 장소를 자세히 눈여겨 본 후에 어떤 일이 일어날 것인지 재빨리 분석하고 언제 그리고 어떻게 움직일 것인가를 결정해야 함을 의미한다. 이를 위해서는 머리를 돌리지 않고 눈돌리기, 머리를 돌리는 동안 초점 맞추기, 눈과 머리를 동시에 돌리기 등을 활용할 수 있다. 주위의 상황을 정확히 파악하는 것은 학생에게 있어 매우 어려운 일이지만 축구, 농구와 같은 팀스포츠에서의 게임 운영 능력을 향상시키는데 많은 도움이 될 수 있다.

(2) 목표물 맞히기형 게임의 전략

목표물 맞히기형 게임은 학생이 언제 무엇을 해야 할지를 계획하고 스스로 게임의 속도를 조절하는 게임으로서, 다른 유형의 게임과는 달리 비교적 정적인 활동이 주가 된다. 따라서 교사는 학생이 빠른 시간 안에 게임을 마무리 짓기 보다는 자신의 페이스를 유지하고 안정된 상태에서 목표물에 집중할 수 있도록 지도해야 한다. 구체적인 목표물 맞히기형 게임의 전략은 다음과 같다.

① 자신감이 생기고 여유로와 질 때까지 시간을 보내도록 한다.

목표물 맞히기형 게임은 속도를 겨루는 게임이 아니다. 따라서 학생은 여유롭게 게임을 수행할 필요가 있다. 예컨대 목표물 맞히기형 게임의 일종이라 할 수 있는 '콩주머니 던지기' 게임에서 학생은 수없이 많은 콩주머니를 던지지만 목표물을 적중시키는 비율은 매우 낮다. 따라서 학생이 빠른 시간안에 무조건 많은 콩주머니를 던지기보다는 여유를 가지고 콩주머니를 목표물에 정확하게 던질 수 있어야 한다.

② 서두르지 않고 스스로 언제 시작할지를 결정한다.

목표물 맞히기형 게임에서는 옆 친구가 게임을 시작한다고 해서 무조건 따라할 필요가 없다. 목표물 맞히기형 게임은 정확성이 가장 핵심적인 요소이며, 정확성을 추구하기 위해서는 정신적 안정이 반드시 요구된다. 따라서 학생은 정신적 안정을 찾은 후에 게임을 시작할 수 있어야 한다.

③ 자신의 기술 및 상황을 고려하여 정확성이 떨어지더라도 높은 점수를 추구할 것인지, 아니면 점수가 낮은 목표물을 안전하게 맞출 것인지를 평가한다.

일반적으로 목표물 맞히기형 게임은 여러 가지 난이도가 설정된다. 즉, 목표물을 맞히기 쉬우면 점수가 낮고, 목표물을 맞히기 어려우면 점수가 높아지게 된다. 따라서 학생은 자신이 둘 중 어느 것을 선택할 것인지를 결정해야 한다. 많은 학생은 무조건 높은 점수를 얻기 위하여 어려운 목표물을 겨냥하는 경우가 흔하다. 그러나 높은 점수만을 추구하다 보면 오히려 점수를 전혀 얻지 못하는 경우가 발생할 수 있다. 따라서 학생은 정확하게 상황을 판단하고, 자신의 수준이 어느 정도인지를 정확하게 파악할 수 있는 능력을 길러야 한다.

④ 가능한 한 목표물에 집중한다.

목표물 맞히기형 게임은 정적인 활동이 주를 이루기 때문에 정신 집중이 매우 중요한 요소이다. 실제로 양궁, 볼링, 골프 등의 목표물 맞히기형 게임은 고도의 정신적 안정과 세심한 주의집중력이 요구된다. 따라서 게임이 진행중일 때에는 학생은 가능한 한 주위의 소음을 줄임으로써 최대한 정신 집중을 해야 한다.

(3) 네트형 게임의 전략

네트형 게임은 상대편의 빈 곳에 물체를 보냄으로써 우리편으로 되돌아오지 못하게 하는 것이 목적이기 때문에, 공격의 입장에서는 수비편 공간의 빈 곳에 물체를 보내야 하며, 수비의 입장에서는 물체가 떨어질 위치를 예상하여 자리를 미리 잡음으로써 점수를 허용하지 않는데 전략의 초점을 두어야 한다. 구체적인 네트형 게임의 전략은 다음과 같다.

① 물체를 최대한 빈 곳으로 보낸다.

경기장이 넓은 곳에서는 경기장의 깊은 쪽 또는 옆 쪽으로 공을 보내는 것이 좋다. 상대편이 쉽게 받아내지 못하고 예측하지 못할 곳으로 공을 보내면 상대편은 자신이 미리 보내려고 생각했던 곳으로 공을 보내지 못하고 쉽게 받아내지 못한다. 특히 네트형 게임에서는 공간을 활용하는 전술을 반드시 학습해야 한다. 네트형 경기에서 대부분의 학생들은 공이나 셔틀 콕을 빈 곳에 넣기보다는 아무 생각없이 타구하거나 강하게 타구하는 데에만 치중하는 경우가 많다. 그러나 득점을 위해서는 단순히 강하게 치는 것보다도 빈 곳에 정확하게 타구하는 게 훨씬 효과적이다. 따라서 단순히 강한 공을 목표로 하기보다는 공간을 적절히 활용할 수 있어야 한다.

② 물체를 받기에 가장 좋은 위치로 이동하여 경기한다.

숙련자와 초보자의 가장 큰 차이 중 하나는 '예측' 능력이라고 할 수 있다. 숙련자는 상대방이 어느 곳으로 공격할지를 상대방의 동작이나 신체 부위의 움직임을 보고 정확하게 예측할 수 있는 능력을 지닌 반면, 초보자는 상대방이 공을 타구한 후에 비로소 공을 쫓아가는 경우가 많다. 그러나 대부분의 네트형 게임들은 상대와의 거리가 가까우며 게임 진행 속도가 매우 빠르기 때문에 상대방이 공을 타구한 후에 쫓아가면 이미 늦게 된다. 그러므로 상대편이 어디에 있고 어디로 공을 보낼 것인가를 예상하고 공이나 셔틀콕을 받기에 가장 좋은 위치로 이동할 수 있어야 한다.

③ 팀원과 공간의 범위를 나누어 방어한다.

네트형 게임 중 배구는 팀 게임이며, 배드민턴, 테니스, 탁구 등은 단식 및 복식 게임으로 구성되어있다. 배구의 경우에는 반드시 팀 구성원과의 조화를 이루어야만 게임에서 승리할 수 있으며, 배드민턴, 테니스, 탁구 등도 복식의 경우, 파트너와의 조화가 승패를 결정지을 수 있다. 즉, 팀 게임 및 파트너와 함께 하는 게임에서는 개개인의 능력이 아무리 뛰어나더라도 팀웍이 형성되지 않으면 게임에서 승리를 거두기 어렵다. 따라서 배구의 경우에는 자기 팀이 공격할 경우에는 항상 공격수의 뒤쪽이나 옆쪽을 커버해야 하며, 배드민턴, 테니스, 탁구 등에서는 만약 파트너가 공이나 셔틀콕을 타구할 때에는 파트너가 뒤로 빠뜨릴 경우를 대비해 후방에서 수비할 준비를 하거나 최상의 공격 범위를 제공해 주어야 한다.

④ 팀원과 협동하기 위하여 서로 의사소통 한다.

경기 전에 누가 수비를 할건지, 누가 어느 위치를 담당할 것인지 등에 대해 미리 합의해 두어야 하고, 경기 중에 누가 공을 받을 것인지에 대하여 빠르게 의사소통을 해야 한다. 또한 경기 중에는 수시로 자기 팀 구성원 및 파트너와 의사소통을 활발하게 수행함으로써 서로의 사기를 고양시킬 필요가 있다. 즉, 게임에서의 승리는 자신감 및 사기가 매우 중요하기 때문에 팀원 및 파트너와 지속적이고 긍정적인 의사소통이 게임 중에 이루어져야 한다.

여기에서는 네트형 게임 중 '배구'의 구체적인 전략을 살펴보도록 한다.

〈표 Ⅲ-3〉에서 보는 바와 같이, 배구는 공격과 수비로 나누어서 전술을 설정할 수 있다. 일단 공격에서는 공격 시작하기, 득점하기, 팀과 조화를 이루어 공격하기 등의 전술을 강조하고, 수비에서는 공간 방어하기, 공격 저지하기, 팀과 조화를 이루어 방어하기 등의 전술을 학습해야 한다. 이러한 전술을 원만하게 수행하기 위해서는 공을 가지지 않았을 때의 움직임과 공을 가졌을 때의 기술을 파악해야 한다.

〈표 Ⅲ-3〉. 배구에서의 전술적 문제 및 관련 기술

	전술적인 문제	공을 가지고 있지 않을 때의 움직임	공을 가지고 있을 때의 기술
공격	공격시작	위치이동 공을 가진 선수 보조하기 공 쫓아가기	패스 토스
	득점	공격하기 위한 위치이동 제자리로 돌아오기 위한 위치이동	공격(스파이크, 페인팅) 서브(언더핸드, 오버핸드)
	팀과 조화를 이루어 공격	서브 리시브	패스-토스-공격의 연결
수비	자기편 코트의 공간 방어	자기 자리 지키기 위치 이동하기 공 쫓아가기	공 걷어내기
	공격 저지	자기 자리 지키기 위치 이동하기	블로킹
	팀과 조화를 이루어 방어	자기 자리 지키기 공 쫓아가기	반격하기 블로킹

위의 전술 및 기술들은 초등학생의 발달 수준에 적합해야 한다. 따라서 교사는 코트의 크기, 학생의 수, 그리고 장비를 학생의 수준에 맞게 조정할 필요가 있다. 예를 들어, 저학년의 경우 네트의 높이는 매우 낮아야 한다. 그리고 저학년 학생이 배구공을 조작하기가 쉽지 않으며, 학교에 비치된 공들은 일반적으로 너무 딱딱하거나 아파서 학생에게 부적절한 경우가 많다. 따라서 어린 학생의 경우에는 다소 부드럽고 큰 공을 사용할 필요가 있다. 또한 경기장의 크기 또한 줄일 필요가 있으며, 필요하다면 배구의 기본 원리를 크게 훼손되지 않는 상태에서 규칙도 변경할 수 있다.

학생의 발달 수준을 고려하여 표에서 보는 바와 같이 복잡성의 수준에 따라 전술을 5단계로 구분할 수 있다〈표 Ⅲ-4〉. 즉, 1단계는 비교적 단순한 전술 및 기술만으로 가능한 게임을 제공해야 하며, 5단계는 다소 복잡한 전술 및 기술이 활용되는 게임을 제공할 수 있다. 구체적으로, 1단계에서는 빈 자리에 공을 치는 법과 좋은 위치를 잡는 법 등과 같은 기본적인 전술들을 이해할 수 있도록 해야 한다. 따라서 1단계에서 활용되는 기술은 기본적인 언더핸드 패스 및 공 때리기, 그리고 언더핸드 서브 등이 포함될 수 있다. 오버헤드 패스 및 오버헤드 서브는 어린 학생에게는 다소 어려울 수 있기 때문에 1단계에서는 실시하지 않는 것이 바람직하다.

1단계의 전술 및 기술에 익숙해지면 보다 복잡한 전술 및 기술이 포함된 2단계로 넘어갈 수 있다. 학생은 전술적인 측면에서 1단계에서는 단지 공격을 시작하고, 득점하는 방법에 초점을 두었으나, 2단계에서는 수비할 때 자기 팀 코트의 공간 방어하기에 초점을 둘 수 있다. 물론 공격을 시작하고, 득점을 쉽게 하기 위해서는 빈자리 커버하기, 공 쫓아가기 등 1단계에서 제시됐던 기술보다는 다소 어려운 기술을 실시하고, 대인 및 지역 방어 등이 포함된 공간 방어의 문제를 지도할 수 있다. 3단계에서는 팀과 조화를 이루어 공격하는 방법을 지도할 수 있다. 그리고 4단계에서는 수비할 때 공격 저지 및 팀과 조화를 이룬 상태에서의 방어를 추가할 수 있고, 5단계에서는 모든 전술을 함께 활용할 수 있을 것이다.

한편, 테니스, 배드민턴, 탁구와 같은 경기는 팀이 아닌 파트너와의 조화를 이루는 것이 중요하다는 점을 제외하고는 배구와 동일한 전술들이 이용될 수 있다.

〈표 III-4〉. 전술적 복잡성의 단계

	전술적인 문제	1	2	3	4	5
득점	공격시작	○	○	○		○
	득점	○	○	○		○
	팀과 조화를 이루어 공격			○	○	○
득점 방해	자기편 코트의 공간 방어		○	○	○	○
	공격 저지				○	○
	팀과 조화를 이루어 방어				○	○

(4) 영역형 게임의 전략

영역형 게임의 목표는 득점하기 위해 상대편의 영역으로 이동하는 것에 초점을 둔다. 이를 위해 참가자는 공을 계속해서 점유하고 공간을 만들고 사용할 수 있어야 하며 득점할 줄 알아야 한다. 참가자 또한 공간을 방어하고 골문을 지키는 방법도 알아야 한다. 특히 이 유형의 게임은 균형을 유지하면서 빠르게 몸을 피하거나 방향을 전환하는 것이 필수적이다.

① 유리한 여건을 조성할 수 있도록 위치 변화를 통하여 공간을 만든다.

네트형 게임 및 필드형 게임에서도 공간 활용이 중요하지만, 영역형 게임에서의 공간은 가장 핵심적인 개념이다. 예컨대, 축구에서 훌륭한 공격수나 골게터는 대부분 수비수가 없는 공간에 자리 잡는 능력이 매우 탁월하며, 공간으로 공을 몰고 가는 능력이 뛰어나다.

그러나 대부분의 학생은 공간을 활용하기보다는 공을 갖고 있는 학생 주위로 모두 몰려들어 공간을 효율적으로 활용하지 못한다. 그래서 공을 잡아도 공간에 자기팀 선수가 없기 때문에 패스가 불가능하게 되고 결국 아무렇게나 차고 만다. 따라서 학생은 공간을 만들고, 위치 변화를 다양하게 하도록 학습해야 한다.

② 공간을 방어하기 위하여 수비수는 수비하기에 유리한 위치로 옮긴다.
수비수는 공격수가 공간을 만들지 못하도록 해야 한다. 즉, 수비수는 단지 공격수만을 따라다니는 것보다는 공격수가 공간을 만들지 못하고 쉽게 공격하지 못하도록 보다 유리한 위치를 점유하고 있어야 한다.

③ 상대방이 마음대로 움직이거나 물체를 조작하지 못하도록 방어한다.
대부분의 학생은 수비를 할 경우 공격수의 몸짓에 초점을 두게 됨으로써 상대방의 속임 동작에 쉽게 넘어가는 경우가 많다. 그러나 숙련자의 경우에는 상대방의 엉덩이의 움직임을 본다. 실제로 움직이는 방향은 엉덩이 방향과 일치할 가능성이 높기 때문이다. 따라서 학생은 상대방의 몸짓에 쉽게 속아넘어가지 않음으로써 상대방이 마음대로 움직이지 못하도록 방어할 수 있는 능력을 함양해야 한다. 이를 위해서 수비수는 공격과 골문 사이에 위치해야 하고, 공격수가 공이 골문과 얼마나 멀리 떨어져 있는가를 파악할 필요가 있다.

이와 함께 수비수는 공격수가 어려움을 느끼도록 공격수 가까이에 접근하고, 좋은 기회가 오면 공을 가로채며, 상대편이 패스를 받기 어렵도록 공격수 바로 앞에서 움직이는 방법 등을 활용할 필요가 있다.

골키퍼는 특별한 기술과 전략을 학습해야 한다. 골키퍼는 무엇보다도 공격수가 공을 쉽게 골인시키지 못하도록 각도를 주지 않는 것이 중요하다. 그리고 공격수의 발 모양을 유심히 살펴보고 공격수가 어느 방향으로 공을 찰 것인지를 정확하게 예측하는 능력을 길러야 한다.

④ 특정 지역에 도달하거나 득점을 획득할 수 있도록 공을 더욱 유리한 공간으로 이동 시킨다.
공격수의 입장에서 득점을 하기 위해서는 무엇보다 골문 가까이로 접근하는 것이 중요하며, 골문까지 접근하기 위해서는 공간을 적절히 활용해야 한다. 공격수는 패스, 드리블, 속임 동작, 위치 변화를 다양하게 이용하여 보다 유리한 위치를 점유하도록 한다. 예컨대, 공격수가 득점하기에 좋은 위치이면 슛을 하고, 공간에 다른 공격수가 있거나 보다 좋은 위치에 같은 편 선수가 있으면 패스를 하며, 좋은 위치에 있는 선수가 나타날 때까지 계속해서 드리블을 하는 방법

을 생각할 수 있다. 그리고 패스를 할 경우 골문에서 멀리 떨어진 곳으로 하기보다는 골문 가까이로 패스하는 것이 효과적이다.

⑤ 팀 동료와 효율적으로 상호 협력한다.

영역형 게임은 모두 팀 게임이므로 단지 개인의 능력만으로 승패를 결정짓기는 어렵다. 따라서 팀 동료와의 상호 협력이 반드시 요구된다. 예를 들면, 축구에서 자기 편이 공을 잡게 되면 수비수가 없는 공간으로 재빨리 이동해서 패스 받을 준비를 해야 하고, 수비를 할 때에는 협력 수비를 통하여 상대방을 압박하는 방법도 유익하다.

이와 함께, 팀 게임에서는 팀 동료와의 활발한 의사소통이 요구된다. 팀 동료에게 누가 어디에 있고, 누가 달려오고 있으며, 어느 방향으로 공을 패스할 것인가를 소리를 내어 전달하거나, 손짓이나 몸짓을 통하여 의사를 교환함으로써, 지속적인 상호 협력이 이루어질 수 있도록 한다.

여기에서는 영역형 게임 중 '축구'의 기본 전술 및 기술을 살펴보도록 한다.

표 Ⅲ-5는 팀이 효과적인 득점 및 득점 방해, 그리고 경기 재시작을 위해 해결해야 하는 주요 전술적 문제들을 보여주고 있다. 득점하기 위해 팀은 공 점유율을 높이는 방법, 골문을 공격하는 방법, 공격하는 동안 공간을 창조하는 방법, 효과적으로 공간을 사용하는 방법 등의 복잡한 문제들을 점진적으로 해결해야 한다. 그리고 수비의 입장에서 득점을 방해하기 위해 팀은 공간 방어, 골문 방어, 공 획득 등의 문제들을 해결해야 한다.

<표 Ⅲ-5>. 축구에서의 전술적 문제와 관련 기술

	전술적인 문제	공을 가지고 있지 않을 때	공을 가지고 있을 때
득점	공의 점유 골문 공격 공격시 공간 창조 공격시 공간 활용	공을 가진 선수에 대한 지원 표적 선수의 활용 교차 플레이 오버 래핑런 득점 시기에 맞춰달리기 및 공의 보호	패스(장거리 / 단거리) 컨트롤(발, 허벅다리, 가슴) 슛팅, 볼 간수, 방향 전환 교차 플레이 오버 랩핑런 가로(드리블, 일대일 패스, 교차, 헤딩) 세로(공 간수)
득점 방해	공간 방어 골문 방어 공의 획득	마킹, 압박, 방향 전환 저지, 지연, 커버링 골 키핑	공 걷어내기 골키핑(공받기, 슛저지, 공배분) 태클
재 시 작	드로잉(공격과 방어) 코너킥(공격과 방어) 프리킥(공격과 방어)		

 이와 함께 <표 Ⅲ-5>에서는 공이 없을 때와 관련된 움직임과 공을 가졌을 때의 기술들을 각각의 전술적인 문제들과 함께 제시하고 있다. 예를 들면 공격의 경우, 공의 계속적인 점유, 공을 가지고 있지 않은 선수들이 공을 가진 팀 동료들을 지원해야 하는 것, 다양한 거리에 따라 공을 패스하고 조절할 수 있어야 하는 것 등이 포함되어 있다. 그리고 수비의 경우에 선수들은 공간 및 공을 지키고 만약 공격수에게 득점을 허용하지 않으려면 공을 확보해야 한다.

 한편 축구에서의 이러한 기본적인 전략은 반드시 학생의 발달 수준을 고려해서 적용되어야 한다. 예를 들면 초보자에게는 공을 계속 점유하고 골문을 공격하는 방법과 같은 기본적인 전술에 초점을 두어야 하며, 공격에서 가로, 세로와 같은 발전적인 개념을 지도하기에는 무리가 따르게 된다. 왜냐하면 이러한 개념의 이해는 완전한 형식을 갖춘 게임에의 참가 경험으로부터 나오기 때문이다. 학생이 전술적인 문제에 대한 이해도 및 적절한 해결책을 강구하면 교사는 게임을 더 복잡하게 만들 수 있다.

〈표 Ⅲ-6〉은 전술적인 문제들과 관련된 기술들을 복잡성의 순서에 따라 다섯 단계로 구분하였다. 〈표 Ⅲ-6〉이 보여주듯이 각 전술의 복잡성은 학생들이 자신의 이해와 기술을 신장시킬 때 증가시킬 수 있다. 가장 간단한 형태의 축구경기를 할 때 만약 그들이 점수를 얻고자 한다면 학생은 오직 공의 점유 유지와 골문 공격의 필요성에 대한 이해만을 필요로 한다. 그러므로 초보자에게 축구를 가르칠 때에(1단계) 교사는 학생이 공 점유 유지와 골문에 대한 공격, 경기의 재시작에 대한 필요성을 인식하는데 초점을 두어야 한다. 그리고 이러한 전술적인 문제들이 해결될 수 있도록 하는 기본적인 기술들이 학생들에게 제공되어야 할 필요가 있다. 1단계 기술은 기본적인 짧은 거리 패스, 리시브, 슛, 드로잉을 포함한다. 어린 학생에게 장거리 패스 기술을 가르치는 것은 이 단계에서는 적절하지 않다.

학생이 1단계 수준에 익숙해지면, 교사는 학생에게 보다 복잡한 전략을 학습하도록 지도해야 한다(2단계). 학생은 공을 가진 선수를 보조함으로써(공이 없을 때의 움직임) 자신의 팀이 공의 점유 유지 가능성이 증가된다는 점을 이해할 수 있다. 공간 및 골문 방어에 대한 의식을 발달시키는 것 또한 2단계의 학생에게 적합하다. 2단계에서는 상대편이 공 또는 골문에 근접하고 득점권에 있을 때 공간을 내어 주지 않음으로써 득점을 획득하지 못하도록 방해하는 전술을 활용해야 한다. 학생이 이 전술들의 사용이 필요하다고 인식할 때 학생은 마킹 혹은 골막기와 같은 행동, 기본적인 골키핑과 같은 기술과 관련된 행동들을 연습할 수 있다.

〈표 Ⅲ-6〉에서 보는 바와 같이 공격시 공간의 창조 및 사용과 같은 많은 진보된 전술적 문제들이 다음 단계에서 학습된다. 3단계에서 학생은 득점하려고 공격할 때 공간 창조에 관한 문제들을 다룰 수 있다. 또한 이 때 득점하려고 상대편이 방향을 바꾸는 것을 방해하기 위해 공을 가진 선수에 대해 압력을 가하는 것에 관한 개념을 소개하는 것도 적절하며, 또한 공 점유에 관한 문제를 지도하고 약간의 간단한 태클 기술도 학습될 수 있다. 4단계에서는 공격수는 장거리 패스나, 오버래핑 런을 실시하며, 수비의 경우에는 공을 걷어내거나, 슬라이딩 태클과 같은 기술들을 실행할 수 있다. 5단계에서 학생은 게임에서 제기된 문제들을 이해해야 하고 보다 발전된 기술과 전략을 활용해야 한다.

<표 III-6>. 전술적 복잡성에 따른 게임 학습 순서

전술적 문제		전술적 복잡성의 단계				
		1	2	3	4	5
득점	공의 소유	패스(단거리) 컨트롤(발) 슛		1단계 패스	패스(장거리) 컨트롤(허벅다리가슴) 슛팅(발리) 오버래핑 가로, 적절한 시기에 맞추어 달리기	교차 플레이
	골의 공격					
	공격시 공간 창조					
	공격시 공간 활용					
득점 방해	공간 방어		마킹, 볼 압박 골키퍼 위치 및 리시브	방향 전환의 저지 태클(발 집어 넣기)	공 걷어내기 태클(슬라이딩)	지연, 커버 슛저지, 방해
	골 방어					
	공의 획득					
재시도	드로잉	던지기 슛킥		가까운 쪽 골대 직접		먼 쪽 골대 간접
	코너킥					
	프리킥					

(5) 필드형 게임의 전략

필드형 게임은 공격과 수비가 명확히 구분되어 있는 게임으로서 자리잡기, 던지기, 달리기, 치기, 차기와 같은 활동이 이용되며 피하기형 게임이나 영역침범형 게임에서 사용되는 많은 전략들이 사용될 수 있다.

① 공을 공간으로 보낸다.

영역침범형 게임이나 네트형 게임과 마찬가지로 필드형 게임에서도 공간의 활용은 매우 중요하다. 따라서 공을 공간으로 보낼 수 있는 전략이 가장 핵심적이라고 할 수 있다. 현재 우리나라 초등학교에서는 발야구가 활발히 실시되고 있다. 발야구는 야구의 규칙을 거의 적용하면서도 발로하기 때문에 학생들이 쉽게 접근할 수 있다. 그러나 많은 학생은 단순히 차고 받는 것에만 치중할 뿐 전술을 고려하는 경우는 드물다. 실제로 대다수의 학생은 단순히 공을 멀리 차기 위하여 세게 차는 것에만 초점을 두게 된다. 이럴 경우 공은 공중으로 떠버려서 수비수가 잡기 좋게 날아가는 경우가 빈번히 발생한다.

따라서 학생은 공간을 활용하고, 수비수가 공을 잡기 어렵게 차는 방법을 학습해야 한다. 먼저 공간을 활용한다는 의미는 예컨대 발야구 게임에서 주자가 없을 경우에는 3루 방향으로 낮게 차는 것이 매우 효과적이다. 왜냐하면 3루수가 배구공이나 축구공을 잡아서 1루로 정확이 던지는 것이 쉽지 않기 때문이다. 그리고 1루와 2루에 주자가 있을 경우에는 가능하면 1루와 2루 사이로 공을 보낼 수 있도록 해야 한다. 그래야만 2루 주자가 3루로 무사히 달릴 수 있어 득점하기에 유리한 상황을 조성할 수 있다.

이와 함께 공격수가 찬 공이 수비수한테 잡히지 않으려면 가능한 한 낮고 강하게 차는 것이 바람직하다. 강하고 낮게 차기 위해서는 학생이 자세를 낮추고 발 등으로 차는 방법을 습득해야 한다. 왜냐하면 발 안쪽으로 공을 찰 경우에는 공의 속도가 저하될 뿐만 아니라 공중으로 지나치게 높게 떠버리는 결과가 초래하기 때문이다.

② 수비활동을 하기에 가장 좋은 곳으로 이동한다.

발야구 게임에서 학생이 공을 차면 주로 2루 쪽이나 오른발 잡이의 경우에는 3루 쪽으로 공이 많이 날아간다. 따라서 1루와 2루 사이보다는 2루와 3루 사이의 수비를 강화하는 것이 바람직하다. 물론 왼발잡이의 경우에는 1루와 2루 사이로 옮겨서 수비하는 것이 바람직하다. 이렇듯 공이 어디로 날아올 것인가를 미리 예상하고, 타자의 습관을 미리 파악하여 수비하기에 좋은 장소로 이동하게 되면 그만큼 수비하는데 용이할 수 있다. 물론 이러한 전술은 발야구만이 아니라 야구에서도 그대로 적용된다.

③ 동료를 지원할 수 있는 위치로 움직인다.

야구나 발야구에서 학생은 수비시 자기 위치로 오지 않는 공은 전혀 신경을 쓰지 않는 경우가 많다. 그러나 필드형 게임에서는 백업 플레이가 반드시 필요하다. 예를 들면, 공이 유격수 방향으로 가게 되면, 좌익수도 유격수가 움직이는 방향으로 똑같이 움직임으로써 유격수가 공을 뒤로 빠뜨릴 경우를 대비해야 한다. 그리고 1루수가 공을 잡을 때는 포수나 2루수가 1루수 근처로 이동함으로써 만약의 경우를 대비해야 한다.

이해중심 게임 지도의 평가

이해중심 게임수업은 기존의 결과 및 기능 중심의 평가를 지양하고, 과정 및 인지적 전략에 초점을 두고 평가해야 한다. 여기에서는 이해중심 게임수업에서의 구체적인 평가방법을 제시하도록 한다.

1) 게임 평가의 대안: 실제 평가(authentic assessment)

평가는 성적을 매겨 서열 구분을 짓기 위해서라든가 혹은 학습 결과의 성취 여부를 가늠하고(formative) 이를 토대로 교수학습 과정의 질적 개선을 위해서 수행된다. 초등학교의 경우에서는 전자 보다는 후자의 평가가 이뤄져야 한다. 특히 평가는 목표, 내용, 방법, 평가의 일관성과 과정적 측면을 고려하여 단원의 시작과 끝 또는 학년말 평가 등의 전통적인 모습으로 이뤄지기보다는 지속적이고 정규적으로 이뤄지는 소위 실제 평가(authentic assessment)가 되어야 할 것이다. 따라서, 게임을 가르치는 목적이 학생의 게임 수행을 개선시키는 것이라 한다면, 평가는 게임수행의 한 두 가지 요소에 국한하지 말고 목표와 관련된 모든 측면에 초점을 맞추어야 한다.

다음의 그림은 화살표를 통해서 결과들의 관련성을 나타내면서, 기대되는 학습결과를 제시한 것이다. 게임 수행의 개선은 전술 모형에서의 가장 중요한 목적인 동시에 학생의 흥미와 인지적 요소들을 심화시키는 요인이 될 수 있다. 학생들로 하여금 게임을 수행하게 하고 평생 스포츠로 발전시키고자 한다면, 이와 같이 바람직한 결과들을 중요시해야 한다.

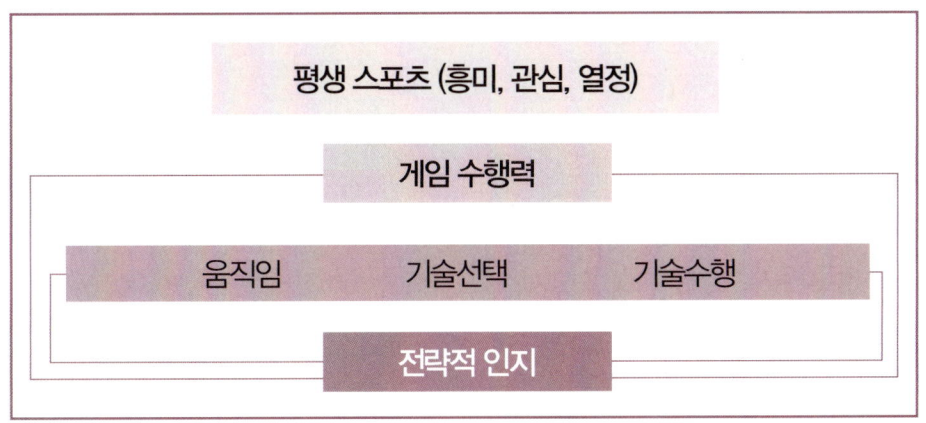

[그림 III-2]. 게임 수행 능력과 전략적 인지 관계

게임 수행력의 향상은 인지적 전략에 의존한다. 여기서 전략적 인지이라 함은 '게임 상황에서의 문제점과 해결책을 규명할 수 있는 능력'을 일컫는다. 게임 수행과 전략적 인지의 연결은 공과 관련 없는 움직임(off-the-ball movement), 기술 선정, 그리고 기술 수행을 통해서 나타난다. 한 쪽에서의 개선 또는 양자 모두의 개선은 게임 수행력을 향상시킨다.

게임 수행력이 전술적 접근에서 핵심적인 목표라 한다면, 우리는 게임 수행을 효율적으로 평가할 수 있어야 한다. 그러나 게임 수행은 운동 기술을 수행하는 것 이상을 포함하고 있으므로 평가가 그리 쉬운 일이 아니다. 게임에서의 성공적인 수행은 공과 관련된 기술 그 이상의 것을 포함하고 있다. 즉, 선수들은 공격을 위해 공을 띄운다든지, 득점하기, 방어하기 등의 전술적 결정을 내리고 그러한 전술을 실행에 옮기기 위해 움직인다. 그 동안 공과 관련 없는 움직임으로서의 게임 수행은 평가 영역에 포함되지 못했다. 따라서 공과 관련 없는 움직임을 어떻게 평가할 수 있는지에 관한 몇 가지 방법의 예를 소개하고자 한다.

한편, 일반적으로 체육교사들은 학생의 게임 수행력을 평가하기 위해서 운동 기능 평가에 의존해 왔고, 교사들이 참고하는 측정 및 평가 관련 서적마다 기능 평가에 관한 사례를 다루고 있으나, 기능 평가를 통해서 게임 수행을 평가하는 데에는 문제점이 있다. 왜냐하면 그와 같은 운동기술 평가가 곧 게임 수행을 보장하지 못하기 때문이다. 운동 기능의 평가가 게임의 맥락과 관련 없이 이루어지고 있는 실정인 것이다.

이상과 같이 게임 평가, 정확히 표현하자면, 게임 수행의 평가는 실제 평가로 이루어져야 한다. 따라서 여기에서는 게임 수행 평가 방법의 두 가지를 제시하면서, 실제 평가의 한 방법으로서 Mitchell, Oslin, 그리고 Griffin(1997)에 의해서 고안되어 각광을 받고 있는 '게임 수행 평가 도구(Game Performance Assessment Instrument; GPAI)'에 보다 많은 비중을 두어 소개하고자 한다.

2) 이해중심 게임 모형에서의 평가 방법

이해중심 게임 모형이 추구하는 주된 학습의 목표는 학생이 게임이나 그것과 유사한 학습 활동에서 전술을 수행할 수 있도록 하는 데 있다. 학생이 게임 상황에 따른 전술을 수행할 수 있기 위해서는 다음에 전제되는 두 가지가 결합된 지식이 필요하다. 첫째, 학생은 게임 상황에서 무엇을 할 것인가를 결정해야 한다. 둘째, 학생은 자신이 결정한 내용을 어떤 방법으로 정확하게 실행할 수 있을지를 알아야 한다. 결국, 이해중심 게임 모형에서 평가 관점을 보다 쉽게 나타내자면, "학생들이 전술적 결정을 어느 정도로 정확하게 수행하며[결과적 측면], 게임이 수행되는 과정에서 그것을 어떻게 수행하는가[과정적 측면]"라 할 수 있다.

따라서 이해중심 게임 모형에서의 평가는 학생이 '게임'을 수행하고 있는 동안에 전술을 짜고 실행하는 학생의 능력에 초점을 맞추어야 한다. 이 때 게임이라고 하면 원형 게임이 될 수도 있고, 수정된 게임 내지는 게임 상황을 대표하는 모종의 게임 형식이 될 수도 있다. 또한 신뢰성있는 평가를 하기 위해서 게임 수행에 대한 관찰이 밑바탕이 되어야 한다. 이와 같이 이해중심 게임 모형의 평가 관점이 뚜렷하기 때문에, 이를 바탕으로 교사는 타당성과 신뢰성을 갖춘 평가 방법을 고안해낼 수 있다. 아래에서는 전술 게임 모형에서 실시할 수 있는 평가 방식 두 가지를 소개하고자 한다.

(1) 게임 통계자료에 의한 평가

우리는 일상적으로 프로 야구나 프로 농구 등의 경기 내용에 관해서 물을 때 혹은 평가를 할 때, 양 팀간의 승패 결과가 어떤 것인지 혹은 양 팀간의 점수 차이가 얼마였는지를 묻는다. 이처럼 대부분의 사람들은 게임 점수를 게임 평가의 주요 지표로 삼는 경향이 있다.

프로 팀의 게임이든 아마추어 팀의 게임이든 경쟁을 수반하는 게임에서는 승패의 결과가 양 팀 모두에게 주된 목적이 되기 때문에 승패의 결과가 어느 특정한 팀의 주된 목적이 달성되었는 지의 여부를 대변할 수 있다. 그러나, 게임 점수가 선수들이 어떻게 경기를 잘 수행했는지를 전부 설명해 주지는 못한다. 이 때문에 어떤 이들은 게임을 자세히 평가하기 위해서 게임 중 발생했던 일들을 요약한 통계 결과를 참고하기도 한다. 그러면, 어느 팀의 누가 몇 번이나 그리고 어떤 지역에서 골 슛을 했는지, 그리고 공을 소유한 시간은 얼마나 됐는지, 다른 실책은 없었는지, 양 팀이 범한 반칙 수는 얼마나 되는지를 알 수가 있다. 또한 이로써 각 팀의 각 선수들의 게임 수행에 대해서도 평가를 할 수도 있게 된다. 게임 통계 자료에 의한 평가는 바로 이러한 것이다. 게임 상황을 관찰하고 기록한 하나 하나의 내용들을 가지고 통계를 내고, 각각의 경기자에 대해서 게임 수행을 평가할 수가 있다.

(2) 의사 결정 및 기술 실행에 관한 평가

게임 통계 자료를 바탕으로 학생의 수행을 평가하는 것이 유용하기는 하나, 게임 통계로 나타나는 정보를 가지고서는 학생들이 게임 중에 전술적 결정들을 얼마나 잘 수행했는지를 알기가 쉽지 않다. 예컨대, 하키에서 골 수비에 대한 요약 통계를 보면, 얼마나 많은 슛이 발생했으며, 그 슛을 얼마나 막아냈는지를 알 수 있어서 그 비율을 알 수는 있지만, 골키퍼가 상황에 알맞은 의사결정과 행동(전술적 지식에 대한 좋은 측정의 한 방법)을 얼마나 많이 했는지를 설명해주지는 못한다. 이 점을 감안하면서 Griffin, Mitchell, 그리고 Oslin(1997)은 체육에서 학습되는 다양한 게임에서의 전술적 지식을 평가할 수 있는 신뢰성 있는 평가 방법인 게임 수행 평가 도구(GPAI)를 고안해냈다. 게임 수행 평가 도구는 학생의 전술적 지식을 평가하기 위해서 여러 유형의 게임에 일반화하여 적용할 수 있는 평가 도구이다. 게임 수행 평가 도구는 다음과 같이 게임 수행의 7가지 공통요소를 포함한다(그림 참조).

〈표 Ⅲ-7〉. 게임 수행 평가 도구 요소

구성요소	수행 평가를 위한 기준
제자리로 돌아오기(Base)	수행자가 기술 수행을 하면서 홈 또는 제자리로 적절하게 돌아오기
조정하기(Adjust)	공격적이든 방어적이든 게임의 흐름에 따라서 요구되는 수행자의 움직임
의사결정(Decision making)	공을 가지고 게임 중에 무엇을 할 것인지에 관해서 적절한 선택하기
기술실행(Skill execution)	선정된 기술의 효과적인 수행
보조하기(Support)	경기자가 속한 팀이 공을 가지고 있을 때 패스를 받기 위한 위치로의 움직임
보완하기(Cover)	공을 가지고 있는 경기자를 보호하거나 공에 다가서기
방어하기(Guard/Mark)	공을 가지고 있든 가지고 있지 않든간에 공격자를 방어하기

특정 게임에 대해서 게임 수행 평가 도구를 활용할 때, 교사는 7가지 요소 중에서 어떤 것이 그 게임에 적용될 수 있는지를 미리 규명해야 하며, 전술적 결정과 수행이 좋았는지 아닌지를 판단할 수 있는 한 가지 이상의 기준을 마련해야 한다. 다음의 예로 제시한 축구에 대한 게임 수행 평가 도구는 수행의 세 가지 측면 곧, 의사 결정의 적합성(적절함/부적절함), 기술 실행의 효과성(효과적임/비효과적임), 그리고 보조의 적절성(적절함/부적절함)에 초점을 맞춘다. 이에 교사는 게임 과정에 있는 각각의 학생들을 관찰하고, 전술적 지식과 각각의 선택 요소에 관련된 수행에 관해서 적절성과 부적절성 또는 효과적·비효과적인 경우를 기록한다(그림 참조).

〈표 Ⅲ-8〉. 축구에 대한 GPAI의 활용 예

수업 목표 : 같은 팀 동료와 패스를 주고 받아 상대의 지역으로 이동할 수 있다.

관점	기준
의사결정	경기자는 방어가 없는(open) 팀 동료에게 패스하는 것을 시도한다.
기술실행	수용: 패스의 통제 및 공 띄우기 패스: 공이 목표물까지 가도록 하기
보조하기	경기자는 같이 있어주거나 또는 패스를 받기 적절한 위치로 이동함으로써 공을 가지고 움직이는 사람을 보조한다.

다음은 축구 경기 동안에 교사 관찰하고 기록한 것이다. 각각의 x는 학생이 전술적 수행을 하고 있는 것으로 보여지는 경우를 가리킨다.

〈표 Ⅲ-9〉. 교사 관찰 기록지(전술을 중심으로)

이름	의사결정		기술실행		보조하기	
	적절함	부적절함	효과적임	비효과적임	적절함	부적절함
왕건	xxxxxx	x	xxxxxx	x	xxxxxxx	xxxx
궁예					xxx	xxx
견훤	xxxxx	x	xxxxx	x	xxxx	x
애술	xx	x	xxx	x	xxxxx	xx
이찬	xxx	xx	xx	xxx	xx	x
최응	x	xx	x	xx	xxxxxxx	x

교사의 기록을 바탕으로 각 학생의 전술적 게임 수행에 관한 몇 가지 측정치를 계산할 수 있다(다음의 예는 '왕건'을 대상으로 한 것임).

〈표 Ⅲ-10〉. 전술적 게임 활동에서의 몇가지 측정치

항 목	계 산 법
게임참여	적절한 결정 수 + 부적절한 결정 수 + 효과적인 기술 실행 수 + 비효과적인 기술 실행 수 + 적절한 보조 움직임 수
의사결정 (DMI)	적절한 결정 수 ÷ 부적절한 결정 수
기술실행 (SEI)	효과적인 기술 실행 수 ÷ 비효과적인 기술 실행 수
보조하기 (SI)	적절한 보조 움직임 수 ÷ 부적절한 보조 움직임 수
게임 수행	[DMI+SEI+SI] ÷ 3

게임 수행 평가 도구에 의한 왕건 평가 :

게임 참여 = 6 + 1 + 6 + 1 + 7 = 21
의사 결정 = 6 ÷ 1 = 6
기술 실행 = 6 ÷ 1 = 6
보조 하기 = 7 ÷ 4 = 1.75
게임 수행 = (6 + 6 + 1.75) ÷ 3 = 4.58

Griffin, Mitchell, 그리고 Oslin(1997)은 학생의 게임 수행 점수는 비율일 뿐이지, 결코 백분율이 아니며, 절대 수치도 아니라고 지적하였다. 이는 게임 수행 점수가 '적절함/부적절함' 또는 '효과적임/비효과적임'의 균형을 반영하는 것일 뿐, 게임 상황에서 보다 긍정적인 내용으로 수행한 학생이라고 해서 반드시 긍정적인 내용으로 수행한 경우가 적은 학생보다도 높은 점수를 받게 되는 것은 결코 아니다. 게임 수행 평가 도구에 의한 최고점수는 학생들이 게임 수행의 부정적인 경우의 수보다 긍정적인 경우가 보다 많이 나타날 때 이뤄진다. 이 같은 점수 부여는 학생들로 하여금 보다 좋은 전술적 결정을 하도록 이끌어 줄뿐만 아니라 부정적인 상황을 줄여 나가는 기능을 하게 된다. 결국, 좋은 경기 수행이 많다고 해서 반드시 훌륭한 것이 아닌 것이다. 긍정적인 전술의 실행에 비해 전술적 실수를 줄여 나가는 것이 중요한 것이다.

(3) 의사 결정 및 기술 실행에 관한 평가의 적용

평가 수행 연습을 많이 해 보지 않은 교사에게는 의사 결정 및 기술 실행에 관한 평가를 실

제 학교 현장에서 적용하기에는 다소 어려움이 따른다. 실제 현장 교사들이 느끼는 어려움은 크게 다음의 두 가지로 나타낼 수 있다.

> 평가 기준을 작성하기 어렵다.
> 모든 학생을 평가하기에는 평가의 시간이 부족하다.

(4) 평가 기준 작성하기

평가 기준은 성취 기준을 근거로 하여야 한다. 성취 기준은 해당 수업의 목표와 내용이라 할 수 있다. 예를 들어 피구형 게임에서 "상대를 속여 술래를 피할 수 있다."라고 한다면 이를 가장 잘 드러낼 수 있는 상황, 즉 "몸짓으로 상대를 따돌린다거나 갑작스럽게 움직임 패턴(방향 속력)을 바꿔 따돌린다." 등을 떠올려야 한다.

〈표 Ⅲ-11〉. 게임 활동 성취기준 작성의 예

상대를 속여 술래를 피할 수 있다.	⇒	몸짓으로 상대를 따돌린다.
		갑작스럽게 움직임 패턴(방향 속력)을 바꿔 따돌린다.
		친구와 협력하여 술래를 따돌린다.
		?

그 다음 그 상황이 평가 구성 요소(관점)의 어디에 해당 되는지 결정해야 한다. 모든 상황을 제시하여야 하는 것은 아니다. 상황을 구체적으로 제시한다면 그 수는 학생 수 만큼이나 무수히 많아야 할 것이다. 따라서 각 구체적인 상황의 상위 대표적 언어를 제시한다. 또한 게임 수행 평가에서 제시한 모든 평가 구성 요소들이 포함되어야 하는 것은 아니다. 공격과 관련된 수업에서는 방어하기의 구성 요소들이 없을 수 있다. 반대로 교사가 게임에 대한 안목이 확실하다는 전제 하에 구성 요소의 변형도 가능하다.

〈표 Ⅲ-12〉. 전술적 관점에 따른 성취기준 작성의 예

관 점	기 준
의사결정	패턴 바꾸기를 통해 공간 확보를 시도한다. 약카드를 가지고 돌아오는 사람을 활용하여 공간 확보를 시도한다.
기술실행	시선으로 속이기 / 신속한 방향 전환 / 빠르게 달리기
보조하기	수비를 유인함으로서 다른 사람이 피할 공간을 만들어 준다.

만약 이러한 행동이 떠오르지 않거나 관점에 따라 분류할 수 없다면 성취기준을 아직 파악하지 못한 경우라 할 수 있다. 이러한 경우 평가를 떠나 수업 자체가 불가능한 경우이다. 이러한 원인은 게임에 대한 안목 즉 교사가 각 게임의 핵심 전략과 기능을 파악하고 있지 못하기 때문이며, 게임에 대한 반성적 사고와 자율 장학을 통해 게임에 대한 안목을 먼저 형성하여야 한다.

3) 부족한 평가 시간에 대한 대안

실제 수업 상황에서 평가를 하며 학생들을 가르치기란 여간 힘든 것이 아니다. 이를 극복하기 위해서는 수업시간 내에 교사가 해야 한다는 생각의 전환이 필요하다. 실제 평가의 의미가 실제하고 있는 시간의 평가를 의미하는 것은 아니다. 게임의 상황 속에서의 수행, 배우고 있는 것에 대한 평가를 의미한다. 따라서 캠코더 등을 이용하여 게임의 수행 상황을 녹화하고 수업 후에 이를 평가하는 방법을 대안적으로 생각해 볼 수 있다.

또한 실제 평가에서는 성취 기준 및 평가 기준을 학생들에게 미리 제시한다는 특징이 있다. 이를 활용하면 부득이 수업에 참여하고 있지 않은 학생 혹은 대기 학생, 혹은 동료에 의한 상호 평가가 가능할 것이다. 단 이 경우는 해당 영역(대단원)의 후반에 적용해야한다. 영역 초반의 수업에서는 전술 및 기능의 난이도가 높지 않기 때문에 교사에 의해서만 평가가 가능하다는 이유도 있겠지만 학생들이 아직 상호 평가를 할 수 있는 게임의 안목이 형성되어 있지 않기 때문이다. 부득이 영역 초반부터 학생에 의한 평가가 이루어져야 한다면 다음 차시의 게임 속에서 전 차시의 수업 내용에 대한 평가 기준을 적용한 상호 평가 정도가 가능하다.

마지막으로 정의적 영역에 대한 평가 등 교사가 게임 상황에서 계획된 평가가 이루어지지 못할 경우가 발생할 수 있다. 이에 대비한 평가 자료의 확보를 위한 계획도 미리 세워두어야 한다. 다음은 교사가 게임 수행 능력 평가를 할 때 놓칠상황에 대비하여 그에 대한 보완 자료로 활용할 수 있는 평가지의 예이다.

〈표 Ⅲ-13〉. 게임수행능력평가 예시자료

초등학교　　학년　　반　(　)번　이름(　　　)						
자기(진단)평가(해당되는 곳에 'O'표)				동료평가 (우수-◎, 보통-O, 노력필요-△) 친구야! 나에게 충고 한마디		
상대와 공의 이동 예상	매우 만족	만족	불만족	내　용	연아	연진
^	^	^	^	상대의 이동 경로 예상하기		
^	^	^	^	공의 이동 경로 예상하기		
^	^	^	^	예상한 것을 이용해 전략 짜기		
활동에 대한 한마디				다른 사람을 배려하는 태도		
오늘 배운 게임의 방법 및 규칙 적어보기				오늘 배운 게임을 잘 할 수 있는 방법 그리기		

 이해중심 게임수업 모형의 적용

Bunker & Thorpe(1982)의 이해중심 게임수업 모형은 게임수업의 일반적인 절차를 제시한 가설적 모형으로서 초등학교 및 학년 수준의 체육수업에 실제적으로 적용할 때 실효성을 거두기 위해서는 다양한 형태의 '변형'이 이루어져야 한다. 이와 같은 관점에서 본 서에서는 Bunker & Thorpe가 제안한 6단계[게임구성-게임이해-전략인지-의사결정-(기능연습)-수행평가]를 아래의 그림과 같이 4단계(게임 선택 및 구성-게임실행 및 관찰-게임 재구성-게임 재실행 및 반성)로 재구성하였으며, 4단계로 재구성한 이론적 근거와 단계별 적용과정의 세부 내용은 다음과 같다(안양옥, 2001).

1) 이론적 준거

본 모형 네단계의 이론적 준거는 Kemmis & McTaggart(1988)의 교사현장개선 연구의 순환적 싸이클과 Mosston & Ashworth(1986)의 교수 스펙트럼 연구의 준거가 된 사고과정 3요소의 아이디어를 적용하여 이루어졌으며 그 구체적인 배경은 다음과 같다.

첫째, 이해중심 게임수업 모형은 구성주의에 기초한 교수·학습관을 지향함으로서 학습자의 게임 재구성 능력과 함께 교사의 게임 내용의 변형(transformation)능력의 개발이 필수적으로 요청된다. 이와 같은 관점에서 본 모형에서는 교사와 학습자의 게임 (재)구성능력 개발이 수업의 과정에서 직접적으로 실현될 수 있도록 교사 현장 개선 연구 모형의 4단계(계획-실행-관찰-반성) 순환 구조를 수업모형 개발의 기본원리로 적용하였다.

둘째, 이해중심 게임수업 모형은 학생의 게임능력과 관련하여 신체능력(운동기술)보다는 인지능력(게임전략 및 수행능력)을 강조함으로서 학습자의 사고 과정이 수업성패의 중요한 변인으로 부각된다.

이와 같은 관점에서 본 모형에서는 Mosston & Ashworth(1986)이 제시한 사고과정의 3단계요소(기억-발견-창조)가 종합적으로 반영될 수 있도록 하였다. 이 3요소를 본 모형의 구체적 단계와 관련지어보면 '게임선택 및 구성 기억', '게임실행(재실행) 및 관찰 발견', '게임 재구성 창조' 등으로 대비될 수 있다.

2) 단계별 적용 과정

이와 같은 이론적 준거 아래 개발된 변형 모형의 초등학교 체육수업에의 적용과정을 각 단계별로 제시하면 [그림 Ⅲ-3]과 같다.

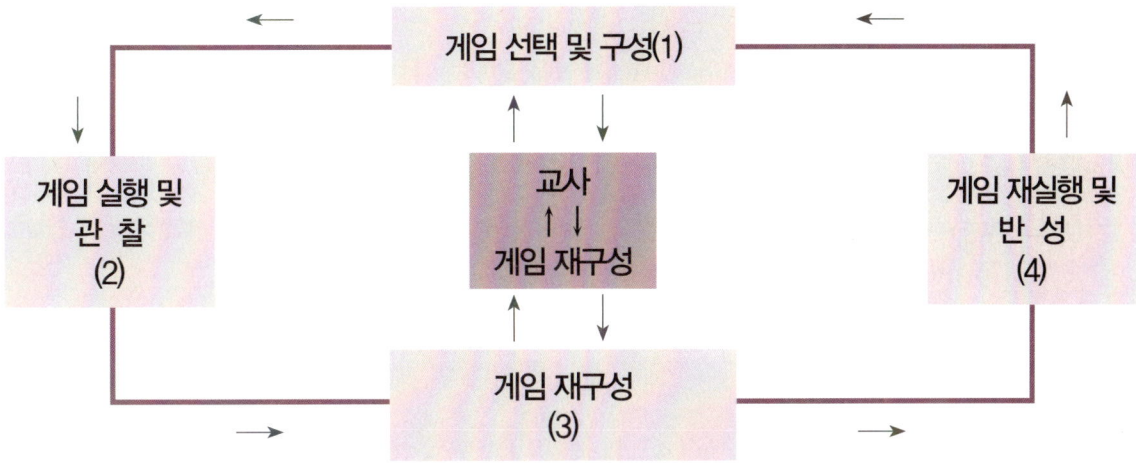

[그림 Ⅲ-3]. 이해중심 게임수업 모형(안양옥, 2001)

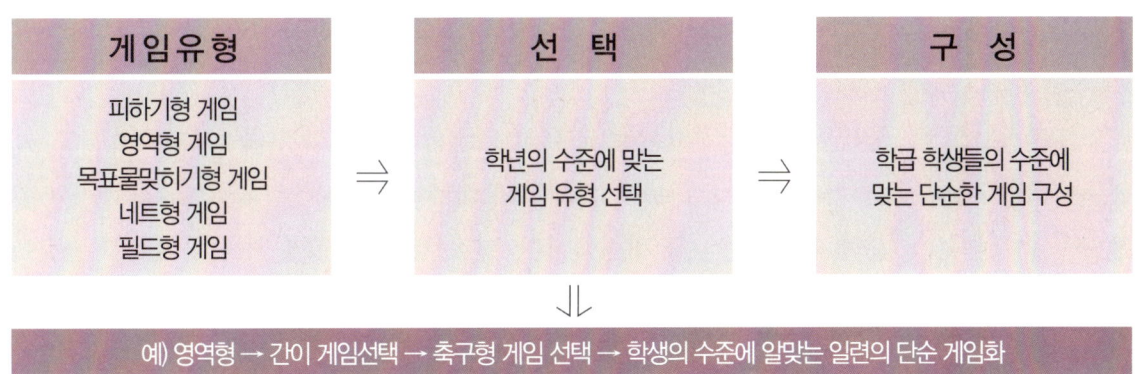

[그림 Ⅲ-4]. 게임선택 및 구성단계

제3장 이해중심 게임수업 97

(1) 게임의 선택 및 구성

먼저, 교사들은 게임유형에 따라 가르칠 게임을 선택한다. 이 단계에서는 교사들이 정식 게임을 변형시키는 것과 몇 개의 게임에서 기술이나 전략을 선정해서 단순화된 게임형태로 재구성하는 것이 필요하다. 게임이 어떻게 변형되었든지 간에 교사들은 게임 자체를 유지할 수 있는 간단한 규칙을 제공하고, 게임을 하면서 학생들이 사고할 수 있게 하는 장치를 마련하는 데에 중점을 두어야 한다.

이 단계에서 교사는 이해중심 게임수업의 다섯가지 게임 유형 중 학년 수준에 알맞는 게임을 선택하고 이를 일련의 단순한 게임형태로 구성하게 되며 이를 도식화하면 [그림 Ⅲ-4]와 같다.

(2) 게임 실행 및 관찰

2단계인 게임실행 및 관찰 단계에서는 학생들은 게임의 수행을 위해 게임을 구성하는 중요 규칙과 부수적인 규칙들을 익히게 한다. 또한, 학생들은 규칙을 이해하는 것과 전략및 전술을 사용하는 것이 중요하다는 것을 배우며 변형되거나 단순화된 게임에 실제로 참여하게 되며, 간단한 기능을 사용해서 할 수 있는 게임을 먼저 행하고 나서 가능하다면 복잡한 전략을 사용하는 게임으로 이행해 나갈 수도 있다.

이때, 교사들은 규칙과 게임장소, 인원 등에 따라 전략과 전술을 조정해 주어야 한다. 또 가끔 활동 중간 중간에 관찰을 통하여 나타난 문제들에 대하여 적절한 질문을 하면서 학생들이 전략을 수정해 가도록 안내해 주는 것도 바람직하다. 여기서 학생들에게 기능을 가르치는 것이 필요할 때도 있을 것이다. 즉, 학생들의 기능이 너무 서툴러서 게임이 제대로 진행되지 않을 때는 전통적으로 사용해 왔던 훈련과 연습을 통해 기능을 향상시킬 수도 있다. 학생들이 기본적인 전략과 전술을 습득하여 게임이 원활하게 진행되면 곧바로 교사는 게임의 인원을 늘리고 규칙도 수정하거나 보완하면서 게임의 수준을 높여갈 수도 있다.

본 연구 모형을 적용하는 교사는 수업관찰을 통하여 적극적인 능력이 뒤떨어지는 학생들을 파악하고 이들의 개별 지도 하여야 하며, 계속적으로 새로운 조건들을 제시하여 학생들의 움직임이 향상되는 것을 확인하고, 다양한 질문을 통해 학생들의 게임 수행 능력이 점점 향상되기를 기대하는 역할을 수행하여야 한다.

게임의 규칙 이해하기	게임 실행	관찰 및 지도
· 중요 규칙 이해 · 부수 규칙 이해	· 단순게임 · 변형게임 · 복잡한 전략게임	· 게임관찰 · 전략수정 · 기능지도

예) 영역침범형 게임(축구형 게임)

단계	교수·학습	도해, 유의점, 자료
단순게임 실행 (규칙이해)	활동 1. 조별로 공이어주기 (15m X 15m 경기장) – 경기장내에 조원들이 둥그렇게 선다. – 각 조들에게 공을 이어 준다. – 공을 받은 사람은 공을 2번 이내 (발을 접촉하는 수)에 다른 사람에게 연결한다.	(공)
관찰	적절한 공이어주기의 방법에 대해 관찰하기 및 필요시 공이어주기 연습하기.	
단순변형 게임실행	활동 2. 1대 다수 공뺏기 (20m X 20m 경기장) – 1명이 술래가 된다. – 술래가 아닌 나머지 사람은 다섯걸음이내에 다른 사람에게 공을 패스한다. – 위의 규칙을 어기거나, 경기장 밖으로 공을 찬 경우, 공을 빼앗긴 경우는 술래가 된다.	(공) (술래)
관찰	효과적인 공뺏기 전술에 대해 관찰한다.	

[그림 Ⅲ–5]. 게임 실행 및 관찰 단계

(3) 게임 재구성

이 단계에서는 학생들이 새로운 게임을 만드는 단계로서, 교사는 학생들에게 우선적으로 다양한 크기의 공, 후프, 여러 가지 치는 도구들, 네트 등의 각종 장비를 제공한다. 그러면 학생들은 소집단으로 나누어 몇몇 기구를 사용해서 할 수 있는 기존 게임을 수정·변형하기 위해 질문을 받는다. 그 다음에는 규칙과 전술, 기구를 변형시키고 동료끼리 게임에 대해 서로 설명한다.

교사는 집단 안의 모든 학생들이 참여할 기회를 갖도록 도와주며 게임을 만드는 것을 돕기도 한다. 즉, 게임 재구성의 초기 단계에서 교사는 게임 영역을 제공하고, 가능하다면 학생 수를 결정하며 기구 선택에 도움을 줄 수 있어야 한다.

학생들이 자신감을 갖게 되면 좀더 자율적으로 게임을 만들어 나가며, 이 때, 처음에 교사는 학생들의 게임 창조 과정을 지켜보거나 학생들의 제안이 어설프다 싶으면 조언을 해 줄 수 있다. 이러한 과정을 겪게되면 교사는 조언하는 것을 가능한 한 자제하고 문제가 발생할 경우에만 조정해 줄 수 있는 것이다.

결국, 각 집단의 학생들은 자신들에게 적합한 새로운 게임을 만들어 낸다. 이 때에 적극적으로 참여해서 과제를 해결하려는 학생이 존재하는 반면, 일부 학생들은 소극적으로 참여해 '구경꾼' 역할에 그치는 경우가 있다. 이런 문제를 해결하기 위해서 소심한 학생들은 같은 그룹에 넣거나 그들 스스로 리더를 정하게 하는 방법을 생각해 볼 수도 있다.

게임을 만들면서 학생들 대부분 그들이 수행하는 게임을 더 잘 이해하게 한다. 그것은 또한 학생들이 초기 학습에서 배운 원리, 전략, 전술을 이해하고 있는지를 알 수 있는 한가지 방법이기도 하다. 게임을 만들어 보는 것은 학생들에게 창조의 경험을 갖게하고, 실지 학습내용을 배울 수 있게 하며, 문제해결과 의견교환의 좋은 기회가 되게 한다. 또한 친구들과 협동작업을 해 볼 수 있고 책임감도 배울 수 있게 되는 것이다.

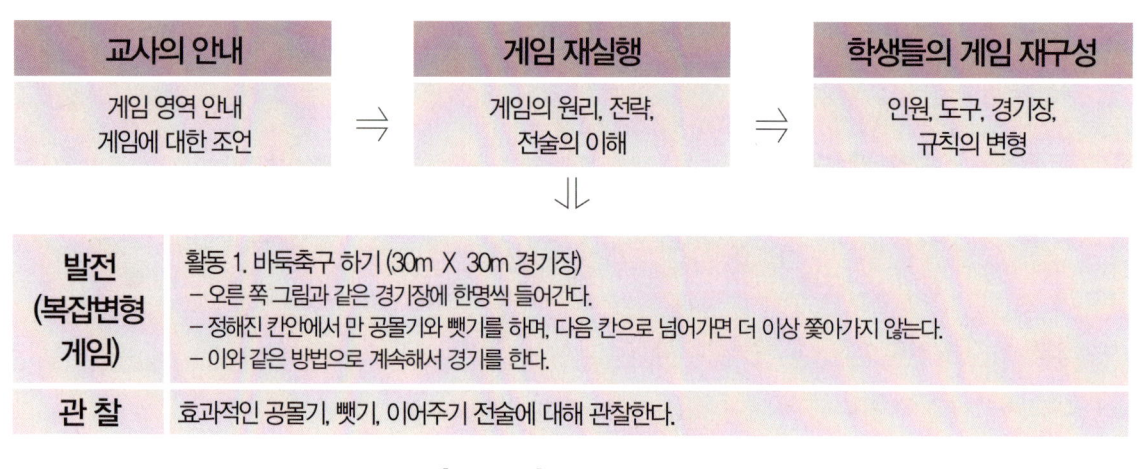

[그림 Ⅲ-6]. 게임 재구성 단계

(4) 게임 재실행 및 반성

학생들은 자신에 의해 수정·발전된 게임을 2단계의 게임 실행 및 반성 절차에 의해 다시 한 번 실행하게 된다. 이러한 과정을 통하여 게임에 대한 전체적인 경험과 반복적 운동기능의 연습이 이루어지게 될 뿐만 아니라 다음 단계의 게임수업을 선수 학습하는 효과도 기대될 것이다.

게임의 규칙 이해하기	전략과 전술의 이해	게임 재실행 및 반성하기
주요 규칙 및 이해 부수 규칙의 이해	전략과 전술의 이해	복잡화된 게임

⇩

발전 (복잡변형 게임)	활동 1. 바둑축구 하기 (30m X 30m 경기장) - 오른 쪽 그림과 같은 경기장에 한명씩 들어 간다. - 정해진 칸안에서 만 공몰기와 뺏기를 하며, 다음 칸으로 넘어가면 더 이상 쫓아가지 않는다. - 이와 같은 방법으로 계속해서 경기를 한다.
관 찰	효과적인 공몰기, 뺏기, 이어주기 전술에 대해 관찰한다.

[그림 III-7]. 게임 재실행 및 반성 단계

3) 초등학교에서의 적용 사례

위에서 제시한 변형 모형은 게임수업에서 교사와 학생의 역동적 상호작용을 통하여 교사의 창의적 게임수업 능력과 학생의 게임 재구성 능력을 동시에 높일 수 있는 4단계의 수업절차로 개발되어졌다. 이와 같은 연구 모형이 초등학교 체육수업 현장에 적용되기 위해서는 전통적으로 이루어져온 기능중심 게임수업 모형에 기초한 계획 및 실행 과정과 대비되는 대안적 접근 방식의 계획 및 실행 과정이 요구되며 이를 요약하면 〈표 III-11〉과 같다.

〈표 III-11〉. 단원 및 수업계획의 차이 비교

		기능중심 모형	변형 모형
단 원 계 획	지 도	교과서, 지도서 반복 활용	교과서, 지도서 수정활용 또는 변형 게임의 다양한 적용
		교사 주도에 의한 게임 내용 선정	학생의 요구를 반영한 게임 내용 선정 또는 학생의 발단 단계를 고려한 수준별 게임 내용 선정
수 업 계 획	지 도	교사 중심의 수업 계획	교사-학생 중심의 수업 계획
		형식적 수업 내용 설계	비형식적 수업 내용 설계
		위계적 게임 수업 전개	순환적 게임 수업 전개
		기능 중심 양적 평가, 결과(총괄)평가	지식, 태도, 기능의 통합적 질적 평가, 과정(수행)평가

〈현장 적용 사례 : K교사의 5학년 농구형 게임 수업〉

(1) 배경

초등학교 현장에 근무하는 K 교사는 체육 수업에 이해중심 게임수업 변형 모형을 적용하기로 하였다. 제7차 초등학교 체육교육과정에서는 이해중심 게임수업 변형 모형을 적용한 게임 수업이 3, 4, 5, 6학년에 제시되었고 현장에서 이에 대한 교사 연수가 시급한 실정이었다. 3학년과 4학년에서는 목표물 맞히기형 게임과 피하기형 게임이 제시되었고, 5학년에서는 영역형 게임인 축구형 게임, 농구형 게임, 하키형 게임이 제시되었다. 그리고 6학년에서는 네트형 게임과 필드형 게임인 야구형 게임이, 그리고 영역형 게임인 핸드볼형 게임이 제시되어 현장에서는 이에 대한 이해와 현장 적용 방안이 절실히 요구되고 있다.

기존의 기능중심의 게임 수업이 특정 학생들을 위한 수업이어서 이에 대한 대안으로 이해중심 게임수업의 변형 모형을 접하게 되었는데, 마침 S 교대 연수원에서 이와 관련된 연수가 개최되어 현장 교사들이 교육을 받을 수 있는 기회가 부여되었다. 이에 K 교사는 연수에 참여하게 되었고 이를 계기로 현장에서 직접 이해중심 게임수업 변형 모형을 적용하여 게임 수업을 진행하게 되었다.

처음에는 K 교사 자신도 이 모형에 대한 이해가 부족하여 운동장에서 혼란을 겪기도 하였다. 교사 연수진에 제시된 교재는 다양한 프로그램들을 현장에 적용해 보고 문제점을 연수 시간에 토의하고 대안을 찾아내기도 하였다. 또한 K 교사는 이해중심 게임수업 변형 모형에 대한 워크샵 등에 참가하여 교사들의 현장 적용에 대해 허심탄회하게하게 이야기를 나누며 자신의 생각을 정리할 수 있었다. 다양한 자체 연구 활동을 통해 K 교사는 나름대로 이해중심 게임수업 변형 모형에 대한 이해를 하고 나서는 게임 수업에 대한 연간 지도 계획을 세울 수 있었다.

K 교사는 마침 5학년 담임을 맡으면서 수업개선 연구교사를 하게 되었다. 수업개선 연구교사를 맡으면서 이해중심 게임수업 변형 모형을 적용한 게임 수업의 질적 개선을 꾀하고자 하였다. K 교사는 연간 지도 계획에 게임 내용을 삽입시켰으며 게임 내용은 농구형 게임, 축구형 게임, 하키형 게임으로 결정하였다. 이는 제7차 초등학교 체육교육과정과 교과서에도 예시된 게임 내용이었다.

(2) 단원 계획 및 적용 과정

K 교사는 단원 계획 시에 〈표 Ⅲ-11〉에 제시된 변형 모형의 단원지도 계획에 따라 체육 교과서에 제시된 내용보다는 직접 게임을 구안하여 만든 프로그램을 단원 내용으로 삼았다. 물론 교과서에 제시된 내용을 중심으로 단원 지도 계획을 수립할 수 있지만 K 교사는 교사 연수

회, 워크샵 등에서 배운 것을 바탕으로 농구형 게임을 구안하여 적용하고자 한 것이다. [그림 Ⅲ-8]은 K 교사가 직접 농구형 게임 5차시로 구성된 단원 재구성 사례로서 K교사에 의해 단순 게임에서 복합게임으로 단계별 수준을 정하여 구성한 게임 내용이다.

[그림 Ⅲ-8]. K교사 단원 재구성의 사례

(3) 수업 계획 및 적용 과정

다음은 K 교사가 단원 지도 계획 시에 1차시로 구안된 '특명! 후프를 지켜라'를 선택하여 학습 지도 계획을 세운 예이다. K 교사는 수업 단계를 도입, 전개, 발전, 정리의 4단계로 구성하여 본 연구 모형의 4단계와 대비하여 수업 계획을 세웠으며, 그 단계별 구체적 내용은 다음과 같다.

① 도입 단계

수업의 도입 단계에서는 K교사는 학생들의 게임의 구조와 규칙, 그리고 전략에 대한 이해를 돕기 위해 다양한 매체를 활용하는 수업을 전개한다. 개방적 환경에서 이루어진 게임의 구조와 규칙에 대한 설명은 학생들의 집중력을 이끌 수 없으며 수업에서의 방관자를 많이 만들어 내는 데 일조를 하기도 한다. 일단 학생들이 무엇을 할 것인가를 알아야 하며, 어떻게 해야 하는지를 알도록 교사는 도와주어야 한다.

[그림 Ⅲ-10]과 [그림 Ⅲ-11]은 K교사가 직접 구안한 1차시 농구형 게임의 구체적 내용으로서 학생들의 게임의 구조와 규칙, 그리고 전략에 대한 인지를 돕기 위해 다음 [그림 Ⅲ-9]와 같은 과제를 구안하여, 컴퓨터를 활용하여 학생들에게 설명하였다.

게임 구조와 규칙에 대한 이해를 돕기 위하여

하나, VTR를 이용한다.
 - 농구 경기를 보여 준다.

둘, 컴퓨터를 활용한다.
 - 프리젠테이션은 파워포인트를 이용한다.
 - 가능한 동영상과 경기장, 모양, 다양한 효과음을 이용한다.

[그림 Ⅲ-9]. 도입단계의 수업 과정

교　사 : 어린이 여러분! 오늘 선생님이 준비한 자료를 보면서 무엇을 공부하게 될지 나는 어떻게 행동해야 할 지 생각해 보세요.
학생들 : 예
　　　　(교사는 VCR에 준비된 농구 게임 Tape를 삽입시켜 프로젝션 TV에 나오도록 한다.)
(학생들은 준비된 화면을 보면서 오늘 공부할 내용을 생각하며 내가 어떻게 행동할지를 생각한다.)
교　사 : 자! 오늘 공부할 것이 무엇이죠?
학생 1 : 예 선생님 오늘은 농구 게임을 할 것 같아요. 그런데 우리는 아직 농구공이 무서운데 어떡하죠?
교　사 : 걱정 마세요. 선생님이 우리 어린이들이 즐겁게 활동할 수 있는 게임을 만들었어요.
학생들 : 그래요. 선생님이 빨리 해요.

제 1차시			
게 임 명	특명! 후프를 지켜라	게임수준	저수준
수업 목표	수비수를 피해 목표물에 넣는 방법을 알고 최선을 다하여 게임에 참여할 수 있다.		교사: 콩주머니, 훌라후프, 줄긋기 기구, 백회 학생: 체육복, 모둠별 색깔 번호 조끼
수업 내용			

[그림 Ⅲ-10]. 게임안내 1

수업세부내용		
	구조	① 경기장은 공격수와 수비수가 1m 정도 거리를 두고 수비수 뒤에 훌라후프를 놓는다. 수비수 앞에는 수비 라인을, 공격수 앞에는 공격 라인을 설정한다. ② 1대1로 마주 서서 콩주머니를 공격수가 수비수를 속여 수비수 뒤의 훌라후프 안에 넣으면 된다. ③ 공격수 한사람에게는 10개의 콩주머니가 주어진다. ④ 10개를 모두 던진 후에는 몇 개가 들어 갔는지를 확인하고 공격과 수비의 역할을 바꾸어 게임을 한다. ⑤ 공격수는 수비수를 속이기 위하여 움직임을 빠르게 하고 수비수는 공격수의 속임수에 넘어가지 않도록 한다.
	규칙	① 골인으로 인정되는 경우 · 콩주머니가 정확히 훌라후프에 들어간 경우 · 콩주머니가 훌라후프에 걸친 경우(콩주머니를 머리 위로 던져서 넣는 경우는 득점으로 인정될 수 없다.) ② 수비선과 공격선을 반드시 지켜야 한다. 지키지 않을 경우에는 상대 선수에 1점을 주게 된다.
	전략	① 공격수는 수비수의 움직임을 피해 슛할 수 있는 열린 공간을 확보한다. ② 수비수는 공격수의 움직임을 주시하고 특히 엉덩이 부분의 변화에 주목하여 콩주머니의 예상 진로를 차단한다.
	평가	① 평가는 교수·학습 과정에서 이루어지며 사전에 평가 계획을 수립하여 제시된 평가도구를 활용하거나 교사가 직접 제작하여 평가를 실시할 수 있다. ② '특명! 후프를 지켜라 게임'은 일대일 게임이므로 얼마나 게임에 적극적인 태도를 갖고 활동하는가에 중점을 두어 평가한다. ③ 공격과 수비의 역할에 최선을 다하고 공격수는 열린 공간을 얼마나 확보하는 가에 중점을 두어 평가한다. ④ 교사는 학생들의 게임 활동 수행 과정에서 기능 수준이 낮은 학생에 대한 개별 지도가 필요하다. 또한 모둠별 전략 회의를 통해 적극적으로 참여하도록 유도한다.

[그림 III-11]. 게임안내 2

게임의 구조와 규칙의 설명을 위한 위하여 전지를 이용한 게임의 도해, 자석 칠판을 이용한 자료, 종이 인형과 소도구를 이용한 자료, 컴퓨터를 이용한 자료 등 다양한 자료를 활용할 수 있는데, K교사는 파워포인트를 이용하여 게임 설명을 시도하였다. [그림Ⅲ-12]는 파워포인트를 이용하여 게임 내용을 설명하기 위한 자료로서 애니메이션 효과를 삽입하여 현실감이 있게 설명하고, 학생들의 학습 동기를 유발하는데 도움을 줄 수 있다.

후프를 지켜라!

[그림 Ⅲ-12]. 파워포인트를 이용한 게임 설명

다음은 위의 자료를 활용하여 K 교사가 학생들의 게임 내용에 대한 인지력을 높이기 위한 교육 활동 내용의 일부이다.

교사 : 오늘은 농구형 게임중 '특명! 후프를 지켜라 게임' 을 해 보도록 하겠습니다.
　　　　먼저 선생님이 준비한 파워포인트 자료를 보면서 게임의 내용을 알아봅시다.
　　　　(교사는 응용 프로그램인 게임 내용을 그리고 애니메이션 효과를 넣은 파워포인트 자료를 대형 모니터에 띄워 설명한다)
학생 : 선생님! 경기장이 직접 눈 앞에서 그려지니 게임 내용을 빨리 알 수 있을 것 같아요. 득점은 상대편을 속이는 동작을 빠르게 하여 던지는 속도를 조절하여 던지면 좋을 것 같아요.
교사 : 그렇죠. (경기장을 가리키며) 여기에 있는 선수를 혼란시켜 공간이 생기면 알맞은 속도를 조절하여 슛하면 득점할 수 있지요.
학생 : ……
교사 : ……

체육수업 실행 장면

게임에 대한 안내 활동이 끝나면 활동을 수행하는 데 필요한 준비운동을 하고 교구를 준비하도록 한다. 교구는 교사가 미리 준비를 하거나 1인 1역을 통해 학생들 스스로 준비하도록 하는 방법도 있다. 결국 도입 단계에서는 게임 선택 및 구성이 이루어진 것이다.

② 전개 단계

수업의 전개 단계에서는 본 연구 모형의 두 번째 단계인 게임 실행 및 관찰이 이루어지는 데 K교사는 학생들이 게임 활동에 적극적으로 참여하고 자기 주도적으로 참여하도록 하였다. 또한 정해진 규칙을 준수하고 구성원들이 상호 이해할 수 있는 여건을 조성하면서 수업이 이루어지도록 하였다. 교사는 일대일 학습을 통해 학생들을 격려하고 지도하며 교정적 피드백과 긍정적 피드백을 중심으로 지도하고, 이 때 K교사는 학생들의 기능적 활동 상황을 관찰하고 정의적 영역에 대한 평가도 실시하였다. 대체적으로 평가는 교사 평가와 동료 평가로 나누어 실시하고, 학생들이 알지 못하도록 하여 평가를 위한 수업이 되지 않도록 하였다. 즉 학생들 스스로 참여하는 수업, 학생들이 함께 이루어 내는 수업으로 전개해 나갔다. 다음은 학생들이 농구형 게임의 제1 수준인 후프를 지켜라 게임을 하는 장면이다.

교　사 :　각 모둠별로 정해진 위치에서 게임의 구조와 규칙 전략을 생각하면서 게임을 해 보세요
학생들 :　예! 우리 모둠 파이팅!
　　　　　(학생들은 경기장이 그려진 위치에서 게임 교구를 갖고 활동을 한다. 이때 교사는 순회를 하면서
　　　　　상황에 적합한 피드백을 제시한다. 또한 관찰법에 의한 수행평가를 실시하며 활동 수준이 낮은
　　　　　학생에 대한 개별 지도를 실시한다)

K교사는 게임 실행 중에 기능적인 수준이 낮은 학생에 대한 지도 계획을 세워 교사와 함께 게임을 해 본다든지 수준이 비슷한 학생과 함께 게임을 하도록 하였다. 하지만 본 게임은 전체 학생들이 관심을 갖고 적극 참여했기 때문에 기능이 부족하여 수업에 참여하지 못하는 학생은 없었다. 보통 수준별로 게임이 이루어지므로 게임에 참여하는 대부분의 학생들은 수준이 향상되어도 게임에 적응하는 속도가 빠르며 기존의 농구 기능을 현란하게 구사해내는 것이 아니기 때문에 모든 학생이 자신의 수준에서 적극 참여하고 관찰하는 모습을 볼 수 있었다. 다소 활동상의 차이는 있지만 어느 한 학생으로 인해 게임에서 패하는 경우는 그리 흔치 않다.

K교사는 게임 활동이 끝나면 게임 실행에 대한 반성을 하도록 하였다. 게임 반성은 게임 수행에 대한 구조나 규칙 전략에 대한 이해의 측면이며 게임을 재구성할 수 있는 여지를 만드는 것이다.

(활동이 끝나고 전체 설명 대형으로 모인다)

교 사 : 활동을 하면서 규칙을 잘 지켰나요?
학생들 : 예.
교 사 : 이번 게임에서 필요한 전략에는 무엇이 있을까요?
학생 1 : 예! 선생님, 손동작을 빠르게 하여 상대방을 속이는 것 같아요.
교 사 : 오늘 특명! 후프를 지켜라! 게임을 해 보았지요. 이번 게임을 다르게 할 수 있는 방법에 대해 이야기해 볼까요?
학생 2 : 선생님! 저는 이번 게임에서 두 명보다는 네 명이서 한 모둠이 되어 게임을 하면 좋겠어요.
교 사 : 그래! 구체적으로 한번 이야기 해 볼까요?
학생 3 : 두 명은 수비를 하고 두 명은 공격을 하는 거예요. 그리고 수비를 하거나 공격하는 사람들은 자유롭게 움직일 수 있도록 하면 좋을 것 같아요.
교 사 : 음! 게임에 참여하는 인원을 다르게 하는 것인데, 다른 친구들은 어떻게 생각해요?
학생들 : 좋아요. 그렇게 해봐요.
교 사 : 자, 그럼 여러분들이 재구성한 게임을 한 번 해볼까요?

[그림 Ⅲ-13]. 학생에 의한 게임 재구성 내용

③ 발전 단계

발전 단계에서는 본 연구 모형의 3단계와 4단계가 병행하여 이뤄지는 단계로서 게임 실행에 대한 반성을 바탕으로 게임의 재구성 및 재실행이 이루어진다. 본 단계에서는 학생들간의 게임에 대한 이해가 심화된 상태이므로 학생들의 게임 참여 정도가 활발해 진다. 따라서 K 교사는 학생들이 게임을 실행 하는 동안 게임 규칙 이해와 전략 활용 측면을 중심으로 수행평가를 실시하였다. 또한 K 교사는 지속적으로 기능 수준이 낮은 학생에 대한 개별 지도를 실시하였다.

앞쪽의 인용문은 K 교사의 적절한 발문을 통해 나온 학생들의 게임 재구성 단서를 정리한 것이며, 그림 Ⅲ-13은 학생들이 자유로운 생각을 바탕으로 기본적인 게임의 구조를 벗어나지 않은 상태에서 이루어진 게임 재구성 내용이다. K 교사는 학생들 스스로 게임을 재구성할 수 있는 잠재적 능력을 갖고 있음을 바르게 인식하고 있었으며 아래의 인용문은 학생들이 게임을 교사와 학생이 함께 실행하는 과정을 예시한 내용이다.

교 사 : 여러분들이 만든 게임을 다함께 해봅시다.
학생들 : 그래요. 선생님 빨리 시작해요.
교 사 : 규칙과 전략을 잘 알 수 있겠어요?
학생들 : 네!
교 사 : 자! 그럼 최선을 다하여 활동해 봅시다. 우리반 친구들 파이팅!
(학생들은 모둠별로 재구성한 경기장을 그린 후 정해진 파트너와 함께 게임을 한다.)

④ 정리 단계

수업의 정리 단계에서는 본 연구 모형의 4단계인 게임 재실행의 반성과 더불어 수행평가 및 정리운동이 이루어지게 된다. K 교사는 대체적으로 학생들이 게임의 목적을 이해하고, 얼마나 열심히 참여했는가를 파악하기 위한 교육 활동을 전개해 나갔다. 이는 일정한 양식의 소감문을 작성하거나 발표하는 형식으로 이루어졌다. 정리 단계에서는 활동한 내용을 반드시 인지할 수 있도록 반복하는 활동이며 다음 수업을 준비하는 시간이기도 하다. 따라서 K교사는 내용을 요약하고 다음 차시의 수업 내용을 안내한 후에 가벼운 정리운동을 마지막으로 실시하였다.

교 사 : 오늘 어떤 게임을 배웠나요?
학생 1 : 두 가지인데요. 한가지는 선생님이 준비하신 것이고요.
       두 번째는 우리가 다시 생각해서 만든 게임이에요.
교 사 : 그렇죠! 게임을 통해서 무엇을 배웠나요
학생 2 : 상대방을 속이는 동작을 배울 수 있었어요.
       그리고 4명이서 활동을 하는 두 번째 게임에서는 서로 패스하면서 상대방을 속여 슛할 수 있는 기회를 만드는 것을 배웠어요.

게임명 :	이름 :

1. 게임 참가 결과 나의 실력은 어느 정도 인가요? ① 상 ② 중 ③ 하

2. 선생님의 설명을 이해할 수 있었나요? 이해하지 못했다면 어떤 것이었습니까?

3. 활동에 자신감을 갖고 참여하였나요?

4. 활동 중에서 가장 어려운 것은 어떤 것이었습니까?

5. 활동에서 자기의 역할을 충실히 수행하였습니까?

6. 활동 중에서 배운 것이 있다면 어떤 것입니까?

7. 활동 중에서 잘 한 것이 있다면 어떤 것입니까?

8. 새롭게 규칙, 인원을 구성한 게임은 나에게 알맞은 것이었습니까?

9. 오늘 활동 중에서 더 연습할 필요가 있는 것이 있다면 어떤 것입니까?

10. 오늘 활동 중에서 선생님에게 바라고 싶은 점이 있다면 어떤 것입니까?

오늘 배운 게임을 규칙을 생각하면서 그림을 그려 볼까요?

[표 Ⅲ-12]. 자기 평가지 예시

제 II 부

| 초등학교 게임수업의 실천 |

이론이 존재하는 이유의 하나는 결국 실천의 효과를 극대화하기 위해서이다. 즉, 실천이 뒷받침되지 않는 이론은 허구적일 수 있다. 이러한 맥락에서 제 2부 이해중심 게임 지도의 실천으로 구성하였다.

제 2부는 5장으로 구성되어 있다. 각 장에는 게임 유형별로 수준에 따라 계열을 이루고 있는 게임들을 제시하였다. 즉, 피하기형, 목표물 맞히기형, 네트형, 영역형, 필드형으로 구분하여, 각각의 유형별로 초등학교 현장에서 활용할 수 있는 게임들을 제시하였다.

게임을 제시하는 데 있어 우선적으로 게임의 계열성을 고려하였다. 다섯가지 유형으로 나누어 제시한 게임들은 개정된 체육과 교과서의 내용 체계, 규칙 및 전략의 난이도에 따라 위계화하여 제시하였다. 1수준 게임은 각 게임 유형을 이해하는데 도움을 줄 수 있는 기본적인 게임이며, 2수준 게임은 게임 상황의 복잡성과 난이도를 약간 높인 게임이다. 3수준 게임은 학생이 경험할 게임의 질적 측면의 발달에 초점을 두었으며, 4수준 게임은 학생 수준에서 볼 때 성인의 스포츠에 가장 근접한 게임을 의미한다. 게임별로 먼저 개요를 설명하고, 규칙, 전략, 변형 요소 등을 제시하였다.

제1장
피하기형 게임

피하기형 게임은 다른 유형의 게임과는 달리 스포츠와의 직접적인 관련성은 없지만, 능숙한 방향 전환이나 속도 조절, 민첩성, 페인트 능력 등을 길러 줌으로써, 기본적인 신체의 움직임이나 게임 능력을 향상시켜 준다. 피하기형 게임을 지도할 때에는 게임 내용이 단순한 놀이로 인식되지 않도록 게임의 중요성을 강조해야 한다. 또한, 피하기형 게임은 좁은 공간에서 역동적으로 이루어지기 때문에 특별히 안전사고에 유의해야 한다.

 ## 피하기형 게임의 개요

　피하기형 게임은 전래 민속인 술래잡기와 비슷한 것으로 저학년 학생들이 쉽게 친근감을 느끼고 참여할 수 있는 보적인 게임이다. 피하기형 게임이 이해중심 게임수업 모형으로 적용되기 위해서는 균형의 개념, 신속한 방향 전환의 요성, 움직이는 방향에 대한 지각력 등이 학습 내용으로 다루어져야 한다. 그러나 이러한 학습내용은 피하기형 게임이 단순히 놀이로 인식될 소지가 있다.
　따라서, 모든 스포츠 활동에는 피하기형 게임에서 다루어지는 기본적인 전략과 전술을 적용할 수 있다는 점을 고려하여 신중하게 접근해야 할 것이다.

 ## 피하기형 게임의 전략 요소

　피하기형 게임은 게임시 유리한 위치 선정, 몸의 균형 유지 등과 같은 기술을 학습하는데 매우 효과적이며, 다른 유형의 게임에 비해 비교적 기 적인 전략을 사용한다. 피하기형 게임은 네트형 게임이나 영역침범형 게임과는 달리 실제의 스포츠 종목과 연관시키기 어렵지만, 다른 유형의 게임들의 기 가 된다고 할 수 있다. 예컨대, 능숙한 방향 전환, 속도 조절, 상대의 예상을 뛰어 넘는 속임수 동작은 대부분의 스포츠에서 매우 중요한 요소이다. 세부적인 피하기형 게임의 전략은 다음과 같다.

　1) 균형을 유지하고 여러 방향으로 움직일 수 있도록 준비 자세를 취한다.
　2) 다양한 속임 동작을 사용한다
　3) 몸을 피하기 위해서 빠르게 방향 및 속도를 바꾼다.
　4) 전, 후, 좌, 우의 상황에 주의를 기울인다.

 ## 피하기형 게임 변형의 주안점

　이 책에 제시된 피하기형 게임은 교사나 학생에 의해 변형될 수 있다. 피하기형 게임을 변형시키는데 고려해야 하는 사항은 다음과 같다.

1) 경기장의 모양을 여러 가지로 바꾸어 본다.
2) 게임의 구조를 바꾸어 본다(술래 수, 게임시간 등을 줄이거나 늘이기).
3) 게임의 규칙을 바꾸어 본다(단순하게 하거나 복잡하게 하기).

피하기형 게임 지도시 유의점

피하기형 게임은 제한된 공간에서의 역동적인 움직임으로 이루어지므로 특별히 안전 사고에 유의해야 한다. 피하기형 게임에 참여하는 학생들은 게임에 몰입하여 주위 환경에 주의를 기울이지 고 움직임으로써 동료나 시설물과 부딪히는 경우가 많다. 따라서 교사는 지속적으로 게임 상황을 관찰해야 한다. 다음은 피하기형 게임을 지도할 때 유의해야 할 사항이다.

1) 피하기형 게임의 규칙을 바르게 인지시킨다.
2) 활동하는 장소의 대한 위험 요인을 사전에 제거한다.
3) 무리한 과격한 행동은 하지 않도록 한다.
4) 활동에 따라 개인별 체력 상태를 관찰하여 적절한 조치를 취한다.
5) 안전 사고가 발생했을 경우 원칙에 따라 빠르게 대처한다.
6) 학생들이 역할을 바르게 인식하도록 하며, 술래는 리본이나 끈으로 표시하여 쉽게 식별될 수 있도록 한다.

피하기형 게임의 실제

피하기형 게임은 여러 가지 형태로 나누어 질 수 있지만 이 책에서는 피하기 활동을 중심으로 제시한다. 기본 게임에서 출발하여 변형의 주안점을 고려한 수준별 게임을 제시하였다. 게임의 수준에 따라 유리한 위치 선정, 술래의 움직임 예측 등의 전략을 중심으로 구성하였다.

피하기형 게임: 유리한 위치 선정하여 술래 피하기

자신의 신체움직임에 변화를 주며 안전한 곳으로 이동하기 위한 움직임·시선의 속임 동작과 함께 상대방의 뒷공간을 차지하는 전략이 요구되는 게임이다.

게임수업목표	상대방에게 등을 보이지 않고 상대방의 뒷 공간을 차지해 들어갈 수 있다.		
용 기 구	• 길이50cm 폭10cm의 띠(꼬리)×인원수 • 호루라기 • 라인기	게임수준	3학년 1수준
인 원 편 성	6명 ~ 10명		
경 기 진 행	● 진 행 • 〈시작전〉 각자 허리뒤에 꼬리를 늘어뜨리고 게임장 안에 골고루 퍼지도록 한다. • 경기시작 신호와 함께 주어진 시간(1분) 동안 다른 학생들의 꼬리를 낚아채서 모은다. ● 규 칙 • 꼬리를 빼앗긴 학생은 제자리에 멈춰 서 있다. • 주어진 시간이 지나면 신호를 하여 동작을 멈추고 결과를 확인한다. • 꼬리를 많이 모아도 자기 꼬리를 빼앗긴 사람은 빼앗은 꼬리를 점수로 인정하지 않는다. 경기장 구성: 25m × 25m [꼬리 뺏기]		

1) 게임에 사용되는 전략

상대에게 등 보이지 않기	측면으로 뛰기	상대가 등쪽으로 오지 못하는 위치선정하기

상대방을 정면으로 향하게 하여 등을 보이지 않게 방향을 전환한다.	손을 양옆으로 벌리고, 상대방을 보면서 측면으로 뛴다	경계선 부근에서 경계선을 등지고 머물면서 상대가 자신의 등쪽으로 오지 못하도록 위치를 선정한다

2) 심화 및 보충

◀ 진 행 ▶

- 〈시작전〉 꼬리잡기 게임을 한번 시행한 후 꼬리를 3개 이상 모은 사람, 5개 이상 모은 사람에게 각각 다른 색의 꼬리를 준다.
- 원래 꼬리 색깔이 초록색이었다면, 3개 이상 모은 사람은 파란색 꼬리를, 5개 이상 모은 사람은 빨간색 꼬리를 주고 다시 게임을 시작한다.

◀ 규 칙 ▶

- 득점: 초록색 꼬리는 1점, 파란색 꼬리는 2점, 빨간색 꼬리는 3점으로 계산하여 가장 많은 점수를 얻은 사람을 승리자로 결정한다.

◀ 관련 운동 기능 연습 ▶

상대에게 등 보이지 않기	측면으로 뛰기

반경 3m의 원안에서 등 뒤에 단어를 써넣고 두명의 상대방에게 글씨를 읽히지 않는다.	한줄로 세워진 여러개의 라바콘을 지그재그로 측면(게걸음)으로 뛰어돌아온다.

3) 교수 TIP

◀ 인 원 ▶

이 게임은 팀별 경쟁으로 할 수 있다. 이 때, 다음과 같은 방식으로 승리팀을 가려낼 수 있다.
1. 가장 많은 꼬리를 모은 팀이 승리한다.
2. 가장 꼬리를 많이 잃은 한 팀만 탈락시키며 계속 게임을 반복하여 마지막까지 살아남은 팀이 승리한다.

◀ 규 칙 ▶

게임에 필요한 신체능력이 다소 부족한 학생들을 배려하기 위한 방법으로, 꼬리에 색깔을 정한다. 빨간색은 2명, 노란색은 5명, 파란색은 나머지 학생들로서 빨간색은 빨강, 노랑, 파란색의 꼬리를 잡을수 있고, 노란색은 노랑, 파란색만 잡을 수 있으며, 파란색은 파란색 꼬리만 잡을 수 있다. 즉, 파랑-노랑-빨강의 순서로 수준이 높으며, 신체 능력이 부족한 학생들에게 빨강색 꼬리를 달게하여 다소 유리한 조건으로 게임에 참여하도록 배려한다.

◀ 용기구 ▶

꼬리는 부직포, 수건, 색상지 등 여러 가지 재료를 이용하여 만들 수 있다. 엉덩이 위로 충분히 늘어뜨려 손으로 낚아챌 수 있을 만큼 길게 만들어야 한다.

4) 평가의 관점

항 목	관 점
상대에게 등을 보이지 않기	상대에게 등을 보이지 않고 꼬리를 빼앗은 횟수는 몇 회인가?
측면으로 뛰기	상대를 피해 달아달 때, 측면으로 뛰어가는 횟수가 몇 회인가?
상대가 등쪽으로 오지 못하는 위치선정하기	상대의 공격을 피해 위치선정을 할 때, 경기장 경계선 부근에 머무는가?

안전한 경로를 찾아 술래 피하기

술래의 위치에 따른 안전한 이동로를 순간적으로 탐색하면서 술래를 피해 달아나는 전략이 필요한 게임이다.

게임수업목표	안전한 이동경로를 찾아 몸의 방향을 재빨리 바꾸어 달리며 게임에 적극적으로 참여할 수 있다.		
용 기 구	• 라인기　　• 조끼(술래용)	게임수준	3학년 2수준
인 원 편 성	20명 내외		
경 기 진 행	● 진 행 • 〈시작전〉 두선의 안쪽은 바다를 나타내는데, 그 두선의 가운데 정사각형은 얼음동굴이다. • 바다에 북극곰 역할을 할 학생 한명이 들어가고 한쪽라인 바깥쪽에 물고기 역할을 할 나머지 학생들이 선다. • 북극곰이 "난 배가 고프다!"라고 외치면 물고기들은 바다를 가로질러 반대편으로 뛰어간다. ● 규 칙 • 북극곰에게 태그당한 물고기들은 얼음동굴에 갇힌다. • 얼음동굴에 갇힌 물고기들은 두 명씩 짝이 지어질 때마다 손을 잡고 얼음동굴 밖으로 나와 물고기들을 잡는 것을 도울 수 있다. • 물고기가 다 잡히면 또 다른 북극곰을 뽑아 다시 게임을 시작한다.		

경기장 구성
15m / 3m / 20m

[북극곰 물고기잡기]

1) 게임에 사용되는 전략

술래의 위치 파악하기

술래들의 움직임을 관찰하여 한눈에 파악하는 능력이 요구된다.

안전한 경로찾기 I

물고기들이 몰리지 않는 빈 곳을 찾아 이동한다.

안전한 경로찾기 II

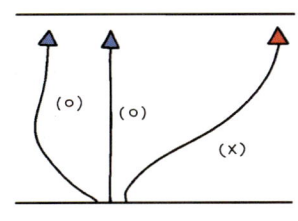

바다를 가장 짧은 거리로 건널 수 있는 경로를 찾아서 건너야 술래에게 잡히지 않는다.

2) 심화 및 보충

진 행

- 〈시작전〉 북극곰 게임과 비슷한 크기의 경기장을 구성하고, 상어 역할과, 바다표범 역할을 할 사람을 각각 정한다.
- 상어는 전체 인원의 1/5 정도로 한다.
- 바다표범들은 상어에게 잡히지 않고 반대편으로 달아나야 한다.

변형 게임

규 칙

- 얼음덩어리(훌라후프)에 올라서면 상어가 태그할 수 없다.

◀ 관련 운동 기능 연습 ▶

전후 속임동작	좌우 속임동작

앞쪽 속임동작후 뒷걸음질 쳤다가 다시 앞으로 달려간다.	왼쪽으로 속임동작후 오른쪽으로 달려간다.

3) 교수 TIP

◀ 경기장 ▶

공격이 유리할 경우 바다의 폭을 조절하거나, 훌라후프의 개수를 늘려 공격과 수비의 난이도를 조절할 수 있다.

◀ 규 칙 ▶

게임수행능력이 부족한 일부 학생들만 훌라후프에 들어갈 수 있도록 하거나, 훌라후프에 먼저 들어가게 한 뒤 경기를 시작하여 소외학생 없이 게임이 진행되도록 한다.

◀ 인 원 ▶

북극곰 역할을 1명 또는 2~3명으로 시작할 수 있다.

◀ 용기구 ▶

북극곰이나 상어를 나타낼 수 있는 가면 또는 머리띠 등을 사용하면 학생들의 흥미를 높일 수 있다.

4) 평가의 관점

항 목	관 점
술래의 위치 파악하기	술래의 움직임을 관찰하고, 술래가 없는 쪽으로 몇 회 이동하는가?
안전한 경로찾기	술래를 피해 얼마나 오래 잡히지 않았는가?
타인 배려하기	선을 넘지 않는 등 규칙을 잘 지키며 게임에 참여 하는가?

피하기형 게임 — 술래의 움직임을 예상하여 피하기

술래를 피하기 위해 술래의 움직임을 예상하여 신속하게 달아날 공간을 선정하는 전략이 필요한 게임이다.

게임수업목표	술래의 움직임을 예상하여 신속하게 달아날 수 있다.		
용 기 구	• 술래표시를 위한 암밴드, 조끼, 모자 등 • 라인기 또는 경계를 표시할 수 있는 라바콘	게임수준	3학년 3수준
인원편성	• 술래 1명　　　• 달아날 사람 1명 • 나머지 인원은 12명 또는 15명		
경기진행	● 진 행 • 〈시작전〉 술래(A)와 술래를 피해 달아날 사람(B)을 각각 1명씩 정하고 나머지 (C)는 세명씩 나란히 손을 잡고 골고루 흩어져 서 있는다. • 술래를 피해 달아나는 사람(B)은 술래를 피해 달아나다가 세명씩 손잡고 있는 사람들(C) 중 가장 측면에 있는 사람과 손을 잡을 수 있다. • 그 순간부터 반대편 측면에 있는 사람(C)은 손을 놓고 술래를 피해 달아나야 한다. ● 규 칙 • 술래가 달아나는 사람을 잡으면 잡힌 사람이 술래가 되어 다시 게임을 한다. 술래였던 사람은 달아나는 사람이 되어 게임을 진행한다. • 경계선을 벗어난 사람도 술래가 된다.		
경기장 구성 25m x 25m			

고양이와 쥐

1) 게임에 사용되는 전략

| 술래의 시선 파악하여 피하기 | 같은 모둠을 이용한 위치선정 | 술래 움직임 습관 파악하기 |

술래의 시선을 피할 수 있는 술래 뒷 공간으로 이동한다.

모둠의 뒷 공간을 잘 활용하여 술래를 피한다.

술래의 방향전환시 빈도가 높은 쪽 방향을 파악하여 그 반대방향으로 피한다.

2) 심화 및 보충

변형 게임

◀ 진 행 ▶
- 기본규칙은 '고양이와 쥐' 게임과 동일하다.

◀ 규 칙 ▶
- 시작전에 술래를 2~3명으로 하고, 술래를 피해 달아나는 사람도 2~3명으로 정한다.

◀ 관련 운동 기능 연습 ▶

수비 뒷공간 활용하기	시선의 방향을 라바콘과 정면으로 하여 돌아오기

두 명씩 짝지어 한사람의 등 뒤쪽으로 이동하는 연습하기	라바콘을 바라보며 뛰어갔다 돌아오기

3) 교수 TIP

◀ 경기장 ▶

학습자의 활동상황을 고려하여 경기장의 경계를 결정한다.

◀ 규 칙 ▶

술래를 피해 달아나는 사람 2명이 동시에 3명이 팔짱을 끼고 있는 양 측면에 붙었을 경우, 술래에게 먼저 태그 당하는 사람이 술래가 된다.

◀ 용기구 ▶

술래가 바뀌었을 때, 학생들끼리 짧은 시간에 바꿀 수 있는 술래를 나타낼 수 있는 표식이 필요하다. (예: 헤어밴드, 암밴드, 조끼, 모자 등)

◀ 피드백 ▶

끝까지 살아남은 학생들의 전략을 발표시켜 들어본다.

4) 평가의 관점

항 목	관 점
술래 뒷공간 활용하기	술래의 뒷공간을 찾아 움직이는 횟수는 몇 회인가?
같은 편을 이용한 위치선정	술래에게 잡히지 않고 끝까지 살아남는가?
타인배려하기	술래를 피해 달아나는 사람이 세 명 모둠의 측면에 붙을 경우, 반대편 측면에서 떨어져 나가는 사람이 술래에게 바로 잡히지 않도록 고려하면서 경기에 임하는가?

| 피하기형 게임 | **술래의 예상을 무너뜨리면서 피하기** |

다양한 속이기 전략과 동작으로 술래의 움직임 경로 예측을 무너뜨리고, 서로 협력하여 안전한 이동로를 만들어내는 전략 등이 필요한 게임이다.

게임수업목표	여러 방향에서 다가오는 술래로부터 벗어나는 전략을 이해하고 동료와 협력하여 적극적으로 게임에 참여할 수 있다.
용 기 구	• 라인기 • 조끼 (술래용) 게임수준 3학년 3수준
인 원 편 성	• 전체 20명 • 술래 3~4명
경 기 진 행	◉ 진 행 • 술래를 3~4명 정한다. • 게임이 시작되면 나머지 학생들은 술래를 피해 달아난다. • 술래에게 잡힌 학생들은 라바콘에 잡힌 순서대로 손을 잡고 늘어선다. • 라바콘 주위 반경 3m원에는 술래는 들어갈 수 없다. • 라바콘에 늘어선 학생들 중 가장 바깥에 서 있는 학생의 손을 쳐주면 잡혀있던 학생들은 모두 달아날 수 있다. ◉ 규 칙 • 술래가 나머지 학생들을 모두 잡으면 게임이 끝나고, 새로운 술래들을 뽑아 다시 게임을 시작한다.

경기장 구성

반경 3m의 원과 탁트인 안전한 공간

동료를 구하라!

1) 게임에 사용되는 전략

| 움직임 속도 다르게 하여 속이기 | 지그재그로 달아나기 | 협력하여 술래 유인하기 |

순간적으로 달리는 속력에 변화를 주며 술래의 예상을 깨뜨리는 움직임이 필요하다.

지그재그로 달리면서 술래의 이동 방향 예상을 깨뜨린다.

한 명이 의도적으로 술래가 쫓아올만한 거리까지 다가가 술래를 유인할 때 생기는 안전한 이동로를 이용하는 협동전략을 사용한다.

2) 심화 및 보충

변형 게임

진행

- '동료를 구하라' 게임과 기본 진행은 동일하다.

규칙

- 라바콘 주위의 원으로부터 10m 떨어진 곳에 안전지대 3 곳을 설정한다.
- 술래를 피해 안전지대에 들어가면 술래가 태그할 수 없다.
- 단, 한 곳의 안전지대에는 2명만 들어갈 수 있다.
- 술래에게 태그당하여 라바콘에 늘어선 학생은 같은 팀이 손을 쳐주면 가장 끝에 있는 한 명만 달아날 수 있다.

◀ 관련 운동 기능 연습 ▶

움직임 속도 조절하기	지그재그로 달리기

앞으로 빨리 뛰어가다가 신호(또는 라바콘의 위치)와 함께 순간적으로 멈추었다가 다시 달린다.	자세를 낮추어 접시콘을 터치하며 지그재그로 빠르게 움직인다.

3) 교수 TIP

◀ 규 칙 ▶

남녀신체능력에 차이가 심할 경우, 안전지대에는 여학생만 들어갈 수 있고, 여학생은 여학생이 태그했을 경우에만 잡히도록 하는 등의 규칙설정도 가능하다.

◀ 인 원 ▶

시간을 정해놓고 술래의 수와 달아나는 사람의 수를 같게 하여 공수교대 하는 방식으로 게임을 진행해도 좋다.

◀ 경기장 ▶

처음에는 모둠게임으로 진행하다가, 반전체의 게임으로 진행할 경우에는 라바콘 주위 반경을 5~6m로 넓혀 보다 많은 인원이 참여하게 할 수 있다.

◀ 용기구 ▶

술래에게 태그당한 사람은 라바콘의 꼭짓점을 잡게 하거나 훌라후프를 땅에 놓고 훌라후프의 안쪽을 밟게 하는 것도 좋은 방법이다.

4) 평가의 관점

항목	관점
움직임 속도 다르게 하여 속이기	순간적으로 움직임의 속도를 조절하면서 뛸 수 있는가?
지그재그로 달아나기	지그재그로 달리면서 술래를 피하는가?
협력하여 술래 유인하기	다른 동료와 협력하면서 술래를 유인하는 횟수가 몇 회인가?
타인배려하기	술래를 피해 동료를 구할 수 있는가?

| 피하기형 게임 | 유리한 위치 선정하여 피하기 |

중앙에 눈을 가리고 있는 술래에게 몰래 다가갔다가 순간적으로 방향을 바꾸어 이동해야 하는 게임이다.

게임수업목표	술래를 피하기에 가장 좋은 위치를 파악하며 원하는 지점까지 빠르게 이동할 수 있다.		
용 기 구	• 라인기 • 안대 • 콩주머니 • 줄자 • 시계	게임수준	3학년 3수준
인 원 편 성	• 술래 1명 • 전체 20~30명		
경 기 진 행	○ 진 행 • 술래는 한 변이 2m인 정사각형 안에 앉게 한 후 안대로 눈을 가린다. • 나머지 학생들은 콩주머니 1개씩을 가지고 큰 정사각형의 게임장 밖에서 대기하다가 게임이 시작되면 술래에게 다가간다. • 눈이 가려져 있는 술래는 다른 학생들이 원 안에 가까이 다가와 잡을 수 있다고 판단되었을 때 안대를 벗고 일어나 학생들을 잡는다. ○ 규 칙 • 술래에게 잡힌 학생들은 원 안 곳곳에 서 있다가 술래가 안대를 벗고 성 밖으로 나간 후부터 술래를 도와 원 안을 지키도록 한다. • 학생들이 2분 안에 술래를 피해 사각형 안에 콩주머니 4개를 올려놓으면 술래는 퇴치된 것으로 되어 새로운 술래를 뽑아서 게임을 한다. • 학생들이 3명 이하가 되어 술래를 퇴치할 수 없게 되어도 게임을 새로 시작한다.		

경기장 구성

드라큘라게임

1) 게임에 사용되는 전략

위치선정 1

술래로부터 거리가 먼 곳, 술래의 뒤쪽에 자리 잡아야 한다

위치선정 2

사람이 많이 몰려있는 곳은 피한다

2) 심화 및 보충

변형 게임

◀ 진 행 ▶

- 술래는 작은 원 안에 있는 콩주머니를 지킨다.
- 나머지 학생들은 술래를 피해 콩주머니를 가져온다.
- "내 보물은 아무도 가져갈 수 없다!"는 술래의 외침과 함께 게임이 시작된다.

◀ 규 칙 ▶

- 학생들은 큰 원(해적의 섬) 밖에 서 있다가 술래를 피해 작은원(보물상자)에 다가가 콩주머니(보물)를 잡아서 큰 원 밖으로 도망쳐야 한다.
- 술래에게 태그당한 사람은 훔쳤던 콩주머니을 다시 보물상자에 넣고 게임장 밖에 서 있도록 한다.
- 정해진 시간(2분)안에 술래에게 잡히지 않고 가장 많은 콩주머니를 얻은 사람이 승리자가 된다.

◀ 관련 운동 기능 연습 ▶

사이드 스텝	라바콘 돌아오기

왼발과 오른발을 교차하면서 좌우로 빠르게 이동하는 연습을 한다.

라바콘 사이를 지그재그로 빠르게 이동하는 연습을 한다.

3) 교수 TIP

◀ 스토리 ▶

'드라큘라게임'에서 술래는 '드라큘라', 달아나는 학생들은 '평민', 술래에게 잡힌 학생들은 '감염된 드라큘라'로 역할을 이해시키면 학생들의 흥미를 이끌어 낼 수 있다. 술래가 앉아있는 작은 정사각형은 드라큘라의 관이 되며 콩주머니를 네 개 올려놓는 것은 관에 못을 박아 드라큘라를 잡는다는 의미이다.

◀ 인 원 ▶

몇 번의 게임 후에도 술래에게 불리한 상황이 계속 생길 경우 술래의 수를 늘려서 게임을 시작 할 수 있다.

◀ 경기장 ▶

'해적의 보물상자' 게임 시 해적의 수를 2~3명으로 늘리게 된 경우 보물상자와 섬의 크기도 동시에 늘리도록 한다.

4) 평가의 관점

항 목	관 점
유리한 위치선정 하기 1	술래로부터 먼 곳이나 술래의 뒷 쪽에 자리를 잡는가?
유리한 위치 선정하기 2	사람들이 많이 모여있지 않은 곳으로 자리를 잡는가?
타인 이해하기	태그할 때 너무 세게 치지 않는 등 옆 사람을 배려하는가?

피하기형 게임: 안전한 이동로를 찾아 앞으로 나아가기

진행 방향을 가로막고 있는 술래들의 위치를 계속 파악하면서 술래들로부터의 거리를 유지하고, 가장 안전한 이동로를 찾아 빠르게 반대편으로 이동하는 게임이다.

게임수업목표	술래의 위치를 파악하고 안전한 이동로를 찾아 피할 수 있다.		
용 기 구	• 라인기 • 모둠조끼　　• 줄자	게임수준	3학년 2수준
인원편성	술래 1명으로 게임 시작		
경기진행	● 진 행 • 게임장 안에는 술래의 역할을 할 학생들이 들어가고 게임장의 한 쪽 라인 밖에 물고기 역할을 할 학생들이 선다. • 게임이 시작되면 학생들은 술래에게 잡히지 않고 반대편 라인으로 건너가야 한다. ● 규 칙 • 술래에게 잡힌 학생은 어부와 손을 잡고 다른 학생들을 잡는데 협력한다. • 술래에게 잡히지 않은 학생들이 모두 라인을 넘어오면 모두 다시 반대편으로 건너간다. • 모든 학생이 잡히면 새로운 술래를 뽑아서 다시 게임을 시작한다.		

경기장 구성: 25m x 15m

어부를 피해라!

1) 게임에 사용되는 전략

술래의 이동방향과 반대로 달리기

술래들이 만든 그물의 뒷 편으로 피한다

경기장의 구석 피하기

경기장의 가장자리나 구석을 피해서 달린다

2) 심화 및 보충

진 행

- 술래의 수를 전체인원의 1/5 정도로 정한다. 술래들은 게임의 시작부터 손을 이어 잡고 그물을 만든다.
- 게임이 시작되면 한 쪽 선 밖에 서 있는 학생들은 그물을 피해 반대쪽으로 건너가야 한다.

변형 게임

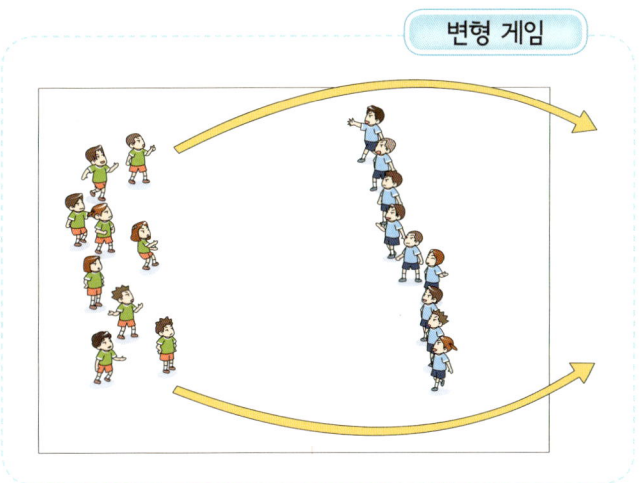

규 칙

- 손을 이어 잡아 만든 그물을 원 모양으로 완전히 닫았을 때 그물 안에 갇힌 학생들은 술래가 되어 함께 그물을 만든다.
- 학생들은 술래들 끼리 맞잡은 손을 끊거나 그 밑으로 빠져나가지 않도록 한다.
- 학생들이 다 잡히면 술래 역할을 할 학생들을 다시 뽑아 게임을 다시 진행한다.

◀ 관련 운동 기능 연습 ▶

지그재그 달리기	왕복 달리기

한 줄로 서 있는 모둠원 사이를 건드리지 않고 빠르게 이동한다.	좌·우 라바콘을 터치하며 빠르게 달리기를 반복한다.

3) 교수 TIP

◀ 경기장 ▶

경기장을 직사각형 대신 원 모양으로 만들고 그 안에서 계속 술래를 피해 달아나도록 할 수 있다. 이 경우 제한시간을 두어 그 시간 안에 살아남는 학생들을 게임의 승리자가 된다.

◀ 규 칙 ▶

심화게임을 할 때 그물에 갇히지 않으려고 술래들을 뿌리치는 행위는 안전을 위해 금지하는 것이 좋다. 규칙을 어기면 잡힌 것으로 한다.

4) 평가의 관점

항 목	관 점
술래와 역방향으로 가기	술래의 진행방향과 반대로 달리며 그물의 뒷 쪽으로 이동하는가?
안전한 위치선정 하기	경기장의 가장자리나 구석을 피해서 움직이는가?
협력하여 참여하기	같이 활동하는 친구의 신체능력을 인정하고 서로 협력하여 게임에 참여하는가?

피하기형 게임이 단순한 놀이로 인식되지 않기위해 게임의 특성을 살린 지도가 필요하다.

| 피하기형 게임 | **술래의 움직임을 예상하여 달아나기** |

제한된 공간 안에서 고양이들의 움직임 경로를 예상하며 안전한 공간을 찾아 지속적으로 달아나는 게임이다.

게임수업목표	술래의 움직임 경로를 예상하며 순간적으로 안전한 공간을 찾아 이동할 수 있다.		
용 기 구	• 라인기 • 모둠조끼 • 테니스 공 • 콩주머니 • 깡통	게임수준	3학년 4수준
인 원 편 성	전체 20명		
경 기 진 행	● 진 행 • 고양이 팀과 쥐 팀으로 나눈다. • 쥐는 고양이에게 잡히지 않고 치즈를 구하러 가야한다. ● 규 칙 • 고양이는 처음 정해진 구역을 벗어나서는 안된다. • 고양이에게 잡힌 쥐는 감옥에 갇힌다. • 고양이에게는 2개의 공이 주어지는데, 공을 가진 고양이만 쥐를 잡을 수 있다. • 감옥 앞에 놓인 깡통을 건드려 넘어뜨리면 감옥에 잡혀있던 쥐들이 달아날 수 있다. • 5분이 지나면 역할을 바꾸고 치즈를 많이 모은 팀이 승리한다.		

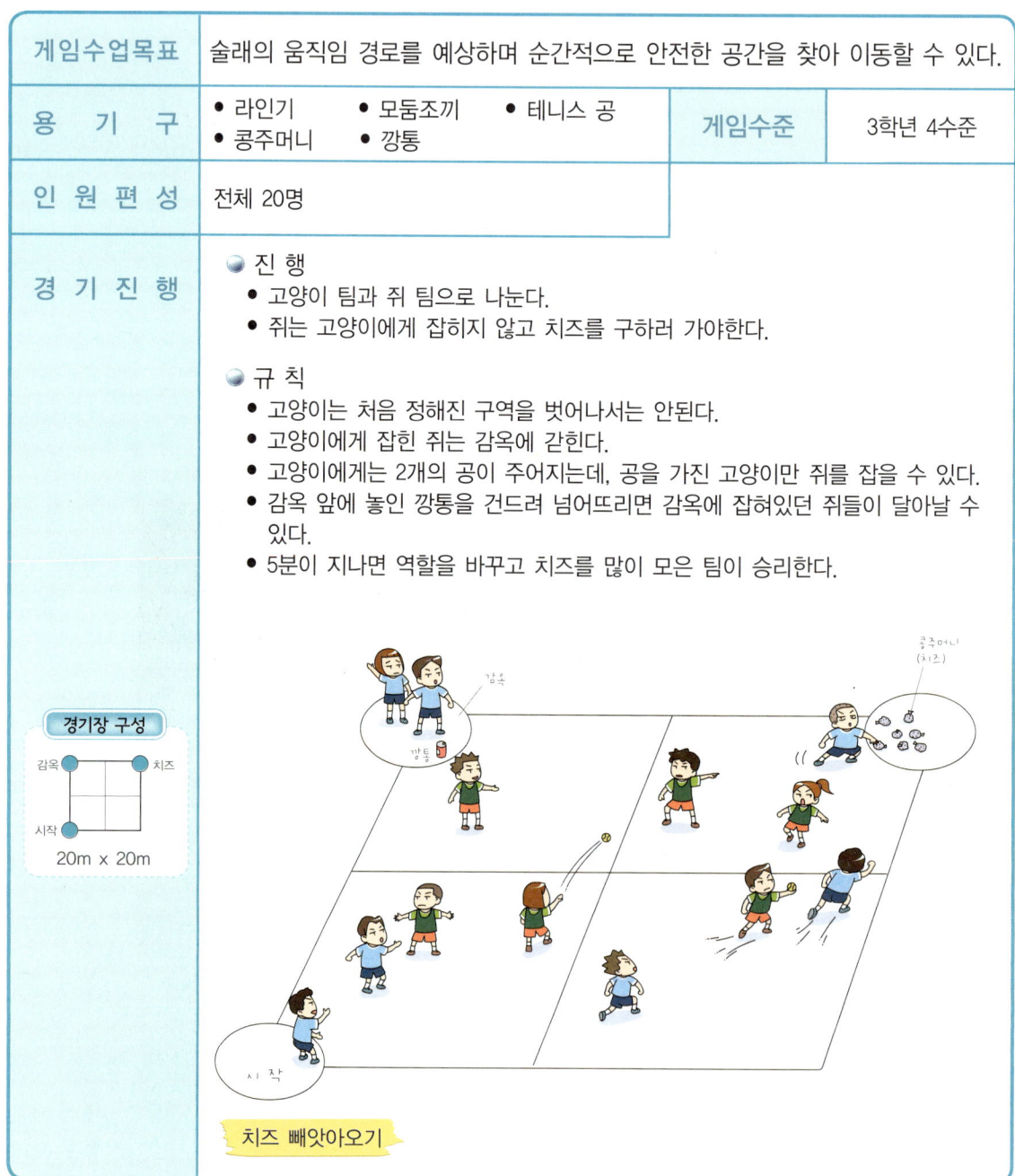

치즈 빼앗아오기

1) 게임에 사용되는 전략

분산되어 움직이기	동시에 움직이기	술래의 움직임 파악하기

뭉쳐있는 곳은 술래의 표적이 되므로 분산하여 이동한다.	동시에 함께 움직이면 술래를 피해 이동하기가 용이하다.	술래의 시선, 몸의 방향을 살피고 이동하는 패턴을 파악한다.

2) 심화 및 보충

변형 게임

진행

- 게임장 안에 훌라후프를 4개를 넣어 쥐들의 안전지대로 사용한다.
- 잡힌 쥐들의 감옥을 경기장의 나머지 한 구석에 추가한다.

규칙

- 안전지대에 두 발이 모두 들어가 있는 쥐는 잡을 수 없다.
- 잡힌 쥐는 두 감옥에 번갈아 가면서 들어간다.
- 쥐가 고양이들이 주고받는 공을 가로채어 감옥에 있는 쥐에게 패스하면 그 감옥의 쥐들이 모두 탈출할 수 있다.

◀ 관련 운동 기능 연습 ▶

콩주머니 옮기기	라바콘 돌아오기

한 줄로 서 있는 모둠원 사이를 건드리지 않고 빠르게 이동한다.	좌·우 라바콘을 터치하며 빠르게 달리기를 반복한다.

3) 교수 TIP

◀ 규칙 ▶

고양이가 치즈 앞만 지키는 경우, 경기장을 넷으로 나눈 각 구역에서는 한 개의 공을 가질 수 있다는 규칙을 추가할 수 있다.

◀ 용기구 ▶

게임에서 쥐들이 고양이들을 피해 치즈를 가져오기 힘든 상황이 계속될 경우에는 테니스공을 배구공으로 바꿔서 게임을 진행하면 쥐들이 조금 더 유리하게 될 수 있다.

4) 모두 함께해요

여학생들이나 신체발달이 부족한 남학생들이 게임에서 소외되거나 매번 패배하게 되는 경우가 발생할 수 있다. 이 때에는 남학생과 여학생이 짝을 지어 움직이도록 하거나 안전지대를 일부 학생에게만 사용할 수 있도록 하여 모두 함께 즐길 수 있도록 한다.

5) 평가의 관점

항 목	관 점
술래의 움직임 예상하기	술래의 시선이나 몸의 방향, 움직임 패턴을 파악하여 이동방향을 예상하는가?
동시에 여러 방향으로 이동하기	술래를 피하기 위해 동시에 여러 방향으로 이동하는가?
협력하여 참여하기	게임에 함께 참여하는 동료의 신체능력이나 전술을 이해하고 존중하는가?

피하기형 게임 술래의 예상을 무너뜨려 안전하게 피하기

열십자 모양 안에 자리 잡고 있는 수비들을 피해 옆 구역으로 한 칸씩 이동하며 한 바퀴 돌아오는 게임이다.

게임수업목표	술래의 예상을 무너뜨리기 위한 움직임을 이해하고 동료와 협동하여 술래를 피해 안전하게 이동할 수 있다.		
용 기 구	● 라인기 　● 모둠조끼 　● 줄자	게임수준	3학년 4수준
인 원 편 성	각 팀 5명씩		
경 기 진 행	● 진 행 　● 두 팀으로 나누어 공격 팀은 ①번 칸에 모두 모이고 수비팀은 열십자 모양의 수비영역에 골고루 퍼져 있다. 　● 게임이 시작되면 공격팀은 수비팀의 태그를 피해 ②, ③, ④번 칸을 지나서 다시 ①번 칸으로 돌아와야 한다. 또는 반대 방향으로 ④, ③, ②번 칸을 돌아서 다시 ①번 칸으로 올 수도 있다. ● 규 칙 　● 공격팀과 수비팀은 서로의 영역을 침범할 수 없으며, 공격팀 중 한 명이라도 한 바퀴를 돌아 ①번으로 오면 공격권이 유지된 채 다시 처음부터 게임이 시작된다. 　● 공격팀의 모든 학생이 수비에게 태그당해 게임에서 아웃되면 공격과 수비의 역할을 바꿔 게임을 한다.		

경기장 구성

십자로 돌아오기

1) 게임에 사용되는 전략

| 속임 동작하기 | 여러 이동로를 동시에 이용하기 | 유인하기 |

실제로 이동하려는 듯한 시선이나 움직임으로 술래들을 피해 순간적으로 이동한다.

동료와 동시에 여러 방향으로 이동한다.

동료가 안전하게 이동할 수 있도록 술래를 자신 쪽으로 유인한다.

2) 심화 및 보충

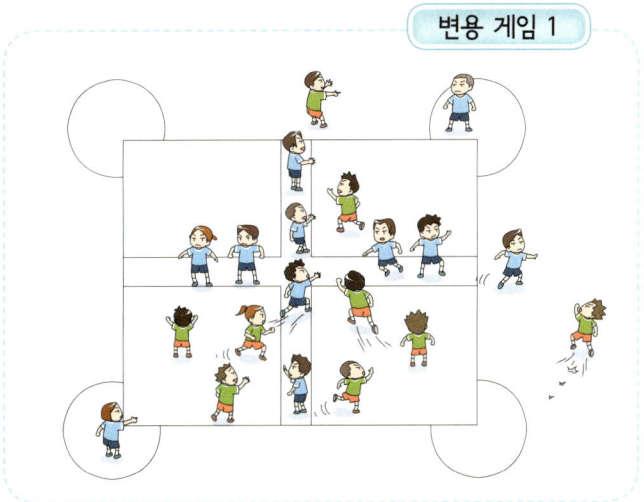

변용 게임 1

◀ 규 칙 ▶

- ①, ②, ③, ④번 칸의 네 귀퉁이에 원을 각각 추가해서 그린다.
- 공격팀은 원에서 원으로도 이동을 할 수 있는데, 이 때는 한 발로만 뛰면서 이동해야 한다.
- 수비팀은 열십자 모양의 수비 영역을 벗어나서, 한 발로 뛰면서 원에서 원으로 이동하는 공격자를 잡으러 갈 수 있는데 이 때에 수비자도 역시 한 발로 뛰며 쫓아가야 한다.

◀ 관련 운동 기능 연습 ▶

| 한 발로 뛰어 라바콘 돌아오기 | 1:1 꼬리잡기 |

한 발로 균형을 잡으며 라바콘을 빠르게 돌아오도록 한다.

일정한 공간에서 상대의 꼬리를 빼앗는다.

3) 교수 TIP

◀ 규 칙 ▶

①번 칸에서 출발했을 때 술래의 수가 충분히 많아 다른 칸으로의 이동이 힘들 경우 경기의 시작 칸을 ①번과 ③번으로 지정하면 된다. 각각 자신이 시작할 때 있었던 칸으로 돌아와야 한다.

또 다른 규칙 적용 – 한 명만 한 바퀴를 돌아오면 다시 새로운 게임이 시작되는 것이 아니라, 한 명이 한 바퀴를 돌 때마다 1점으로 인정하는 점수제로 규칙을 변화 시킬 수 있다.

◀ 경기장 ▶

인원이 많을 경우 경기장의 가로 또는 세로를 더 크게 그릴 수 있다.

4) 평가의 관점

항 목	관 점
예상무너뜨리기	속임 동작 등의 전략으로 술래의 예상을 무너뜨리는 움직임을 보이는가?
협력하여 이동하기	동료와 여러 이동로를 동시에 이동하며 술래들의 빈틈을 만들어낼 수 있는가?
동료 배려하며 참여하기	같은 팀의 동료가 게임에 즐겁게 참여할 수 있도록 배려하고 도와주는가?

교수·학습 과정안(피하기형 게임 예시)

단 원	3. 경쟁활동/피하기형 게임	차 시	5/5
학습주제	여러 형태의 공을 사용하여 피하기 게임하기	교수학습모형	이해중심 게임수업 모형
학습목표	서로 협력하고 서로를 이해하면서 알맞은 움직임으로 여러 가지 형태의 공을 피할 수 있다.		

단 계	학습 활동	교사의 역할	시간	시간(㉚) 및 유의점(㉤)
탐색활동	● 문제 진단 ▶ 몸과 마음 열기 – 모둠별로 정렬하여 팀구호를 외친다. ▶ 학습동기 유발 – 어떤 상황인지 판단하며 움직임 관찰하기 – 공을 잘 피하는 학생의 특징이 무엇인지 말한다. – 공을 잘 피하지 못한 아동의 특징은 무엇인지 말한다.	공을 피하는 게임에서는 무엇이 중요한지 발표하게 한다.	5'	㉤ 허용적인 분위기를 조성한다. ㉤ 공을 잘 못피하는 이유를 분명히 알도록 한다.
게임구성	● 학습문제 확인 　서로 협력하고 서로를 이해하면서 알맞은 움직임으로 여러 가지 형태의 공을 피해 보자. 【게임 1】움직이는 공을 피하라 게임 ▶ 10m 정도의 적당한 거리에 공격수의 진지를 설치한다. ▶ 두 모둠이 함께 경기를 진행하며 부드러운 재질의 스캐터 볼을 한 개씩 사용한다. ▶ 공격수는 수비수들이 공을 주고 받는 사이에 기회를 잡아서 진지로 이동한다. ▶ 공격수는 손으로 공을 쳐낼 수 있다. ▶ 수비수는 진지를 이동하는 공격수를 공으로 맞히거나 태그하여 아웃시킬 수 있다. ▶ 아웃된 공격수는 다시 제자리로 돌아와서 게임을 계속 진행한다. ▶ 3명이 아웃되면 공격과 수비 역할을 바꾼다. ▶ 진지 사이를 총 3번 이동하면 왼쪽의 손목띠를 오른쪽으로 하나씩 이동한다. ▶ 일정 시간동안 손목띠를 오른쪽으로 이동한 개수에 따라 승패를 정한다.	● 학습문제를 제시한다. ● 기본 게임을 제시하고 소개한다.	30'	㉚ 학습문제 카드, 화이트보드

	【게임 2】 스캐터 볼 게임 ▶ 패별로 손을 잡고 원을 만든다. ▶ 처음 술래가 된 사람이 스캐터 볼을 가지고 원 중앙으로 굴리고 손을 잡아 원을 만드는데 참여한다. ▶ 공이 굴러가는 동안 되도록 중앙에 오게 하고 공이 멈출 때까지 함께 움직인다. ▶ 공이 멈추면 해당 색깔이 나오는 밴드를 손목에 찬 사람이 공을 잡을 수 있는 기회를 갖는다. ▶ 같은 색깔 밴드를 가진 사람이 공을 잡고 "스캐터"라고 외친다. ▶ 모두들 스캐터의 외침에 움직일 수 없게 되고 공을 잡은 사람은 멈춘 사람을 맞추고 표적물이 된 대상은 이를 피하도록 한다. ▶ 공에 맞으면 맞춘 사람이 맞은 사람의 밴드를 한 개 얻고 맞은 사람이 다시 공을 굴려 게임을 진행한다.			
게임이해	● 게임 방법과 규칙 탐색 　▶ 공격하는 학생이 아웃되는 경우 　▶ 공격 수비 역할의 교대 　▶ 승패의 기준 　▶ 수비하는 학생의 수비 가능 범위 　▶ 밴드의 점수 계산 활용 방법	●기본게임의 방법과 규칙을 상세히 설명한다. ●질문을 통해 규칙을 이해하도록 한다. ●게임의 규칙은 철저히 지켜야 함을 강조하면서 설명한다.		㉯게임의 구조와 규칙, 방법을 구체적으로 이해하도록 한다.
전략인지	● 게임 전략 알아보기 　▶ 자신의 기술 및 상황을 고려하여 공격수로부터 공을 잘 피하기 위한 방법을 알아본다.	●어떻게 하면 공 피하기를 잘 할 것인지 생각하도록 한다.		

의사결정 기능연습	● 의사결정 ▸ 공격수로부터 어떻게 해야 공을 잘 피할 수 있을 것인지 생각하고 결정한다. ● 준비운동하기 ▸ 신호에 맞추어 준비 운동을 한다. ▸ 튀긴 공을 피하라 게임 실행 - 원 모양을 만들고 모둠별로 튀긴 공을 피하는 게임하기 - 서로 공을 이어주며 팀워크 다지기 ▸ 패(=모둠)별 역할에 따라 역할 수행하기	● 공 피하기의 자세와 튀긴 공을 받는 위치를 잘 인식하도록 한다. ● 주요 사용 신체 부위를 중심으로 준비 운동 후 교사의 신호로 공 피하기 게임을 실행한다.		㉤ 학생들 스스로 게임의 전략을 인지하고 행동에 옮기도록 해야 한다. ㉯ 팀 조끼, PG볼 6개 ㉤ 수비수는 공격수의 움직임을 예측하여 민첩하게 피하도록 한다.
수 행 게임의 재수행	● 게임1 움직이는 공을 피하라 게임 실행 - 게임의 규칙에 맞게 진행한다 - 게임을 이해한 것을 바탕으로 패별로 유리한 전략을 펼치도록 한다. ● 게임2 스캐터 볼 게임 실행 ▸ 경기장은 정해져 있지 않으나 다른 패의 경기장 구역을 되도록 침범하지 않도록 한다. ▸ 승패의 기준 - 많은 갯수의 밴드를 모은 사람이 승리한다. ● 게임의 재실행 ▸ 게임 재실행하기(변형 게임하기) - 게임의 규칙을 바꾸어 본다. - 패별로 무지개 밴드 모으기 게임을 한다. - 두 패가 함께 경기를 진행한다. - 다른 패 친구들의 밴드를 빼앗는데 무지개색을 모두 모은 사람이 있는 쪽이 승리한다. - 같은 패원들끼리는 한 번의 패스가 가능하고 전략적으로 이 방법을 이용하도록 한다.	● 활동을 적극적으로 하도록 큰 목소리와 행동으로 격려한다. (교사의 긍정적인 피드백) ● 모든 학생이 용기와 흥미를 갖고 실행하도록 교사의 긍정적인 피드백을 지속적으로 실시한다.		㉯ 스캐터볼, 진지설치의자, 색깔 밴드 ㉤ 규칙을 스스로 잘 지켜야 서로 좋은 게임을 할 수 있음을 알도록 한다. ㉤ 교사가 지속적으로 긍정적인 피드백을 해준다.

정리활동	• 정리운동하기 　▶ 간단히 몸 풀기 체조하기 • 결과 발표 및 평가 　▶ 자기 평가 및 동료 평가를 한다. • 수업 활동 정리하기 　▶ 오늘의 활동을 통해 알게 된 점을 발표한다. 　▶ 학습내용을 정리 한다. • 차시 안내 및 과제 제시 　▶ 공 굴려 놓인 공 맞히기 　▶ 오늘 활동한 내용을 바탕으로 동시 짓기나 만화 그리기 활동을 학급 커뮤니티 혹은 하나로 체육 수업 공책에 기록한다.	• 교사의 신호에 맞춰 움직인다. • 결과를 발표한다. • 오늘의 활동을 통해 알게 된 점을 발표한다. • 학습 목표 도달을 확인한다. • 차시예고 및 과제를 제시한다.	5'	㉠승리한 모둠에게는 큰 박수로 격려한다. ㉠활발하고 자유로운 발표를 하도록 허용적 분위기를 유지한다.

◀ 참고자료 ▶

스캐터볼

　스캐터볼은 피구를 업그레이드한 새로운 개념의 게임입니다. 기존의 피구는 여러 명의 학생들이 참여할 수 있다는 장점이 있는 반면에 몇몇 학생들이 공을 던지고 받는 것을 독점하는 단점 또한 있습니다. 문제를 해결하고 전술을 세우는 문제는 어린학생들에게는 어려운 과제입니다. 특히 여러 명이 같이 전술을 세운다는 것은 더욱 힘듭니다. 그래서 처음에는 자신만의 전술을 세우는 것이 필요 하고 점차적으로 여러 명이 팀을 이루어 전술을 세우면서 문제를 해결하는 과정을 만들어야 합니다. 또한 많은 학생들은 피구에 사용되는 공이 아프기 때문에 무서워서 감히 새로운 도전을 하기가 힘듭니다.

　그러나 스캐터볼은 6명이 참여한다는 인원의 제한점이 있지만, 능력에 관계없이 모든 학생들이 스캐터볼을 던지고 잡는 활동을 할 수 있다는 것입니다. 스캐터볼은 공기가 들어가는 폼 재질로 만들어져 아픈 느낌을 받지 않기 때문에 학생들이 새로운 도전을 시도할 수 있습니다.

　또한 스캐터볼은 빠른 판단과 전략 수립 및 정확한 던지기 능력과 날아오는 공의 캐치 능력을 향상시키는데 많은 도움을 주는 새로운 게임입니다.

평가도구 예시

【교사 관찰 체크리스트의 예】

번호	이름	평가내용			비고
		규칙을 철저히 지키고 친구들을 배려하며 적극적인 자세로 게임에 임한다.	게임의 규칙을 지키며 친구들과 협동한다.	게임의 규칙을 어기거나 동료간에 협동하는 태도가 부족하다.	
1	안국철				
…	…				

【자기·동료 평가 기록지】

( )초등학교 ( )학년 ( )반 ( )번 이름( )									
자기(진단)평가(해당되는 곳에 'O' 표)				동료평가(열심히 참여 – O, 보통 – △, 노력 요 – □)					
				선욱	병일	수진	해진	…	선영	대웅	윤정
동료를 구하라	매우 만족	만족함	불만족함								
변형게임	매우 만족	만족함	불만족함								
'동료를 구하라'를 재미있게 하는 방법 적기				오늘 수업에 대한 나의 느낌 적기							

제2장
목표물 맞히기형 게임

　목표물 맞히기형 게임은 자기통제적 성격이 짙은 게임으로서, 게임의 규칙이나 방법, 게임 전략 등이 단순하여 저·중학년 학생들에게도 적합한 게임 유형이다. 관련 스포츠 종목으로는 양궁, 사격, 골프, 볼링 등이 있으며, 목표물 맞히기형 게임에서는 자기 통제능력, 고도의 집중력 등이 중요한 게임 전략 요인이 된다. 목표물 맞히기형 게임을 지도할 때에는 항상 차분하고 진지한 수업 분위기를 유지하는 것이 중요하다.

 목표물 맞히기형 게임의 개요

　목표물 맞히기형 게임은 다른 게임과는 달리 대부분 자기통제적인 게임이다. 특히, 고정목표물을 맞히는 게임의 경우 폐쇄형 운동 기능이 주로 활용된다. 따라서, 학생들간의 협력이나 그룹을 형성하는 것에 익숙하지 않은 저학년이나 중학년 학생들에게 적합한 게임이다.

　목표물 맞히기형 게임은 기능 조절 능력을 시험하는 데 유용하다. 기능 조절의 정확도에 대한 도전은 학생들에게 흥미를 부여한다. 목표물 맞히기형 게임에서 목표물의 설치는 고정되어 있는 것으로부터 점차 움직이는 것으로 발전시켜 나갈 수 있다. 또, 학생들을 고정 또는 이동시키거나 거리, 목표물의 크기, 사용 도구, 기술 등의 변화를 통하여 폭넓은 게임 변형이 가능하다. 목표물 맞히기형은 대략 고정된 물체를 맞히는 것과 이동하는 표적을 맞히는 것으로 나눌 수 있다.

 목표물 맞히기형 게임의 전략 요소

　목표물 맞히기형 게임은 학생들이 언제 무엇을 해야 할지를 계획하고 게임의 속도를 조절하는 게임으로서, 다른 유형의 게임과는 달리 비교적 정적인 활동이 주가 된다. 따라서 교사는 학생들이 빠른 시간 안에 게임을 마무리 짓기 보다는 자신의 페이스를 유지하고 안정된 상태에서 목표물에 집중할 수 있도록 지도해야 한다. 세부적인 목표물 맞히기형 게임의 전략은 다음과 같다.

1) 자신감과 마음의 여유가 생길 때까지 시간을 끈다.
2) 서두르지 않고 언제 시작할지를 스스로 결정한다.
3) 자신의 기술 및 상황을 고려하여 정확성이 떨어지더라도 높은 점수를 추구할 것인지, 아니면 점수가 낮은 목표물을 안전하게 맞출 것인지를 결정한다.
4) 가능한 한 목표물에 집중한다.
5) 움직이는 표적의 예상 진로를 파악하여 던진다.
6) 동료와의 협조를 통하여 표적을 유인하여 맞힌다.

목표물 맞히기형 게임 변형의 주안점

　이 책에 제시된 목표물 맞히기형 게임은 교사나 학생에 의해 변형될 수 있다. 목표물 맞히기형 게임을 변형시키기 위한 요소에는 다음과 같은 것이 있다.

1) 게임에 참여하는 학생들의 위치를 고정시키거나 이동시켜 본다.
2) 목표물의 크기를 다양하게 한다. 목표물의 크기는 정확성에 영향을 주기 때문에 학생들의 능력 수준을 고려하여 활동하도록 한다.
3) 목표물까지의 거리를 다르게 설정한다. 가까운 목표물에서부터 시작하여 점차 거리를 멀리하도록 한다.
4) 게임에 이용되는 장비나 도구를 달리하여 본다.
5) 이용되는 기술을 바꾸어 본다. 던지기, 차기, 굴리기 등이 있다.

목표물 맞히기형 게임 지도시 유의점

　목표물 맞히기 게임중 고정된 목표물을 맞히는 게임에서는 참여하는 학생들이 지루함을 느낄 수 있다. 기다리는 시간이 많을 경우의 대부분이 이에 속한다. 게임을 준비하는 교사는 충분한 준비물과 코너를 설정하여 참여자의 기다리는 시간을 최소화하도록 한다. 다음은 목표물 맞히기형 게임을 지도할 때 유의점이다.

1) 학생들에게 목표물 맞히기형 게임에 대한 규칙을 바르게 인지시킨다.
2) 기다리는 학생을 게임 준비물을 갖고 장난하지 도록 지도한다.
3) 고정 목표물 맞히기형 게임에서는 차분하게 행동하도록 한다.
4) 이동 목표물 맞히기형(피구형) 게임에서는 주위 상황을 충분히 관찰하며 활동한다.

목표물 맞히기형 게임의 실제

　목표물 맞히기형 게임은 고정되어 있는 물체나 이동하는 물체를 맞히는 중심으로 제시한다. 기본게임에서 출발하여 변형의 주안점을 고려한 수준별 게임을 제시하였다.

손을 이용한 고정 목표물 맞히기

목표물 맞히기형 게임에서 필요로 하는 가장 기초적인 던지기 기능을 포함하는 게임이다.

게임수업목표	자신의 던지기 기능수준을 알고, 기능 수준에 알맞은 목표에 콩주머니를 던져 넣을 수 있다.		
용 기 구	• 콩주머니　• 크기가 다른 목표상자 3개 • 라인기	게 임 수 준	4학년 1수준
인 원 편 성	팀당 4~6명		
경 기 진 행	● 진 행 　• 〈시작전〉 경기장은 원형으로 만들고 원 중앙에 크기가 다른 3개의 상자를 세워 놓는다. 　• 팀 별로 인원을 정하여 각자 5개의 콩주머니를 던진다 ● 규 칙 　• 라인을 밟거나 넘어서면 점수를 인정하지 않는다. 　• 득점: 상자의 높이가 낮고 넓을수록 낮은 점수로 정하고, 높이가 높고 좁을수록 높은 점수로 인정한다.		

경기장 구성

6m

8명 2개 모둠

높은 점수를 향하여

1) 게임에 사용되는 전략

목표물 설정	심호흡하기	자세 정하기

자신의 던지기 기능을 고려하여 맞히고자 하는 목표물을 결정한다.	시간적 여유를 가지고 잠시 쉬면서 심호흡을 한 뒤 던진다.	여러 가지 자세로 던져보고 자신에게 맞는 자세를 결정한다.

2) 심화 및 보충

변형 게임 1

진 행

- 게임방법은 '높은 점수를 향하여'와 동일하나 팀 별 목표점수를 설정하여 그 점수에 먼저 도달하는 팀이 승리한다.

규 칙

- 목표 점수를 초과할 경우 목표의 직전 점수에서 다시 시작한다. (예를 들어 목표점수가 10점인데 11점이 되면, 9점에서 1점의 상자에 콩 주머니를 던져넣도록 한다.)

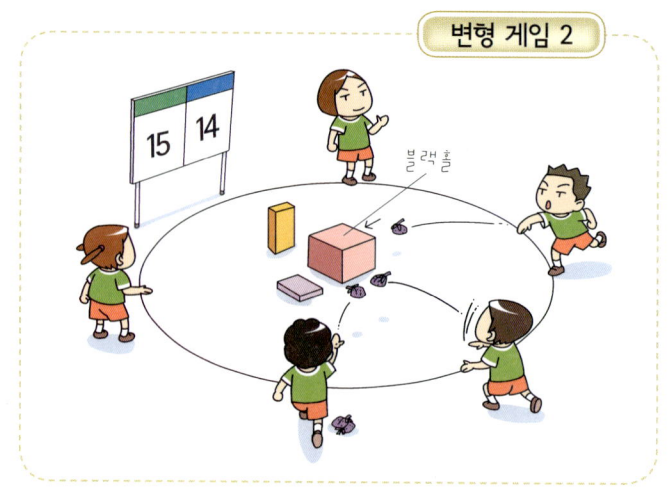

◖ 진 행 ◗

- 원 안의 세 개의 상자 중 한 개의 상자를 선정하여 블랙홀이라고 명명한 후 블랙홀에 들어갈 경우 −1점을 준다.

◖ 규 칙 ◗

- 목표 점수를 선정하여 먼저 도달하는 팀이 승리한다.

◖ 관련 운동 기능 연습 ◗

훌라후프 안에 콩주머니 던지기 (거리 조절하기)	여러 가지 자세로 던지기
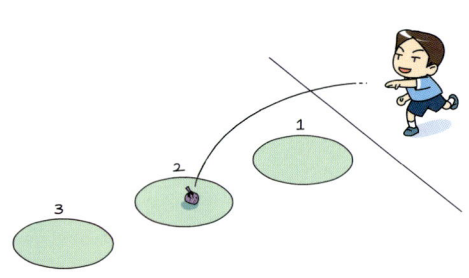	
세로로 일렬로 늘어선 훌라후프 안에 콩주머니를 던진다.	어깨 아래로 손을 위치하여 던져보고, 어깨 위로도 던져본다.

3) 교수 TIP

◀ 경기장 1 ▶

점수가 많이 날 경우 원의 크기를 넓히고, 적게 날 경우 좁힌다.

◀ 경기장 2 ▶

반드시 원형으로 만들지 않고, 구불구불한 모양으로 하여 학생들이 가까운 거리를 직접 찾아서 던지도록 할 수도 있다.

◀ 용기구 ▶

상자에 콩주머니를 넣는 게임뿐만이 아니라 페트병, 플라스틱 볼링핀 등을 이용하여 세워 놓은 목표물을 쓰러뜨리는 방법도 있다.

◀ 규 칙 ▶

한사람이 던지는 콩주머니의 개수를 조절하거나, 목표물의 개수를 더 늘리는 방법으로 게임의 난이도를 조절한다.

4) 평가의 관점

항 목	관 점
목표물 설정	목표로 하는 점수에 도달하기 위해 자신에게 필요한 점수를 생각하고, 필요한 점수에 알맞은 목표물에 던지는가?
심호흡하기	심호흡을 통해 마음을 가라앉히면서, 선정한 목표물에 정확하게 던지는 성공률이 얼마인가?
자세 정하기	언더핸드와 오버핸드의 의미를 알고, 자신에게 알맞은 자세를 찾아 자연스럽게 던지는가?

발을 이용한 고정 목표물 맞히기

공을 정확하게 차기 위해서는 발의 안쪽을 사용하는 것이 가장 효과적임을 알고, 고정된 목표물을 맞히는 게임이다.

게임수업목표	발의 안쪽으로 공을 차서 정확하게 목표물을 맞힐 수 있다.		
용 기 구	• 라인기 • 팀당 라바콘 2개 • 축구공 또는 배구공	게임수준	4학년 2수준
인원편성	팀당 4~6명		

경기진행

● 진 행
  • 〈시작전〉 5m거리를 두고 라바콘 2개를 50cm간격으로 세워 놓는다.
  • 반대편 라인에서 한 사람씩 축구공을 발로 차서 앞쪽에 있는 라바콘 사이를 통과시킨다.

● 규 칙
  • 라바콘 사이를 통과하면 3점, 라바콘을 맞히면 1점을 얻는다.
  • 모둠별로 점수를 합하여 높은 점수를 획득한 모둠이 승리한다.

경기장 구성: 5m

볼링 축구

1) 게임에 사용되는 전략

발 안쪽으로 공차기	디딤발 위치 조절하기	공에서 시선 떼지 않기

정확하게 보내기 위해서 발 안쪽으로 공을 찬다.	공을 차기전에 디딤발, 공의 방향과 거리를 생각하면서 찬다.	공을 끝까지 보고 공의 중심부분을 찬다.

2) 심화 및 보충

변형 게임

◀ 진 행 ▶

- 〈시작전〉 훌라후프를 지그재그로 떨어뜨려 놓는다.
- 모둠별로 한 사람씩 공을 차서 훌라후프에 넣으면 성공한 사람은 다음 훌라후프로 이동하여 다른 훌라후프로 공을 차 넣는다.

◀ 규 칙 ▶

- 한 사람이 훌라후프 징검다리를 건너면 다음 사람이 출발한다.
- 가장 먼저 훌라후프를 모두 건넌 모둠이 승리한다.

◀ 관련 운동 기능 연습 ▶

| 발 안쪽으로 정확하게 차기 | 공을 원하는 방향으로 보내기 |

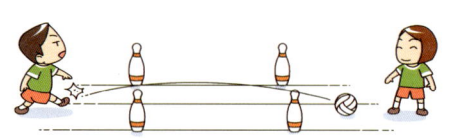

2명이 마주보고 바닥에 그려진 2줄 사이로 공을 차서 보낸다.

4명이 원모양으로 서서 이름을 부르며 공을 차서 보낸다.

3) 교수 TIP

◀ 규 칙 ▶

교사가 목표점수를 제시하는 방법도 있다. 모둠원들의 전략협의 시간을 통해 라바콘 사이를 통과시킬지, 라바콘을 맞힐지 협의하도록 한다. 가장 먼저 목표점수에 도달하는 모둠이 승리한다.

◀ 경기장 ▶

점수가 많이 날 경우, 경기장을 더 넓히고, 점수가 적게 날 경우 경기장을 좁혀 난이도를 조절한다.

◀ 용기구 ▶

축구공에 익숙해지면 보다 작은 공으로도 게임을 진행한다.

◀ 인 원 ▶

모둠별로 라바콘을 세우는 사람, 공을 주워오는 사람 등 역할을 나누어 진행한다.

◀ 인원/용기구 ▶

'훌라후프 징검다리 건너기'게임은 개인별 게임으로 진행할 수도 있고, 축구공이 어려우면 콩주머니, 제기 등을 이용할 수도 있다.

4) 평가의 관점

항 목	관 점
발 안쪽으로 공차기	발 안쪽으로 공을 차서 라바콘사이 통과를 몇 번 성공시키는가?
디딤발의 위치 조절하기	디딤발의 위치가 공이 나가는 방향에 영향을 미치는 것을 알고 적절한 위치에 디딤발을 놓고 공을 차는가?
공에서 시선떼지 않기	공을 끝까지 보면서 공의 중심부분을 차는가?

도구를 이용한 고정 목표물 맞히기

목표물을 향한 공의 진행거리를 생각하여 적절한 강도로 공을 치는 기능과 정신 집중이 필요한 게임이다.

게임수업목표	강도와 거리를 조절하여 도구를 이용하여 정확하게 공을 보낼 수 있다.		
용 기 구	• 테니스공 • 모둠조끼 • 간이 하키채 또는 막대기 • 라인기	게 임 수 준	4학년 3수준
인 원 편 성	팀당 4~6명		
경 기 진 행	○ 진 행 • 〈시작전〉 크기가 점점 작아지는 과녁을 운동장에 원형으로 그린다. • 모둠원들은 일정한 거리에서 막대기로 공을 쳐서 과녁위에 멈추게 한다. ○ 규 칙 • 공이 작은 원안에 들어갈수록 높은 점수를 얻는다. • 한 사람당 1번씩 실시한 후 최종적인 공들의 점수를 합하여 우승팀을 가린다.		

경기장 구성
5~10m

가까이! 더 가까이!

1) 게임에 사용되는 전략

강도와 거리 조절하기	위치 선점하기	상대편 공 밀어내기
		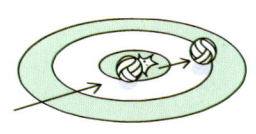
목표 과녁을 벗어나지 않도록, 치는 강도를 조절한다.	다음 차례를 생각하여 공의 위치를 적절하게 이동시킨다.	원 중앙 가까이에 있는 상대편의 공을 밀어낸다.

2) 심화 및 보충

진 행

- ⟨시작전⟩ 그림과 같이 원을 그린다.
- 각 모둠별로 색깔을 정하고 대장공을 세 번째 원안에 놓는다.
- 자기팀이나 상대팀의 공을 맞추어 자기팀의 공이 원의 중앙에 가장 근접하도록 한다.

변형 게임

규 칙

- 최종적으로 모둠별 대장공의 위치에 따라 원의 중앙에 근접할수록 높은 점수를 얻는다.

◀ 관련 운동 기능 연습 ▶

| 거리조절하면서 치기 | 작은 공으로 큰공 맞히기 |

한 개의 가로선에 공을 쳐서 선위에 멈추게한다. | 작은 공을 막대기(간이 하키채)로 쳐서 큰 공을 맞혀 공의 방향이 바뀌도록 한다.

3) 교수 TIP

◀ 규 칙 ▶

페트병을 일정 거리마다 세워놓고 가까운 거리에서부터 차례로 하나씩 쓰러뜨리도록 하는 방법도 있다.

◀ 경기장 1 ▶

과녁 뒤쪽에 벽을 두면 벽을 맞고 되돌아 오는 방법을 게임에 적용할 수 있다.

◀ 경기장 2 ▶

한쪽에서 뿐만 아니라, 모둠 수에 따라 사방에서 치는 경기장을 그릴 수 있다.

◀ 용기구 ▶

라인만 그리면 잘 안보일수 있으므로, 라인마다 라바콘이나 접시콘을 놓아 먼 거리에서도 보일 수 있도록 한다.

4) 평가의 관점

항 목	관 점
강도와 거리 조절하기	목표 과녁을 벗어나지 않도록, 치는 강도와 거리를 조절하여 점수를 얻을 수 있는가?
위치 선점하기	상대방이 쉽게 목표에 다가가지 못하도록 먼저 좋은 위치에 공을 보내는가?
상대편 공 밀어내기	자신의 모둠이 불리한 경우, 목표에 근접한 상대편 공을 밀어낼 수 있는가?

목표물 맞히기 게임에서는 무엇보다 차분하고 진지한 게임분위기 형성이 중요하다.

| 목표물 맞히기형 게임 | 손을 사용하여 이동 목표물 맞히기 |

구르거나 튀고 있는 목표물의 움직임을 예측하여 손으로 굴리거나 던져서 목표물을 맞히는 게임이다.

게입수업목표	움직이는 목표물의 방향과 속도를 예측하여 맞힐 수 있다.		
용 기 구	• 콩주머니 • 라인기 • 축구공 또는 배구공	게 임 수 준	4학년 4수준
인 원 편 성	4~6명		
경 기 진 행	● 진 행 • 〈시작전〉 축구공을 각 모둠 사이 중앙에 놓고, 모둠원은 콩주머니를 한사람당 3개씩 갖고 자기 진영에 선다. • 경기시작 신호와 함께 (순서관계없이) 콩주머니를 던져 배구공을 맞힌다. ● 규 칙 • 맞힌 배구공이 상대방의 점수라인을 넘으면 1점을 얻는다. • 경기 중에 공을 다시 주워오지 않는다. • 5점을 먼저 얻는 모둠이 승리한다. **경기장 구성** 8명 2개 모둠 12m x 12m 3m 3m 폭탄 멀리 보내기		

1) 게임에 사용되는 전략

목표 주시하기	목표움직임 예측하기	목표의 맞힐 부분 생각하기
	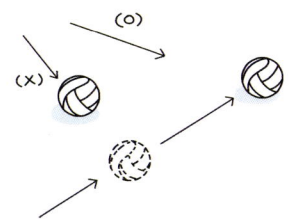	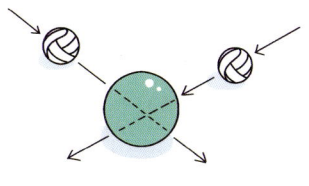
목표를 똑바로 보고 움직이는 방향과 속도를 확인한다.	목표가 움직일 방향과 속도를 예측하고 현재의 목표위치가 아닌 예측한 위치를 향하여 던진다.	움직이는 물체를 맞혀 원하는 곳으로 이동시키기 위하여 목표의 맞힐 부분을 생각하고 던진다.

2) 심화 및 보충

진행

- 한 모둠을 4~6명으로 편성한다.
- 경기장의 세로변에서 수비 모둠 중 한사람이 반대편으로 공을 세 번이상 튀기도록 보낸다.
- 이때, 가로변쪽에 있는 공격 모둠원들이 튀기는 공을 배구공을 던져 맞히도록 한다.

변형 게임

규칙

- 득점 : 공격 모둠이 튀기는 공을 공으로 맞힌 횟수만큼 득점한다.
- 공 튀기기를 10번 하면 공격과 수비를 바꾸어 진행한다.

◀ 관련 운동 기능 연습 ▶

| 굴러가는 공에 쓰여진 글자 맞추기 | 움직이는 물체 맞히기 |

굴러가는 공에 쓰여진 글자를 맞추어 본다.

수직으로 튀기는 큰 공을 콩주머니로 맞추어 본다.

3) 교수 TIP

◀ 규칙 ▶

중앙선에 여러 개의 공을 놓고 게임을 진행 할 수 있는데, 승부를 가름하기 위하여 홀수의 숫자로 준비한다.

◀ 경기장 1 ▶

게임이 쉽게 끝날 경우 던지는 거리를 조절하여 모둠별로 수준을 다르게 할 수 있다.

◀ 경기장 2 ▶

두 팀이 마주보고 하는 기본게임에서 4팀이 사각형모양에서 하거나, 원모양으로 경기장을 구성하여 여러팀이 함께 진행하는 게임으로 발전시킨다.

◀ 용기구 ▶

'튀는 공 맞히기' 게임에서는 공의 크기를 서로 다르게 하여 게임의 난이도를 조절한다.

4) 평가의 관점

항 목	관 점
목표 주시하기	목표의 움직이는 방향을 관찰하고 예측하여 움직이는 목표를 맞힐 수 있는가?
목표움직임 예측하기	목표가 움직일 방향과 속도를 예측한 위치를 향하여 던지는가?
목표의 맞힐 부분 생각하기	맞히는 부분을 고려하여 목표를 원하는 곳으로 이동시킬 수 있는가?

 ## 발을 이용한 이동 목표물 맞히기

움직이는 목표물의 속도를 예측하고, 타이밍을 조절하여 공을 차서 목표물을 맞히는 게임이다.

게임수업목표	타이밍을 조절하여 발로 움직이는 목표물을 맞힐 수 있다.		
용 기 구	• 축구공 • 모둠조끼 • 라인기	게임수준	4학년 4수준
인원편성	팀당 4~6명		

경기진행

- 진 행
  - 〈시작전〉 원 주위에 공격과 수비가 번갈아 선다.
  - 수비가 같은 모둠에게 공을 땅볼로 패스하면 공격은 이동하는 공을 발로 차서 맞힌다.

- 규 칙
  - 수비가 15번 공을 패스하는 동안 공격이 공을 맞추어 패스를 막는 횟수만큼 점수를 얻는다.
  - 수비가 공격에게 패스하면 공격은 1점을 얻는다.
  - 15번 패스가 끝나면 공격과 수비를 바꾸어 진행한다.

경기장 구성

반경 5~6m

공 연결을 차단하라!

1) 게임에 사용되는 전략

| 타이밍 조절하기 | 속도 조절하기 | 공을 찰 준비하기 |

 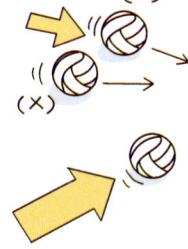 

움직이는 목표를 보고 적절한 순간에 정확하게 공을 찬다. | 움직이는 목표의 속도를 고려하여 공을 찬다. | 언제든지 움직이는 목표물을 맞힐 수 있도록 준비한다.

2) 심화 및 보충

진행

- 〈시작전〉 한줄로 페트병을 늘어 놓는다.
- 모둠별로 첫 번째 주자가 공을 드리블하여 1번 라인 전까지 몰고 가면서 공을 차서 1번 페트병을 쓰러뜨린다.

규칙

- 1번 페트병은 1번라인 전에서, 2번 페트병은 2번라인 전에 공을 차서 쓰러뜨려야 한다.
- 양 주자가 페트병을 쓰러뜨리지 못하면 다음주자들이 다시 도전한다.
- 양 주자 중에서 먼저 차서 쓰러뜨린 모둠이 1점을 얻는다.
- 릴레이로 진행하며, 페트병을 많이 쓰러뜨린 모둠이 승리한다.

변형 게임

◀ 관련 운동 기능 연습 ▶

타이밍 결정하기	속도조절하여 공차기

연결되는 공을 피해 발로 공을 차서 보낸다.	굴러오는 공의 속도에 맞추어 발로 차서 맞힌다.

3) 교수 TIP

◀ 규 칙 ▶

모둠별로 하지 않고 개인별 게임을 진행할 경우 라바콘을 맞히지 못하면 공이 멈춘 지점에서 목표물을 맞히도록 해서 가장 적은 횟수로 목표물을 모두 맞히는 사람이 승리하는 게임을 진행할 수도 있다.

◀ 인 원 ▶

두 모둠에 의한 게임이 익숙해지면 라바콘을 더 세우고 3~4모둠이 동시에 게임을 진행한다.

◀ 용기구 1 ▶

모둠별 공의 크기를 서로 다르게 하여 게임의 난이도를 조절할 수 있다.

◀ 용기구 2 ▶

모둠별 공에 색이나 숫자를 써서 구분할 수도 있다.

◀ 용기구 3 ▶

'페트병 사냥'에서 페트병에 물을 1/2정도 채워 놓으면 쉽게 세워지고 공에 맞아도 멀리 날아가지 않는다.

4) 평가의 관점

항 목	관 점
타이밍 조절하기	목표를 보고 정확한 타이밍에 공을 차서 맞힐 수 있는가?
속도 조절하기	움직이는 목표의 속도를 고려하여 공을 정확하게 차는가?
준비하기	항상 공을 찰 수 있도록 준비하는 자세를 취하고 있는가?

♣ 이런 '목표물 맞히기형 게임'도 있어요!

게임명	게임방법	특징	관련 사진
투호놀이	표적(병)에 주어진 화살을 던져 많이 넣는 사람이 승리한다.	좁은 공간에서도 게임을 할 수 있고, 집중력을 기르는 데 도움이 된다.	
사방치기	1부터 끝번까지 정해진 구역에 정확히 돌(말)을 던져 금을 밟지 않고 먼저 돌아오면 승리한다.	표적에 정확히 던지는 능력과 한발을 들고 일정한 방향을 돌게 되므로 몸의 균형유지에 도움이 된다.	
과녁 맞히기	벽 또는 운동장 한 켠에 그려 놓은 과녁에 공이나 콩주머니를 던져 정중앙을 맞히면 높은 점수를 얻는다.	거리에 따라 다양한 방법(직선 또는 곡선)으로 공을 던져 표적을 맞힐 수 있다.	

교수·학습 과정안(목표물맞히기형 게임 예시)

단 원	2. 표적/투기도전 표적 도전	차 시	2/5
학습주제	손으로 할 수 있는 표적맞히기 게임 해보기	교수학습모형	이해중심 게임수업 모형
학습목표	손으로 물체를 목표물에 정확히 집어 넣는 게임의 전술을 이해하고 기능을 익혀 즐겁게 게임에 참여 할 수 있다.		

단 계	학습 활동	교수·학습 활동	시간	자료 및 유의점
게임구성	동기 유발	● 학습분위기 조성 및 동기유발 하기 ▶ 영상자료 양궁경기 동영상을 관람하게한다. – 동영상을 보고 난 뒤의 느낌을 이야기한다. ● 학습문제 확인 손으로 콩주머니를 목표물통에 정확히 넣어 보자.	4	● 동영상자료 (1분) ● PPT1 (학습문제 제시)
게임이해	학습 문제 확인	● 학습활동 안내하기 ▶ 선생님이 준비한 자료를 보며 각각의 게임에 대한 방법과 규칙을 잘 들어보게 한다. – PPT2를 보며 오늘 학습할 내용을 확인한다. ▶ 기본 게임 : '누가 먼저 정확히!' 게임 활동	3	● PPT2 (게임설명) ▶ 게임의 구조와 규칙, 방법을 구체적으로 이해하도록 한다.
	준비 운동	● 준비운동 하기 ▶ 가볍게 달리거나 걷고 주요 관절을 풀어주게 한다.	3	
게임실행	실행	● 게임진행하기 ▶ 원형경기장에 표적인 통이나 상자를 놓게한다. ▶ 표적을 중심으로 거리에 따라 점수표를 설치하게 한다. ▶ 모둠별로 1번부터 나와서 점수를 발로 밟고 콩주머니를 던져 넣게한다. ▶ 성공하면 점수표를 가지고 오며 가장 많은 점수를 모은 모둠이 승리한다. ▶ 규칙과 질서를 지키며 경기를 하게 한다.	10	▶ 몸이 좋지 않은 아동은 부심 또는 관찰을 하도록 한다.

게임반성 및 변형게임 구성	게임 변형	• 게임 변형 하기 ▸ 게임이 끝나면 모여서 게임을 하고 난 느낌에 대해 이야기하게 한다. – 높은 점수가 가까이 있어서 너무 쉽습니다. – 통에 정확히 집어넣기가 생각보다 어렵습니다. ▸ 게임을 학생들 수준에 맞게 변형해 보게한다. – 표적의 거리를 가깝거나 멀게 합니다. – 표적의 크기를 크거나 작게 합니다. – 왼손을 사용합니다. – 한발로 선채로 던집니다. ▸ 의견을 종합하여 원활한 게임이 될 수 있게 게임을 변형하게 한다.	5	▸ 학생들의 의견을 충분히 반영한다.
게임 실행	게임 재실행 하기	• 전략 전술 토의 및 게임 재실행하기 ▸ 팀별로 바뀐 규칙에 맞는 전략과 전술을 토의하게 한다. ▸ 바뀐 규칙과 전략대로 게임을 실시하게 한다.	10	▸ 바꾼 규칙의 밸런스가 잘 맞지 않으면 아이들의 동의를 얻어 중간에 수정한다.
		• 보충 및 심화활동 ▸ 3명이상의 학생이 원으로 대형을 만든 다음 콩주머니를 받을 상대방을 정한 뒤 콩주머니 전달하기. – 콩주머니를 받을 사람은 제자리에서 움직일 수 없습니다. – 콩주머니 넣기가 잘 안되는 학생들은 원을 좁게 만들고 게임을 합니다. – 콩주머니 넣기가 잘 되는 학생들은 원을 크게 만들고 게임을 합니다. – 콩주머니 전달이 잘 될수록 점점 원을 넓혀갑니다.		
정리	정리 운동 게임 활동 정리	• 정리운동 ▸ 주로 사용한 관절을 풀어주는 스트레칭을 하게 한다. • 평가 및 반성 ▸ 콩주머니를 가장 정확히 많이 넣은 학생을 추천하여 선발 한다 ▸ 가장 열심히 한 학생 노력왕을 추천하여 선발한다. ▸ 콩주머니를 표적에 정확히 넣을 수 있는 방법을 이야기하게 한다. • 차시예고 ▸ 다음시간에는 발로 할 수 있는 '표적맞히기' 게임을 하겠습니다.	5	▸ 학습목표 달성 여부를 자기, 동료, 관찰평가의 다양한 관점에서 실시한다.
		• 관찰·상호평가하기 ▸ 게임의 방법과 규칙을 알고 서로 협동하면서 게임에 참여할 수 있는가? ▸ 다양한 전략을 세우면서 적극적인 자세로 게임에 참여할 수 있는가?		

평가도구 예시

【평가 방법】

교수·학습 활동	① 수준을 달리한 공피하기 게임 방법과 규칙을 알아본다. ② 모둠별로 공피하기 게임을 수행한다. ③ 잘된점과 잘못된 점을 알아본다.
준비물	라인기, 백회, 볼, 배구공, 모둠별 관찰 기록지
유의점	• 수준을 달리한 공피하기 게임을 위해서 차시별로 모둠별 집단 구성을 적절히 하여야 한다. 모둠 구성의 적절성에 따라 게임 수업의 성공여부가 결정될 수 있다. • 모둠별 평가를 위한 사전 지도를 통하여 서로 협동하면서 교수-학습 활동에 참여하도록 하면 학생들의 활동이 활발해 질 수 있다. • 모둠별 평가를 실시할 경우 잘못하는 학생에 대한 동료들 간의 간섭이나 불평이 있을 수 있는데 이 때 학급의 상황이나 개인의 특성을 고려한 교사의 지도가 요하다. 동료 학생사이의 피드백이 활발해질 수 있도록 지도한다. • 모둠별 관찰 기록지의 비고란에는 모둠 구성원의 개인별 특성과 모둠별로 잘 하거나 잘 못 한 점을 서술형으로 기록한다. • 차시별로 기록한 평가 결과는 차시가 계속 진행되면서 다음 수업을 위한 수업 개선 자료로 활용한다.
평가절차	• 관찰법 – 모둠별로 수준을 달리한 공피하기 게임 수행을 모둠별로 관찰 평가한다. • 공피하기 게임의 차시가 진행되는 동안 개별 면담을 통해 게임의 방법이나 규칙에 대해서 수시 평가가 이루어지면 효과적이다.

교사 관찰 체크리스트의 예

	( )초등학교 ( )학년 ( )반 모둠 이름( )			
			※ 잘함-3, 보통-2, 노력-1	
	게임의 규칙을 준수한다.	공의 방향을 예측하며 움직인다.	날아오는 공을 피한다	수준
1모둠	3	2	3	상
2모둠				
3모둠				
4모둠				
5모둠				
6모둠				

제3장
영역형 게임

영역형 게임은 초등학생들이 가장 즐겨하는 게임으로, 관련 스포츠 종목으로는 축구, 농구, 하키, 럭비, 핸드볼 등이 있다. 요구되는 기능 수준이나 전술적 복잡성 등을 고려할때 4학년 이상의 학생들에게 적합한 게임 유형이다. 영역형 게임에서는 지속적인 위치 변화를 통한 공간의 확보, 팀 동료와의 효율적인 상호 협력 등이 중요하며, 지도 시에는 게임의 난이도에 따라 체계적으로 게임 내용을 선정·지도하는 일에 특히 유의해야 한다.

 ## 영역형 게임의 개요

　Bunker, Thorpe 와 Almond 등에 의해서 분류된 게임유형중 영역형 게임은 한 집단이 자신의 신체나 기구 등을 이용하여 공을 갖고 다른 집단의 공간을 들어가 골 라인이나 골 에어리어 근처까지 근접하여야 득점 가능성이 높다.
　영역형 게임에 포함되는 스포츠 종목으로는 축구, 농구, 하키, 럭비, 핸드볼 등이 있으며, 정해진 위치에서 자신의 역할을 이해하고 여러가지 전략을 세워 활동하는 것이 요구된다. 영역형 게임은 활동 공간의 인지 및 활용 능력과 다양한 상황에서의 대처능력을 신장시킬 수 있는 기회를 제공한다. 또한 영역형 게임 활동에서는 서로의 역할을 중시하므로써 팀 활동을 통한 사회성 신장이나 적극적인 참여 태도를 기를 수 있으며 스포츠 경기에서 요구되는 기본 전략을 터득해 나갈 수 있다.

 ## 영역형 게임의 전략 요소

　영역형 게임의 핵심적 성격은 득점하기 위해 상대편의 영역으로 이동하는 것이다. 따라서 영역형 게임의 참가자들은 공을 계속해서 점유하고 공간을 유리하게 활용함으로써 득점에 성공할 수 있는 공격 능력을 갖추고 있어야 한다. 참가자들은 또한 공간을 방어하고 골문을 지키는 방법도 알아야 한다. 특히 이 유형의 게임에서는 균형을 유지하면서 빠르게 몸을 피하거나 방향을 전환할 수 있는 능력이 필수적이다. 이러한 영역형 게임의 전략요소를 정리하면 다음과 같다.

1) 유리한 게임상황을 조성할 수 있도록 위치 변화를 통하여 공간을 만든다.
2) 공간을 방어하기 위하여 수비수는 수비하기에 유리한 위치로 이동한다.
3) 상대방이 마음대로 움직이거나 물체를 조작하지 못하도록 방어한다.
4) 특정 지역에 도달하거나 득점을 획득할 수 있도록 공을 더욱 유리한 공간으로 이동시킨다.
5) 팀 동료와 효율적으로 상호 협력한다.

 영역형 게임 변형의 주안점

　영역형 게임을 하는 방식은 게임의 방법 및 규칙을 변형하거나 참여 인원의 역할 및 수를 변형하며, 게임 도구 및 경기장의 형태를 변형하는 등 여러 가지 방식이 가능하다. 게임의 변형은 교사에 의한 변형, 교사와 학생에 의한 변형, 학생에 의해 변형 등으로 이루어지며 여러 가지로 변형을 시도하고 검토하여 더욱 발전된 형태의 게임을 만들어 갈 수 있다. 이러한 변형은 시간이나 노력이 많이 요구되기 때문에 교사의 인내와 노력이 필수 조건이다.

 영역형 게임 지도시 유의점

　영역형 게임은 넓은 공간의 효율적 활용과 팀 플레이가 강조되므로 팀 구성원 각자의 역할에 대한 책임감, 열심히 참여하려는 적극성 등 정의적인 영역이 강조되어야 한다. 또한 구성원 간의 긴밀한 관계를 유지하면서 활동하는 것에 주안점을 두어 지도하도록 한다. 영역형 게임의 지도시 다음의 사항에 유의한다.

1) 학생들이 영역형 게임에 대한 구조와 규칙을 명확하게 인지하도록 한다.
2) 활동 중에 소외되는 학생을 최소화 할 수 있는 지도 방법이 필요하다.
3) 처음 영역형 게임을 실시할 경우에는 넓은 공간에서 활동하는 것이 바람직하다.
4) 학생들의 활동 범위가 좁아지면 학생들의 전략적 활동이 감소할 수 있으므로 지속적인 피드백을 제공하여 학생들의 학습 동기를 높이도록 한다.
5) 영역형 게임에서는 서로 간의 신체적 접촉이 빈번히 일어 날 수 있으므로 사전에 안전 사고에 유의하고 과격한 행동은 하지 않도록 주지시킨다.

 영역형 게임의 실제

　영역형 게임은 여러 가지 형태로 나누어 질 수 있지만 이 책에서는 '럭비형 게임'과 '농구형 게임', '축구형 게임', '하키형 게임'을 중심으로 다루었다. 다음의 게임들은 교사가 제시하는 기본 게임 그리고 그것을 바탕으로하여 변형가능한 게임들을 수준별로 위계화하여 제시한 것이다.

영역형 게임 — 빈 곳으로 이동하기

럭비형 게임에서 필요로 하는 가장 기초적인 달리기 기능과 공간 판단 전략을 포함한 게임이다.

게임수업목표	적극적으로 게임에 참여하여 빈 곳을 판단, 술래를 피해 이동할 수 있다.		
용 기 구	• 공10개　　• 호루라기 • 술래조끼　• 라인기	게 임 수 준	4학년 1수준
인 원 편 성	술래 2명		
경 기 진 행	● 진 행 　• 술래는 도착선에 위치하고 나머지는 시작선에 위치한다. 　• 신호와 함께 중앙에 있는 공을 들고 도착선을 향해 뛴다. 　• 끝까지 남은 사람이 게임의 승리자가 된다. ● 규 칙 　• 도착선에 가기 전까지 술래에 잡힌 사람은 술래가 된다. 　• 술래에게 잡히지 않으려고 경기장 밖으로 나가는 경우에도 술래가 된다.		

경기장 구성: 20m

폭탄 제거반

1) 게임에 사용되는 전략

공간 파악	공간 만들기	속이기

상대의 달리기 능력을 고려하여 공간을 파악한다.

모둠원의 도움을 받아 상대를 유인하거나 혼란스럽게 한다.

시선 및 갑작스런 방향 전환을 통해 상대를 속인다.

2) 심화 및 보충

변형 게임

진 행
- 수비수는 경기장 중앙선에 나머지는 시작 선에 위치한다.
- 신호와 함께 공격수는 수비수를 피해 도착선까지 이동한다.
- 수비를 피해 도착한 공격수의 숫자만큼 점수를 얻는다.

규 칙
- 후프(원) 안에는 한 사람만 들어갈 수 있다.
- 술래를 피하기 위해 경기장 밖으로 나가면 술래가 된다.

◀ 기본 기능 연습 게임 ▶

깃발 뽑기	둘 중 하나

신호에 맞추어 먼저 깃발을 뽑도록 한다.	원 안에서 패스하는 공을 빼앗는다.

3) 교수 TIP

◀ 경기장 ▶

달리기가 느린 학생들을 위해 도달해야 할 지점까지의 거리를 좁히거나, 최초 술래 사이의 거리를 충분히 떨어뜨린다.

◀ 규 칙 ▶

술래가 잡을 경우 부상의 우려가 있으며, 다툼의 원인이 되기도 하기 때문에 꼬리에 종이로 만든 긴 줄을 달아 빼앗는 것으로 술래의 터치를 대신할 수도 있다.

◀ 인원 편성 ▶

최초 술래를 뽑을 때에는 가위바위보 보다 좌향좌 우향우 게임으로 뽑는 것이 흥미를 높이고 시간 절약을 위하여 좋다.

좌향좌, 우향우 게임 : 교사의 구령에 의해 좌향좌 혹은 우향우를 선택하여 실시한다. 이때 틀린 사람은 서고 나머지는 제자리에 앉게한다. 이를 반복하여 원하는 수만큼 술래를 뽑는다.

4) 평가의 관점

항 목	관 점
공간 파악	순간적으로 공간을 잘 찾을 수 있는가?
상대 유인	상대방을 효과적으로 유인해 낼 수 있는가?
방향전환을 통한 속이기	신속한 방향전환으로 술래를 따돌릴 수 있는가?
시선을 활용 한 속이기	이동하고자 하는 곳과 반대쪽을 응시하여 술래의 예측을 무너뜨릴 수 있는가?

영역형 게임: 이동 저지하기

빈 곳으로 이동하는 상대를 효과적으로 막기 위한 수비 전략과 기능을 포함한 게임이다.

게임수업목표	빈 곳으로 이동하는 상대를 막는 방법을 알고 수비를 할 수 있다.		
용 기 구	• 공 6개 • 호루라기 • 모둠조끼	게 임 수 준	4학년 2수준
인 원 편 성	6명 2개 모둠		
경 기 진 행	○ 진 행 • 각 구역에 수비 2명씩 위치하고 공격은 출발선에 위치한다. • 도착선에 이르기 전까지 술래에 잡힌 사람은 술래가 된다. • 끝까지 남은 사람이 게임의 승리자가 된다. ○ 규 칙 • 수비수는 처음 정해진 구역을 벗어날 수 없다.		

경기장 구성 (20m)

성을 지켜라

1) 게임에 사용되는 전략

위치잡기	몰 기	보조하기

빈 곳을 최소화 하기 위하여 흩어져서 자신의 구역을 맡는다.	피할 곳이 상대적으로 적은 모서리 부근으로 상대를 몰아간다.	상대가 빠져나갈 것에 대비하여 후방에서 보조한다.

2) 심화 및 보충

변형 게임

 **진 행**
- 수비수는 선 안쪽에 공격수는 출발선에 위치한다.
- 신호와 함께 출발한다.
- 수비수가 터치하면 공격수는 그 자리에 공을 두고 나온다.

 **규 칙**
- 공격수가 던진 공은 한 번 튀긴 다음 잡는다.
- 공격수가 공을 받기 전에 수비수가 공격수를 잡을 수 없다.

◀ 기본 기능 연습 게임 ▶

공 빼앗기	방향전환

원 안에서 패스하는 공을 빼앗는다.	이동하는 공의 방향을 전환하여 상대방의 터치를 신속하게 피한다.

3) 교수 TIP

◀ 경기장 ▶

제시한 경기장은 최소한의 구역이다. 전략적 사고 탐색의 기회를 주기 위해서 경기장을 크게 구성할 수 있다. 특히 경기장의 폭이 난이도 결정에 영향을 주므로 최소 10M정도로 실시하고 점차 폭을 넓힌다.

◀ 용기구 ▶

공의 개수를 늘릴수록 공격에게 유리하므로 이를 활용하여 게임의 난이도를 조정할 수 있다.

◀ 인 원 ▶

학급의 인원 수가 많으면 게임장을 몇 개 늘린다.

Q 술래잡기와 같은 게임 아닌가요?

A 술래잡기는 게임의 분류중 태그형 게임에 속하는데 태그형 게임은 다른 게임 영역의 기본이 되기도 합니다. 따라서 기본 게임들은 술래잡기의 형태를 띠게 됩니다. 이 게임은 수비가 공을 잡은 사람을 선택적으로 막아야한다는 점에서 술래잡기와 다르다고 볼 수 있습니다.

4) 평가의 관점

항 목	관 점
담당 구역에 위치하기	맡겨진 구역에서 공격을 차단할 수 있는가?
협력하여 몰기	동료와 협력하여 공격수의 공격을 효과적으로 막아내는가?
보조하기	수비가 약한 부분을 판단하여 효과적으로 보조하는가?

영역형 게임: 빈 곳으로 이어주기

상대의 영역을 잘 활용하기 위해 활용되는 패스 전략과 기능을 포함한 게임이다.

게임수업목표	수비 위치를 파악하고 원반을 주고받으며 이동할 수 있다.		
용 기 구	• 원반 2개 • 모둠조끼 • 호루라기 • 라인기	게 임 수 준	4학년 3수준
인 원 편 성	8명 2개 모둠		
경 기 진 행	● 진 행 • 수비는 게임장 안에 위치한다. • 최초 출발선에서 공격수 가운데 한 사람이 원반을 던져 시작한다. • 나머지 공격수들은 원반을 받을 장소로 이동한다. • 10회 실시 후 공격과 수비를 교대한다. ● 규 칙 • 수비는 최초 위치를 잡고 이동을 할 수 없다. • 게임장 밖에서 원반을 받으면 무효가 된다.		

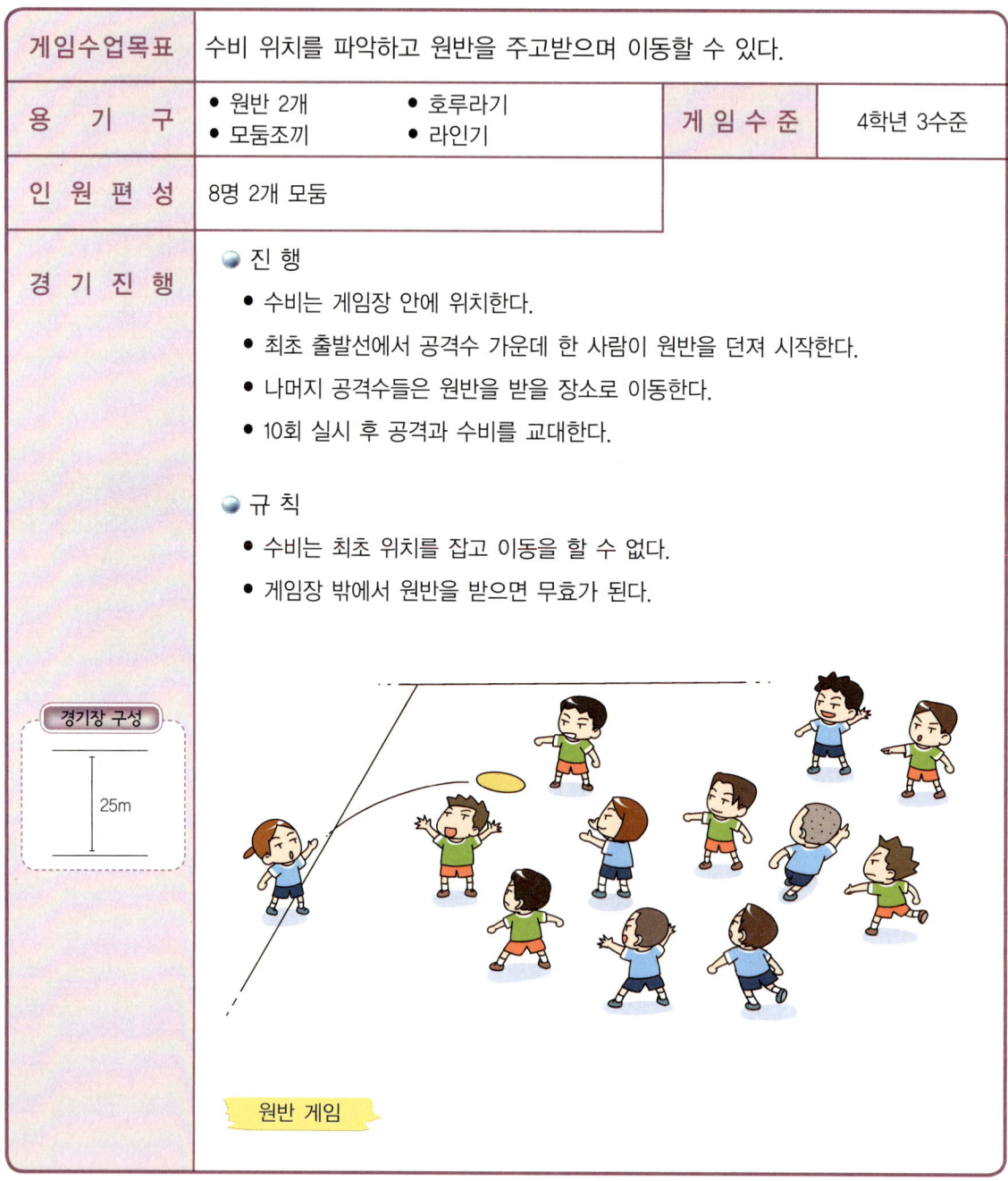

경기장 구성: 25m

원반 게임

1) 게임에 사용되는 전략

받을 사람 찾기	주고 받아 이동하기	속이기

수비수가 멀리 있으며 이어주는 통로가 확보된 사람을 찾는다.	원반을 주고 받아 수비를 따돌리며 이동한다.	시선, 몸의 방향 등으로 이어주려는 곳을 상대가 눈치채지 못하도록 속인다.

2) 심화 및 보충

변형 게임

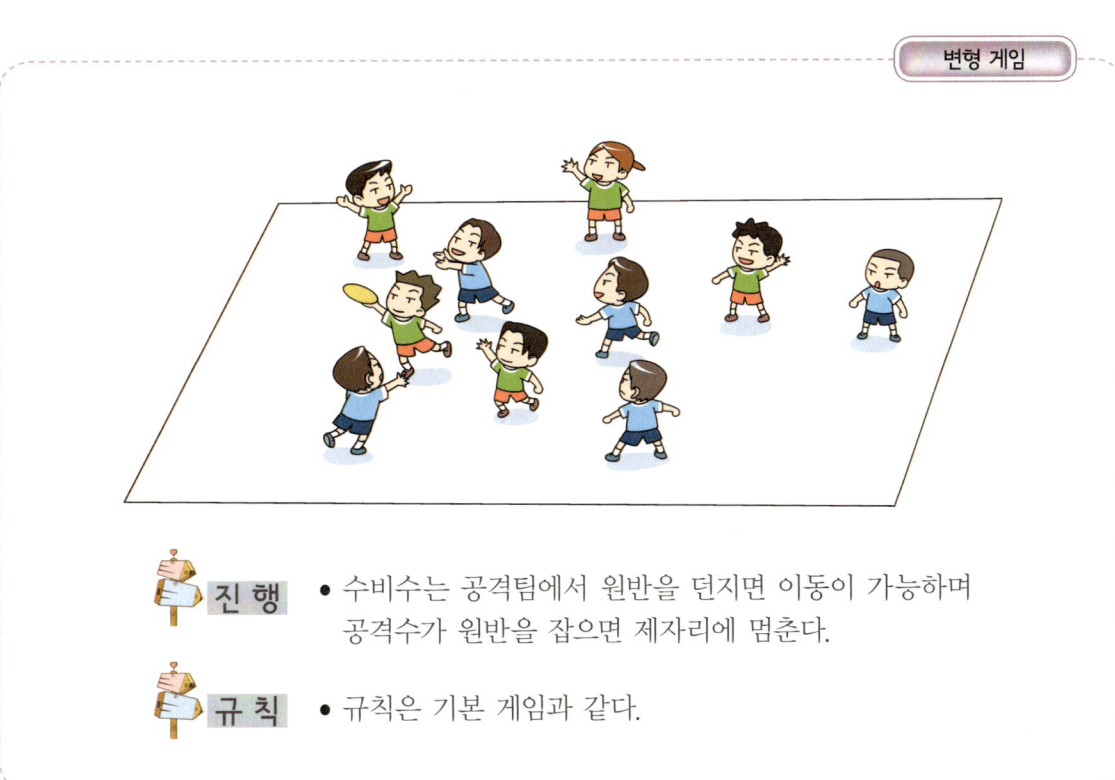

진행
- 수비수는 공격팀에서 원반을 던지면 이동이 가능하며 공격수가 원반을 잡으면 제자리에 멈춘다.

규칙
- 규칙은 기본 게임과 같다.

◀ 기본 기능 연습 게임 ▶

안전한 낙하	낙하 예상 지점 찾기

정해진 위치에 정확히 원반을 던진다. 원반이 떨어질 곳을 미리 예상하여 빨리 달려가 잡는다.

3) 교수 TIP

◀ 용기구 ▶

원반은 공보다 속도가 느리기 때문에 패스 전략을 이용하는데 매우 유용한 용구이다. 플라스틱 보다는 폼(foam)으로 된 재질을 사용하는 것이 보다 안전하다.

◀ 알아두어요 ▶

패스는 긴 거리를 빠르게 이동시킬 수 있다는 장점이 있음을 생각하며, 너무 가까운 곳으로의 패스는 좋지 않음을 주지시킨다. 또한 패스는 받는 사람을 고려하여 정확하게 이어주는 것이 중요하다는 것을 인지하게 한다.

4) 평가의 관점

항 목	관 점
안전한 위치에 있는 사람에게 이어주기	수비가 없는 곳으로 이어주는가?
주고 받아 이동하기	패스를 받아 이동하는 과정이 매끄러운가?
속이기	눈속임으로 수비수를 효과적으로 따돌릴 수 있는가? 전후좌우 방향 전환으로 수비수의 위치 파악을 어렵게 하는가?

| 영역형 게임 | **공의 이동 차단하기** |

상대가 공을 이어주는 것을 차단하기 위한 전략을 포함한 게임이다.

게임수업목표	패스의 흐름을 파악하여 상대의 이동을 차단할 수 있다.		
용 기 구	• 훌라후프 7개 • 모둠조끼	• 공 1개 • 라인기	게임수준	4학년 4수준
인 원 편 성	8명 2개 모둠		

경기진행

○ 진 행
- 공격수는 원 안에 위치한다.
- 수비는 자유롭게 이동할 수 있다.
- 최초 출발선에서 공을 던져 시작한다.
- 공격팀은 다른 원에 있는 공격수에게 공을 던지거나 원밖에 있는 공격수에게 공을 주어 이동한다.
- 도착점까지 공이 이동되면 1점을 얻는다.

○ 규 칙
- 원 밖에서 공을 받은 공격수가 다른 원으로 들어가면 먼저 원에 있던 공격수가 원 밖으로 나온다.
- 수비수에게 공을 빼앗기거나 공이 원 밖으로 나가면 역할을 바꿔 게임을 계속 진행한다.

경기장 구성 (25m)

해적 게임

1) 게임에 사용되는 전략

위치 잡기	각도 줄이기	받을 사람 판단하기

모둠원 별로 담당할 구역을 정하고 위치를 잡는다.	공격수에게 접근하여 던질 수 있는 각도를 줄인다.	던지는 사람의 각도를 보고 받을 사람을 판단하여 차단한다.

2) 심화 및 보충

변형 게임

 진행
- 각 구역에 공격수 2명 수비수 2명이 위치한다.
- 공격수는 다음 칸 까지 공을 들고 이동할 수 있다.
- 공이 한바퀴 돌아오면 1점을 얻는다.

 규칙
- 수비수에게 잡히거나 공이 밖으로 나가면 공격과 수비의 역할을 바꿔 게임을 한다.

◀ 기본 기능 연습 게임 ▶

빠르게 이어주기	정확히 던지고 받기

수비수에게 공을 빼앗기지 않도록 신속하게 연결한다.	가까운 지점에서 먼 곳으로 공을 떨어뜨리지 않고 연결한다.

3) 교수 TIP

◀ 용기구 ▶

공은 일반적으로 가벼운 공이 좋으며 크기는 한 손으로 잡을 수 있는 크기가 적당하다. 때로는 불규칙 바운스를 일으킬 수 있는 공(예: 간이 럭비공)으로 게임을 하면 흥미를 높일 수 있다.

◀ 규 칙 ▶

운동 수행 능력이 부족한 학생들을 위해 도달해야 할 지점까지의 거리를 좁히거나, 최초 술래의 위치를 충분히 떨어뜨린다.

4) 평가의 관점

항목	관점
담당 구역에 위치하기	수비수 사이의 간격을 잘 유지하며 자리를 잡는가?
공격 방위 줄이기	공격수에게 가까이 접근하여 공격의 실수를 유도하는가?
받을 사람 예상하여 막기	공을 받을 사람을 예측하여 수비를 효과적으로 하는가?

영역형 게임: 공간 만들기

농구형 게임에서 필요로 하는 가장 기초적인 공 던지고 받기, 드리블 기능과 공간을 판단하여 수행하는 전략적 게임이다.

게임수업목표	공간을 만들어 공을 상대 구역으로 이동시킬 수 있다.		
용 기 구	• 농구공 1개 • 호루라기	• 훌라후프 6개 • 술래조끼	게임수준: 4학년 1수준
인 원 편 성	각 3명 2개 모둠		
경 기 진 행	● 진 행 • 출발선에서 시작하여 반대편까지 도착하면 1점을 얻는다. ● 진 행 • 훌라후프 안에 들어가 있는 동안은 공을 빼앗을 수 없다. • 공을 들고 3발까지 걸을 수 있다. • 도중에 공을 빼앗기거나 공을 들고 3발자국 이상 걸으면 공격과 수비를 교대한다. • 수비수는 원 안에 들어갈 수 없다.		

경기장 구성: 20~30m

오아시스 게임

1) 게임에 사용되는 전략

패스하기	장애물 이용하기	속이기

공간으로 이동하는 공격수의 이동 속도에 맞추어 공을 연결한다.	수비가 접근하기 어려운 지역으로 공을 몰아 이동한다.	패스 및 드리블 시에 시선 및 몸의 방향 전환을 통해 공간을 만들어 낸다.

2) 심화 및 보충

변형 게임

진행
- 술래를 피해 경기장 가운데 상자에 공을 넣는다.
- 공을 가진 사람은 이동할 수 없으므로 공을 연결하거나 직접 득점을 시도한다.

규칙
- 술래는 공을 가진 사람만 쫓을 수 있다.
- 공을 원 밖으로 보내거나 술래에게 잡힌 사람이 술래가 된다.

◀ 기본 기능 연습 게임 ▶

공몰기	공던지고 받기	속이기
장애물을 피해 빠르게 공을 몰아 이어준다.	수비수의 방해를 피해 공을 연결한다.	수비수의 시선을 피해 공을 연결한다.

3) 교수 TIP

◀ 규 칙 ▶

학생들이 드리블이 어려운 경우가 있으므로 최초 드리블 보다는 몇 발까지 공을 들고 걷는 것을 허용한다는 인식으로 접근하는 것이 좋다. 이후에 더 걷기 위해서는 한 번 튀긴다는 언급을 한다.

Q 한 사람만 공을 잡고 하는 경우가 있어서 다른 학생들의 참여가 부족한데 어떻게 해야 할까요?

A 농구형 게임에서 공을 빼앗기는 가장 큰 이유가 한 학생이 너무 공을 많이 들고 있기 때문이다. 이는 다른 학생들의 전술 및 기능 학습의 효율성과 의지를 떨어뜨리기도 한다. 따라서 한 사람이 공을 들고 있을 수 있는 시간을 정한 규칙을 적용하거나, 앞서 제시한 게임에서 패스 위주의 게임을 먼저 실시하도록 한다.

4) 평가의 관점

항 목	관 점
패스로 공간만들기	공간으로 공을 연결하여 수비수를 피할 수 있는가?
장애물 이용하기	동료를 이용하여 수비수의 접근을 잘 막아내는가?
속이기	수비수가 예측하지 못한 곳으로 이동하거나 공을 연결할 수 있는가?

영역형 게임: 공간 차단하기

농구형 게임에서 공격수의 패스, 드리블 전략에 대비하여 수비위치를 정하고 협력하여 공과 사람의 이동을 차단하는 전략을 포함하는 게임이다.

게임수업목표	위치잡기, 협력하기, 사람 맡기의 전략을 이해하고 상대의 이동을 효과적으로 차단할 수 있다.		
용 기 구	• 공 1개 • 호루라기	• 훌라후프 2개 • 모둠조끼	게임수준	4학년 2수준
인 원 편 성	각 9명 2개 모둠		
경 기 진 행	● 진 행 • 경기장의 각 칸에 수비수, 각각 1명씩 위치한다. • 훌라후프 안에는 각 모둠별로 1명씩 위치한다. • 공을 넣거나 공이 원 밖으로 나갔을 때, 혹은 상대편에게 공을 빼앗겼을 때 공격과 수비의 역할이 바뀐다. ● 진 행 • 반대편의 훌라후프에 위치한 우리편에게 공을 전달하면 1점 득점한다.		

경기장 구성 (20~30m)

칸 농구

1) 게임에 사용되는 전략

위치잡기	협력하기	사람 맡기

상대 혹은 공의 이동경로를 파악하고 구역을 나누어 역할을 분담한다.

공을 가진 상대를 코너로 몰아 이동하거나 패스할 수 있는 공간을 줄이고 상대의 속이기 전략에 대비한다.

공보다 사람을 쫓아 일대일 수비를 한다.

2) 심화 및 보충

변형 게임

 진 행
- 술래를 피해 경기장 밖의 상자에 공을 넣는다.
- 공을 가진 사람은 공을 들고 움직일 수 없다.
- 술래는 공을 가진 사람만 쫓을 수 있다.

 규 칙
- 공을 원 밖으로 보내거나 술래에게 잡힌 사람이 술래가 된다.

◀ 기본 기능 연습 게임 ▶

위치 이동	공 빼앗기

수비수가 움직이면서 공이 밖으로 나가지 못하게 한다.

다음 구역으로 연결되는 공을 차단한다.

3) 교수 TIP

◀ 경기장 ▶

패스, 드리블 등 게임 활동이 충분히 일어나도록 경기장의 크기를 확보해야 한다.

◀ 규 칙 ▶

패스는 최초 1칸씩 이루어지게 하고 점차 패스의 거리를 늘릴 수 있도록 한다.

알아두어요.

게임에서의 시간

농구형 게임은 공격과 수비의 전환이 빠르게 일어난다. 따라서 경기장 형태 조절, 수비 전환의 흐름 통제 등을 통해 사용되는 전략과 기술을 탐색할 수 있는 시간적인 기회를 제공할 필요가 있다. 예를 들어 칸 농구에서는 칸과 인접한 지역에서는 경기가 진행되지만 그 외의 지역에서는 이를 지켜보며 수비의 위치, 다음 공의 이동 등을 판단할 수 있게 기회가 제공되는 것이다. 또한 역할 교대 후에 작전시간 변화는 다음 게임을 위한 시간을 제공할 것이다.

4) 평가의 관점

항 목	관 점
위치잡기	공격수의 이동 경로를 예측하여 미리 선점하는가?
협력하기	공격수의 이동 또는 패스를 차단하기 위해 협력 수비를 하는가?
사람 맡기	수비의 역할이 주어진 공격수를 놓치지 않고 잘 막아내는가?

| 영역형 게임 | **골 넣기와 막기** |

농구형 게임의 상황에 따라 달라지는 골 넣기 전략과 막기 전략을 포함하며 특히 슈팅, 패스, 드리블, 수비 등의 종합적 수행이 가능한 게임이다.

게임수업목표	득점을 하기 위한 시간을 확보하며 효과적인 차단 방법을 알고 골 넣기와 막기를 할 수 있다.		
용 기 구	• 원반 2개 • 호루라기 • 모둠조끼 • 라인기	게 임 수 준	4학년 3수준
인 원 편 성	각 4명 2개 모둠		
경 기 진 행	● 진 행 • 공격수와 수비수는 각자의 구역에 위치한다. • 공격수는 1회 이상 패스를 하여 통에 공을 넣으면 1득점한다. ● 규 칙 • 공을 넣거나 상대편에게 공을 빼앗겼을 때 혹은 수비 구역에 공이 멈췄을 때 상대편과 역할을 교대한다.		

경기장 구성

아메바 공넣기 게임

1) 게임에 사용되는 전략

수비수 없는 곳으로 공보내기	장애물 이용하기	속이기

이동 및 패스를 통해 수비가 없는 기회를 만든다.	공격수를 장애물 삼아 수비수의 접근이 제한된 지점으로 이동한다.	속이기를 통해 슈팅을 할 수 있는 여유시간을 만든다.

2) 심화 및 보충

> 변형 게임

 **진행**
- 경기장 각 구역에 수비수 1명씩 위치한다.
- 공격수는 구역선에 적용을 받지 않는다.
- 제한 시간에 많은 득점을 한 모둠이 승리한다.

 **규칙**
- 공을 넣거나 공이 원 밖으로 나갔을 때, 혹은 상대편에게 공을 빼앗겼을 때 상대편과 역할을 교대한다.

◀ 기본 기능 연습 게임 ▶

| 2바운드 | 후프지키기 | 둘 중 하나 |

슈팅을 한 뒤 공이 2번 튄 위치에서 다시 슈팅을 한다.

훌라후프 안에 공이 들어가는 것을 막는다.

수비수의 빈틈을 찾아 공을 던져 넣는다.

3) 교수 TIP

◀ 경기장 ▶

경기장의 굴곡을 다양하게 하면 실제 간이 농구에서의 다양한 슈팅 상황이 연출 될 수 있다. 경기장은 게임의 상황을 강조하기 위해 의도한 형태이다.

알아두어요.

골 성공에 대한 부담 줄이기

영역형 게임에서 슈팅이 목표물 맞히기형 게임의 던지기와 구분되는 큰 특징은 다양한 상황에서 일어난다는 점이다. 상황에 의해 짧은 슈팅 기회와 이동하며 슈팅을 하게 된다. 따라서 무조건 공을 집어넣는 것에 집중하기 보다는 슈팅을 할 수 있는 안전한 공간과 시간 확보에 중점을 두어야 한다. 이를 위해서는 골대의 크기를 크게 하여 골을 넣는 것에 대한 부담을 줄일 필요가 있다.

4) 평가의 관점

항 목	관 점
수비수 없는 곳으로 공보내기	수비수가 없는 곳 또는 수비가 중첩되는 공간으로 공을 보낼 수 있는가?
장애물 이용하기	공격수를 장애물 삼아 수비수의 접근을 피할 수 있는가?
시선과 동작으로 속이기	눈 속임, 몸 동작으로 수비수의 예측을 어렵게 하는가?

영역형 게임: 공간 만들기

축구형 게임에서 공간을 만들기 위해 이동과 패스를 통한 전진 전략을 포함하며 패스, 공차기, 트래핑 기술 등을 수행하는 게임이다.

게임수업목표	공간을 만들어 공을 안전하게 이동시킬 수 있다.		
용 기 구	• 훌라후프 6개 • 모둠조끼 • 공 1개 • 라인기	게 임 수 준	4학년 1수준
인 원 편 성	7명 2개 모둠		
경 기 진 행	○ 진 행 • 공격수, 수비수 1명을 제외하고 모두 훌라후프 안에 선다. • 수비를 피해 훌라후프에 있는 공격수에게 패스한다. • 패스를 받은 공격수는 훌라후프 밖으로 나와 활동할 수 있다. • 모든 공격수가 나오게 되면 1점을 얻는다. ○ 규 칙 • 모든 공격수가 나오거나 상대편에게 공을 3번 빼앗겼을 때 수비수와 역할을 교대한다.		

경기장 구성 (15~20m)

연탄구멍 축구

1) 게임에 사용되는 전략

| 공간 파악하기 | 이동하여 공간 만들기 | 속이기 |

수비의 위치를 파악하여 패스 혹은 이동 가능한 지역을 판단한다. | 후프 안의 공격수가 이동하여 수비수를 유인하거나 직접 이동하여 패스할 공간을 만든다. | 시선 및 몸의 방향을 신속히 바꿔 패스할 곳을 속여 공간을 만든다.

2) 심화 및 보충

변형 게임

 **진행**
- 술래는 공을 가진 사람을 쫓는다.
- 공을 가진 사람은 움직일 수 없다.
- 패스를 통해 술래를 따돌린다.

규칙
- 공을 술래에게 빼앗기거나 원 밖으로 내보내면 술래가 된다.

◖기본 기능 연습 게임◗

공 몰 기	멀리더멀리

라바콘 사이로 빠르게 공을 몰아 돌아온다.	가까운 곳에서 공을 정확히 이어받으면 점차 거리를 늘린다.

3) 교수 TIP

◖진 행◗

발로 공을 주고 받는 게임이므로 기본적 기능이 습득되지 않은 상태에서는 전략을 구사하는 것이 쉽지 않다. 이는 기본적인 동작 연습이 병행되어야 함을 의미한다.

◖규 칙◗

이외에도 경기장의 폭이 너무 작아서 아웃이 되는 경우가 많이 발생하여 흐름이 끊기므로 경기장의 폭을 넓게 하여 시간적 여유, 전략 탐색 시간을 부여하고, 지속적인 흐름이 가능하도록 해야 한다.

4) 평가의 관점

항 목	관 점
이동하여 패스 공간 만들기	수비수를 피해 공을 받을 곳으로 이동하는가?
이동하여 수비 유인하기	공이 없는 상태에서도 계속 움직여 수비수의 집중을 흐트릴 수 있는가?
속 이 기	시선 및 몸의 방향을 다르게 하여 수비수의 예측을 어렵게 하는가?

영역형 게임: 공간 차단하기

공격수의 드리블과 패스를 통한 접근에 대비하여 수비수의 역할을 나누어 정해진 구역을 담당하는 게임으로 수비 위치 선정과 협력 수비의 전략을 포함하고 있다.

게임수업목표	위치잡기, 협력하기, 차내기의 전략을 이해하고 상대의 이동을 차단할 수 있다.		
용 기 구	• 공 1개 • 호루라기 • 간이축구골대 • 모둠조끼 • 라바콘	게임수준	4학년 3수준
인원편성	• 각 팀 8명		
경기진행	● 진 행 • 최초 1명의 공격수를 제외하고 모두 원 안에 위치해 있다가 신호에 의해 선택한 구역으로 이동한다. • 아웃 상황에서 다시 신호에 의해 먼저 선택한 구역을 바꿀 수 있다. • 골대에 골을 넣으면 1점을 득점하고 공격과 수비의 역할을 바꾼다. 이후 구역을 다시 선택한다. ● 규 칙 • 공이 경기장 밖으로 나가거나 득점하기 전까지는 해당 구역을 벗어날 수 없다.		

경기장 구성: 25~30m × 15~20m

방패연 축구

1) 게임에 사용되는 전략

위치 잡기	협력하기	차내기

상대 혹은 공의 이동경로를 파악하고 구역을 나누어 역할을 분담한다.	협력을 통해 공격수가 패스할 수 있는 범위를 줄인다.	실점의 위험이 있는 곳에서의 공은 밖으로 차내어 재정비 시간을 확보한다.

2) 심화 및 보충

변형 게임

진행
- 작은 사각형에 수비수 4명 사각형 밖에 공격수 4명이 위치한다.
- 상대편의 라바콘을 맞추면 1점을 얻는다.

규칙
- 수비수는 원 안에 들어갈 수 없다.
- 득점하거나 공이 경기장 밖으로 나가면 상대편의 던지기 공격으로 다시 시작한다.

◀ 기본 기능 연습 게임 ▶

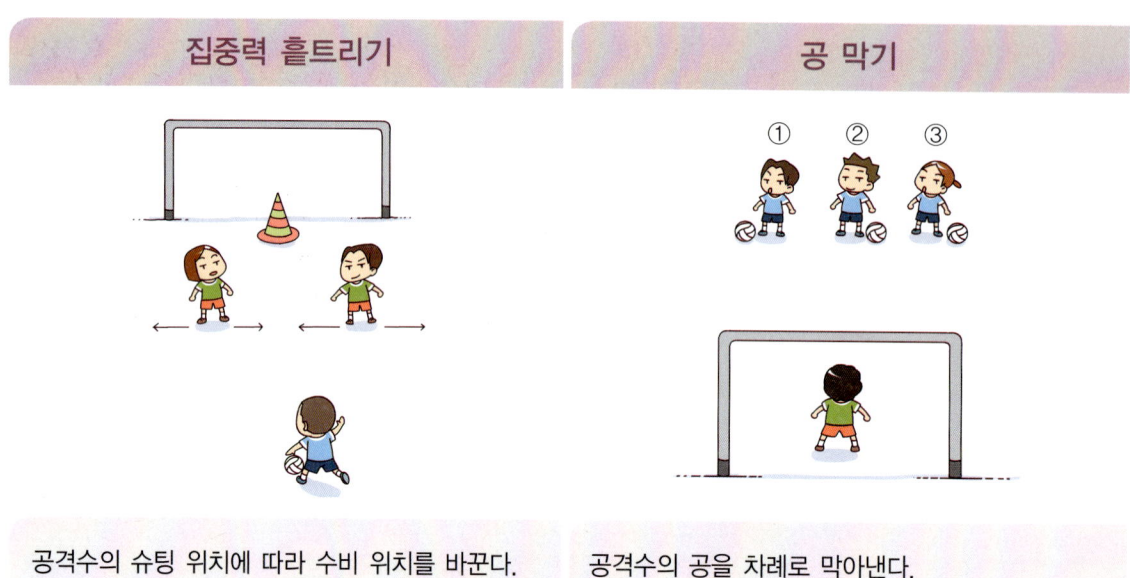

3) 교수 TIP

◀ 경기장 ▶

제시된 경기장의 규격은 최소한의 규격으로 가능한 큰 경기장을 확보하여 실제 게임이 원활하게 진행되도록 한다(게임수행능력이 낮을수록 경기장을 크게 만든다).

◀ 팀 편성 ▶

보통 공격을 잘 하지 못하는 사람이 수비를 맡는 경우가 많다 이는 학생들이 각각의 역할을 수행하는데 저해가 된다. 팀원의 능력에 따라 역할을 분담하는 형태를 취하는데 이때 실점을 최소화 하는 것도 승리하기 위한 방법임을 강조하여 운동을 잘 못하는 사람이 수비한다는 기본적인 인식의 틀을 변화시킬 필요가 있다.

◀ 규 칙 ▶

득점 후에 역할을 순환하는 규칙을 적용하는 것도 좋은 방법이다.

4) 평가의 관점

항 목	관 점
위치 잡기	공격수의 이동과 패스를 차단하기 위한 위치를 찾아내는가?
협력하기	협력수비를 통해 공격을 잘 막아내는가?
차내기	실점의 위험이 있는 곳에서 신속하게 공을 밖으로 차내는가?

영역형 게임: 골 넣기와 막기

빈 곳으로 이동하는 상대방을 효과적으로 막기 위한 수비 전략과 기능을 포함한 게임이다.

게임수업목표	골을 넣기 위한 시간을 확보하고 효과적으로 공격을 막아내는 방법을 탐색하며 골넣기와 막기를 할 수 있다.
용 기 구	• 공 1개 • 호루라기 • 모둠조끼 • 라바콘 6개
게 임 수 준	4학년 3수준
인 원 편 성	5명 2개 모둠
경 기 진 행	● 진 행 • 각 구역에 수비 2명 공격 2명씩 위치하고 골키퍼 1명이 각각 위치한다. • 공몰기와 패스를 통해 상대편 골대에 골을 넣는다. • 득점이 되면 공격과 수비의 역할을 바꾼다. ● 규 칙 • 공이 선 밖으로 나갈 때 공격의 발을 막고 나가면 상대방의 공격으로 다시 게임을 진행한다.

경기장 구성: 20~30m × 10~15m

대각선 축구

1) 게임에 사용되는 전략

측면에서 접근하기	수비수 뒷 공간 이용하기	속이기

측면에서 공을 연결하여 공격 방향을 바꾸면 수비수가 대응하기 어렵다. | 수비수의 뒷 공간을 이용하여 수비수를 당황케하여 슈팅시간을 확보한다. | 수비를 혼란하게 하여 슈팅을 할 수 있는 시간과 공간을 확보한다.

2) 심화 및 보충

변형 게임

 진 행

- 작은 원 안에 공격수 1명이 위치한다.
- 중간 원에 수비수 4명이 위치한다.
- 원 밖에 공격수 4명이 위치한다.
- 작은 원의 공격수에 공이 연결되거나, 원 밖에서 찬 공이 라바콘에 맞으면 1점을 얻는다.

 규 칙

- 득점이 이루어지거나 수비수에게 5번 이상 공격이 차단되면 공격과 수비를 교대한다.

◀ 기본 기능 연습 게임 ▶

공막기	골 넣기

공격이 이루어지는 경로를 예측하여 막아본다.	여러가지 방법으로 골을 넣어본다.

3) 교수 TIP

◀ 진 행 ▶

농구형 게임과 마찬가지로 골키퍼에 의한 부담보다는 수비를 따돌려 슈팅을 할 수 있는 시간과 공간 확보에 중점을 두어야 한다. 수비의 입장에서도 슈팅을 막는 것 보다는 슈팅을 할 수 있는 기회를 줄이는 데 초점을 두어야 한다.

Q 학생들에게 슈팅의 기술을 가르쳐야 하나요?

A 기본적인 차기 등은 기본 기능 연습 게임을 통해 지도할 필요가 있다. 기본 게임 자체가 실행되지 않을 수 있기 때문이다. 하지만 상황에 따라 달라질 수 있는 슈팅의 자세를 일률적인 자세로 지도하여서는 안 된다. 그 보다는 상황에 맞게 학생들이 선택한 다양한 슈팅의 자세를 존중해 주도록 한다.

4) 평가의 관점

항 목	관 점
측면에서 접근하기	공을 몰거나 이어주며 측면을 이용한 공격을 하는가?
수비 뒷 공간 이용하기	수비수 뒷 공간으로 공을 몰거나 연결할 수 있는가?
속이기	효과적인 몸동작으로 수비수를 속일 수 있는가?

영역형 게임	## 공간 만들기			

도구를 안전하게 사용하여 패스, 드리블을 통해 상대 지역으로 전진하는 게임이다.

게임수업목표	도구를 사용하여 공간을 만들어 공을 상대 지역으로 이동할 수 있다.		
용 기 구	• 하키채 16개 • 호루라기	• 원반2개 • 모둠조끼	게임수준	4학년 3수준
인 원 편 성	8명 2개 모둠		
경 기 진 행	◉ 진 행 • 각 구역에 수비수와 공격수가 교대하여 위치한다. • 패스와 드리블을 통해 골대에 골을 넣으면 1점을 얻는다. • 인접한 모둠원을 거쳐 공이 연결되도록 한다. ◉ 규 칙 • 골을 넣거나 상대편에게 공을 빼앗겼을 때 혹은 경기장 밖으로 공이 나갔을 때 공격과 수비 역할을 교대한다. 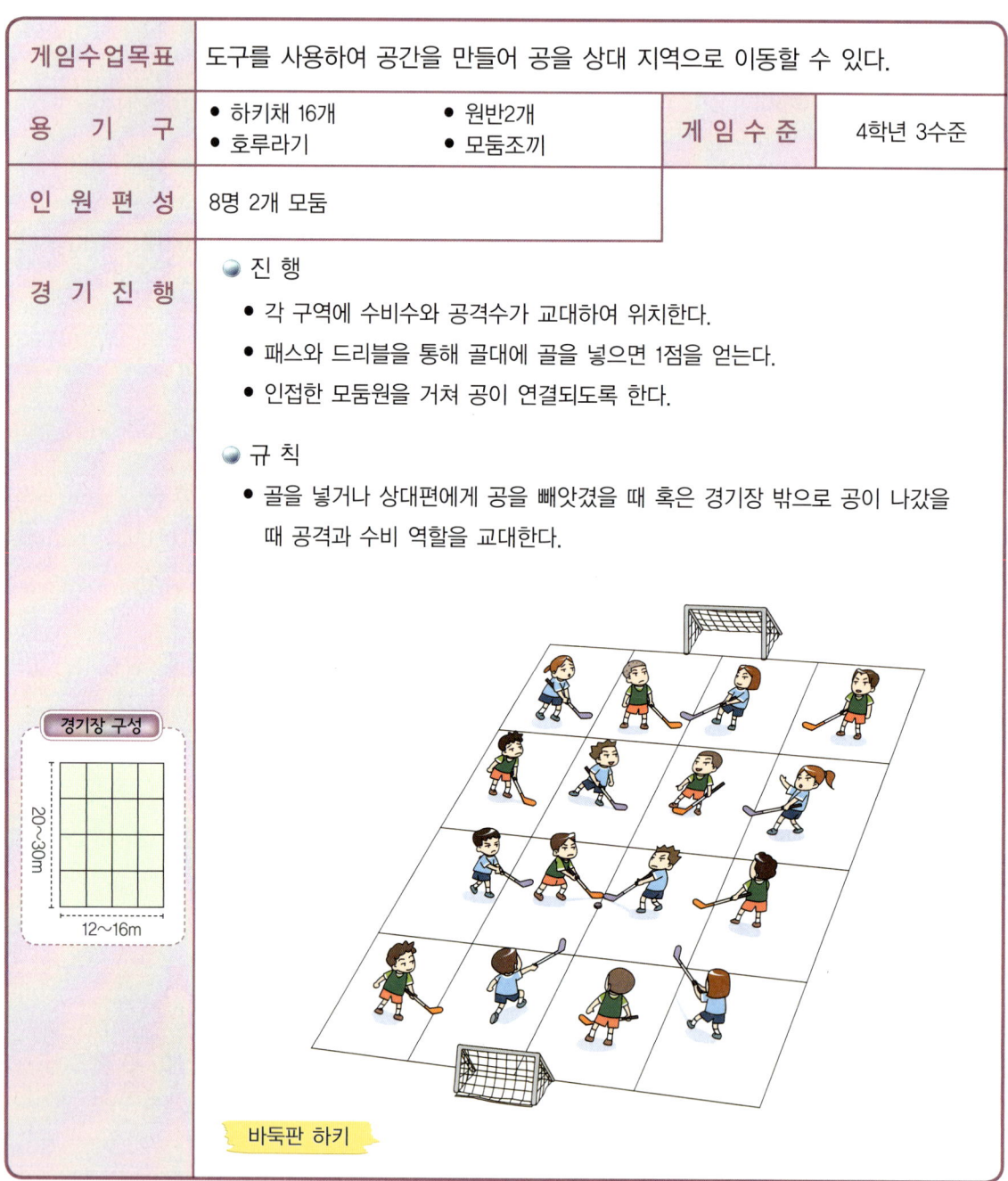 바둑판 하키		

경기장 구성
20~30m
12~16m

1) 게임에 사용되는 전략

| 공간 파악하기 | 이동하여 공간 만들기 | 속이기 |

수비의 위치를 파악하여 패스 혹은 이동할 수 있는 지역을 판단한다.

다른 공격수가 이동하여 수비수를 유인하거나, 직접 이동하여 패스할 공간을 만든다.

시선 및 몸의 방향 등으로 패스할 곳을 속여 공간을 만든다.

2) 심화 및 보충

> 변형 게임

 진 행

- 불규칙한 경기장에서 공격수 2명은 바깥 지역에, 수비수 1명은 안 지역에 위치한다.
- 나머지 수비수 1명은 선에 영향을 받지 않는다.
- 패스와 드리블을 통해 도착지점까지 이동하면 1점을 얻는다.

규 칙

- 도착 지점은 반드시 드리블로 통과하여 멈추어야 한다.
- 경기장 밖으로 공이 나가거나 득점을 하면 역할을 교대하여 시작점부터 다시 공격을 진행한다.

◀ 기본 기능 연습 게임 ▶

속이기	공 막기

수비수의 예측과 반대 방향으로 공을 보낸다.	공격수의 공격습관을 파악하여 막아본다.

3) 교수 TIP

◀ 용기구 1 ▶

하키형 게임은 특히 도구의 사용이 중요하다. 학생들의 게임수행능력에 따라 게임의 난이도, 공의 크기 등을 고려해야 하며, 하키스틱의 블래드 부분의 크기를 조절하여야 한다. 스틱의 길이 또한 활동의 난이도에 영향을 미치므로 이점에 유의하여야 한다. 특히 블래드 부분은 연한 재질을 사용하여 부상을 예방하여야 한다.

◀ 용기구 2 ▶

딱딱한 공보다는 크고 부드러운 공이 좋다 탄성도 초기에는 적은 것으로 하여 공을 다루는 데 익숙해지도록 한다.

◀ 안 전 ▶

하키채는 상반신 이상으로 들지 못하게 하는 규칙을 정하여 적용하며, 게임이 중단 시에는 항상 블래드 부분이 땅에 닿은 채 게임이 다시 시작되도록 한다.

4) 평가의 관점

항 목	관 점
이동하여 패스 공간 만들기	수비수가 없는 공간으로 이동하는가?
이동하여 수비 유인하기	한 곳에 서 있지 않고 이동하며 수비를 어렵게 하는가?
속이기	시선 및 몸 방향 전환으로 수비수를 속이는가?

영역형 게임 | 공간 차단하기

득점을 차단하는 수비 공간을 보다 넓게 활용하며 도구를 사용하여 전략을 포함한 게임이다.

게임수업목표	도구를 이용한 수비 전략을 이해하고 상대의 이동을 효과적으로 차단할 수 있다.		
용 기 구	• 하키채 16개 • 공 1개 • 모둠조끼 • 라인기	게 임 수 준	4학년 4수준
인 원 편 성	• 8명 2개 모둠		
경 기 진 행	◉ 진 행 • 수비수는 큰 원에 1명 작은 원에 1명씩 나머지 3명은 원 밖에 위치한다. • 공을 받은 공격수는 제자리에 멈춰야 하며, 공격수의 이동은 원에 영향을 받지 않는다. • 공격수는 원안에서만 슈팅을 하여 득점을 할 수 있다. ◉ 규 칙 • 공이 경기장 밖으로 나가거나 득점을 하면 역할을 교대하여 다시 게임을 시작한다. • 하키채를 허리 높이 이상으로 들어 올리면 반칙을 준다. 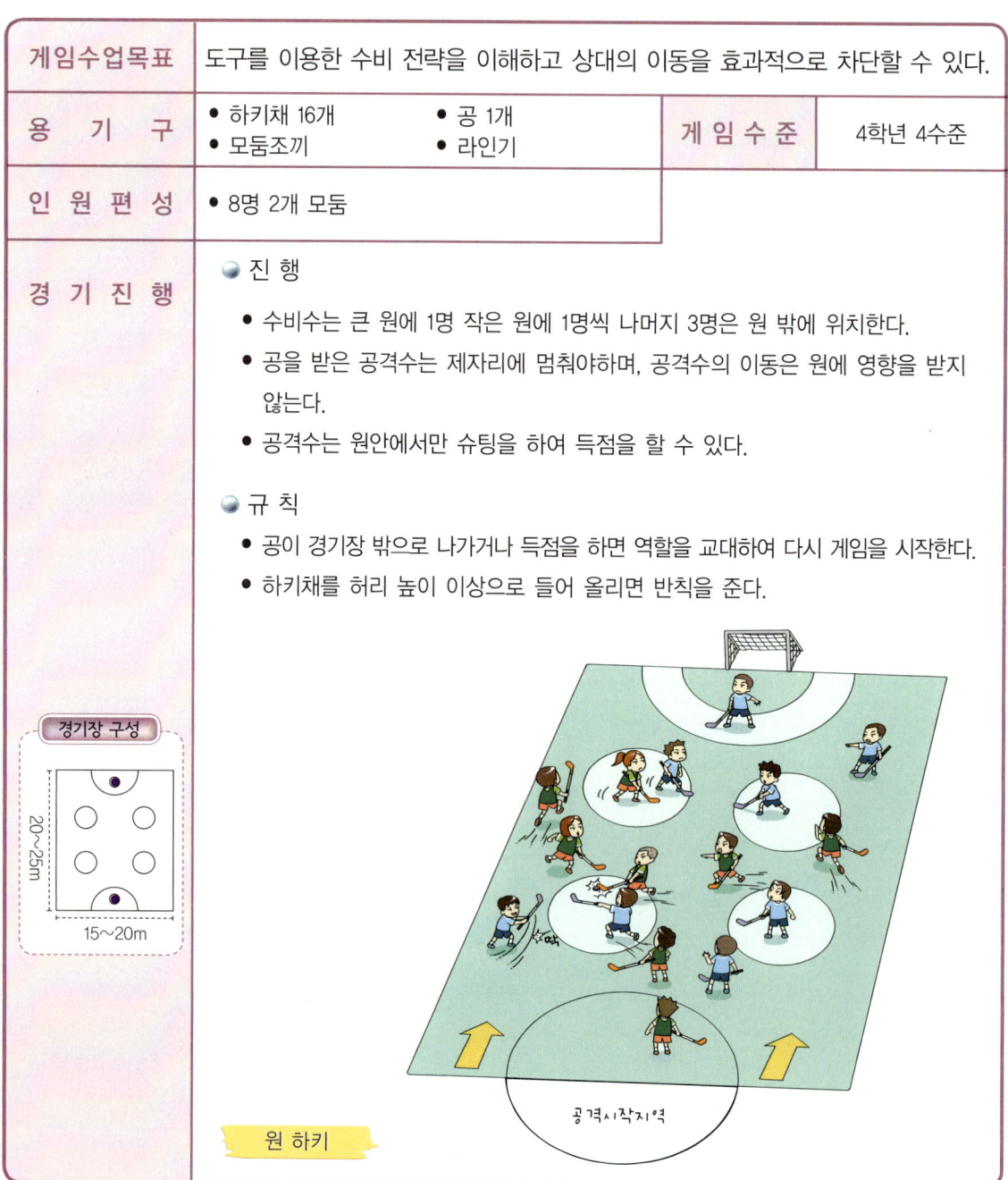 경기장 구성: 20~25m × 15~20m 원 하키

1) 게임에 사용되는 전략

| 수비 위치 정하기 | 공격 범위 줄이기 | 받을 사람 예측하기 |

도구의 길이를 포함하여 수비 위치가 중첩되게 한다.   공격수에 접근하여 패스할 수 있는 범위를 줄인다.   패스하는 사람의 공격범위를 보고 받을 사람을 예측하여 차단한다.

2) 심화 및 보충

변형 게임

 진행

- 공격수 4명은 원 안에 위치하고 나머지는 원 밖에 위치한다.
- 수비수는 원안의 공격수의 공을 빼앗을 수 없다.
- 상대편 골대에 공을 넣으면 1점을 얻는다.

규칙

- 경기장 밖으로 공이 나가거나 상대에게 공을 빼앗긴 경우, 득점한 경우에는 공격과 수비의 역할을 바꾼다.

◀ 기본 기능 연습 게임 ▶

정확히 보내기	표적 맞히기

공을 정확히 보내 주어진 라바콘을 맞힌다.	공을 연결하며 수비수를 피해 표적을 맞힌다.

3) 교수 TIP

◀ 규 칙 1 ▶

초등학생들이 하키 스틱을 자유자재로 안전하게 다루는 것이 쉽지 않다. 따라서 공을 가진 공격수의 공을 빼앗지 못하는 규칙을 정해 공을 여유있게 다룰 수 있도록 해야 한다.

◀ 규 칙 2 ▶

수비의 입장에서도 공을 받은 공격수의 이동을 제한함으로써 수비의 위치선정 기회를 늘려주어야 한다. 이를 통해 게임의 전략적 측면을 고려하도록 해야 한다.

4) 평가의 관점

항 목	관 점
담당 구역에 위치하기	수비가 중첩되지 않게 적절한 위치를 잡는가?
공격 범위 줄이기	공격수에게 접근하여 공격의 실수를 유도하는가?
받을 사람 마크하기	공을 이어받을 사람을 예측하여 수비하는가?

| 영역형 게임 | **골 넣기와 막기** |

득점에 유리한 시간과 공간을 확보하는 전략을 활용하는 하키형 게임이다.

게임수업목표	골을 넣기 위해 유리한 시간과 공간을 확보하여 득점을 하고, 상대방의 공격을 효과적으로 막을 수 있다.		
용 기 구	• 공 10개 • 술래조끼	• 호루라기 • 라인기	게 임 수 준 : 4학년 4수준
인 원 편 성	술래 2명		
경 기 진 행	● 진 행 　• 수비수 4명은 작은 반원 안에 공격수 4명은 큰 반원 안에 위치한다. 　• 반대편 반원은 이와 반대로 위치한다. 　• 원 가운데 골대를 통과 시키면 1점을 얻는다. ● 규 칙 　• 자신의 구역을 벗어날 수 없다. 　• 공이 경기장 밖으로 나가거나 득점하면 공격과 수비의 역할을 교대한다.		

경기장 구성

6~8m

도너스 하키

1) 게임에 사용되는 전략

| 횡패스 이용하기 | 수비수 빈틈 노리기 | 쇄도하기 |

골대로 이동하는 공격수에게 횡패스를 하여 공격의 기회를 확보한다.

반대편 원 안의 동료를 이용하여 공격의 기회를 늘린다.

수비수 혹은 골대를 맞고 나온 공을 쇄도하여 골로 연결한다.

2) 심화 및 보충

변형 게임

 진 행

- 공격지역과 수비지역에 각각 위치한다.
- 자유지역은 공격과 수비 모두 마음대로 활동할 수 있다.

 규 칙

- 공격을 할 때 공격수는 공격 한계선을 넘을 수 없다.
- 수비를 할 때 수비는 수비 한계선을 넘을 수 없다.
- 라바콘 사이로 공을 통과 시키면 1점을 얻는다.
- 공이 경기장 밖으로 나가거나 득점하면 공격과 수비의 역할을 교대한다.

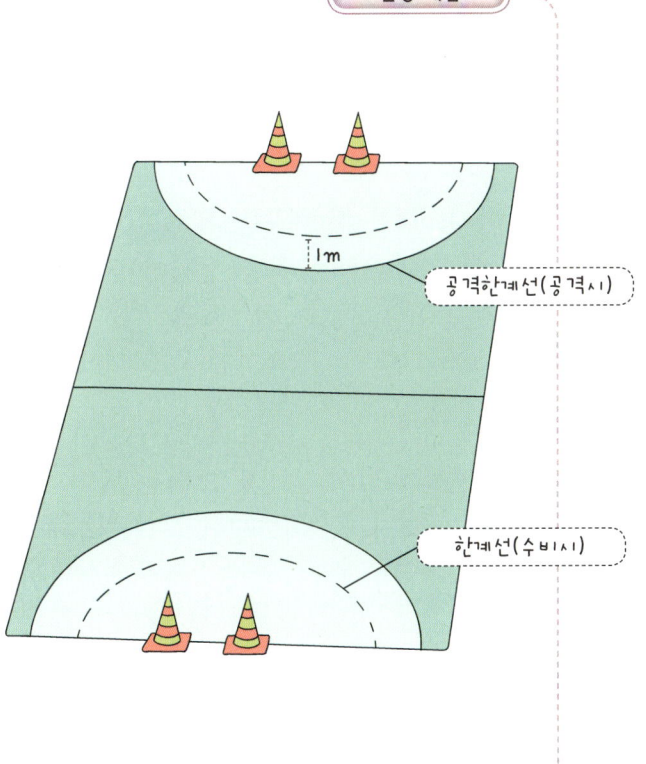

◀ 기본 기능 연습 게임 ▶

틈새로 공 연결하기	페트병 쓰러뜨리기

두 명이 짝이 되어 라바콘 사이로 공을 연결한다.	수비수를 피해 주어진 페트병을 쓰러뜨린다.

3) 교수 TIP

◀ 안전 ▶

"하키스틱은 항상 두 손으로 잡도록 한다." "하키스틱을 허리 이상 들어서는 안 된다." 등의 안전을 위한 규칙을 정하여야 한다. 특히 학생들에게 공을 치기보다는 밀어준다는 느낌으로 패스하도록 지도한다.

◀ 인원 ▶

팀 편성시 남녀 혼성팀 보다는 남녀 팀 편성을 달리하는 것이 효과적이다. 만약 혼성팀을 구성할 경우 "여학생이 공격시에는 여학생만 수비할 수 있다."와 같은 규칙을 별도로 정하는 것이 좋다.

4) 평가의 관점

항 목	관 점
횡패스 이용	득점에 유리한 위치에 있는 동료에게 황패스를 하는가?
수비수 빈틈 노리기	수비수가 예측하지 못하는 공격을 시도하는가?
쇄도하기	유리한 공격의 기회를 놓치지 않고 적극적으로 이용하는가?

교수·학습 과정안(영역형 게임 예시)

단 원	3. 경쟁활동 / 영역형 게임		차 시	4/5
학습주제	럭비형 게임하기		교수학습모형	이해중심 게임수업 모형
학습목표	럭비형 게임의 방법과 전략을 알고 익혀 정해진 규칙을 잘 지키면서 게임을 할 수 있다.			

단 계	학습 활동	교수·학습 활동		시간	자료(재) 및 유의점(■)
		교 사	학 생		
탐색활동 및 게임 선택	전시학습 상기	(수업대형으로 모이기) ● 전시학습 상기 ▶ 지난시간에 했던 게임은 무엇인가요? ▶ 지난시간 게임에서 상대편을 이기기 위한 전략은 무엇이었나요?	(설명 대형으로 앉기) - 공을 받아 원하는 곳으로 달려가는 게임입니다. - 공간을 확보해 공을 주고 받습니다. - 수비가 오기 전에 빨리 이동합니다.	1	재 팀별조끼, 성취고리 착용
	학습 분위기 조성 및 동기유발	● 학습동기유발 (럭비 경기장면 감상) ▶ 필요한 전략 및 전술을 무엇이라고 생각하나요? ▶ (반칙하는 장면감상) 어떤 상황일까요? 왜 이런 상황이 벌어졌을까요? ▶ 그렇다면 어떻게 해야 할까요?	- 빈공간으로 공을 던져주는 것입니다. - 우리 모둠이 공격할 때 좋은 위치로 이동하는 것입니다. - 이기기 위해 규칙을 지키지 않습니다. - 혼자만 공을 가지고가면서 협동을 하지 않습니다. - 규칙을 잘 지키면서 합니다. - 친구들과 협동해서 합니다.	2	재 PPT자료
	학습문제 확인	● 학습문제 제시 ▶ 오늘 배울 학습문제를 읽어 봅시다. 여러 가지 영역형(럭비형) 게임을 통한 게임의 특성 및 전략을 알아보자. ① 닷지비럭비 게임 (난이도: 하) ② 플래그럭비 게임 (난이도: 중) ③ 캐치볼럭비 게임 (난이도: 상)		1	재 PPT자료

게임이해	학습활동 인지	● 학습활동 안내(수준별 럭비형 게임) - 두 팀으로 나누고 한 팀은 5~6명으로 한다. - 공격팀과 수비팀으로 구분한다. - 팀별 대표를 통해 공격과 수비를 정한다. - 시작신호와 함께 공이나 물체를 던지면 게임이 시작된다. - 목표지점까지 공이나 물체를 가지고 이동하면 득점을 하게 된다. - 득점하게 하거나 공이나 물체를 떨어뜨려도 공격과 수비를 교대한다. ※ 게임 수준과 활동 재료에 따라 조금씩 규칙을 다르게 한다. 예) 닷지비를 잡으면 움직이면 안되고, 5초안에 다른 친구에게 던져준다. - 모둠별로 점수를 계산하여 각 활동별로 점수를 비교하여 우승 모둠을 정한다. - 게임은 서로 준비가 확인된 후에 시작한다. - 게임은 각 10분 이내로 실시한다.		2	㉂ 플래시자료 ■ 선생님이 준비한 자료를 보며 각각의 게임에 대한 방법과 규칙을 듣는다. ■ 게임 규칙 및 방법 안내와 더불어 전략 학습이 함께 이루어지게한다.
전략인지 및 의사결정	전략협의 의사결정	● 전략 협의 ▶ 팀별로 럭비형 게임 전략을 세워봅시다. ● 의사결정하기 게임에서 우리 팀이나 내가 무엇을 어떻게 활동할 것인지를 협의해 봅시다.	- 수비가 없는 곳으로 공을 보냅니다. - 빠르게 방향을 전환하며 공을 이어줍니다. - 공격이나 수비시 위치를 정해본다. - 오늘 게임에서 나는 무엇을 잘하면 좋을지 각자 목표를 세워본다.	2	㉂ 작전판, 보드마카 ■ 특정지역에 도달하거나 득점을 획득할 수 있도록 공을 더욱 유리한 공간으로 이동시키는 방법을 알아보게 한다.
준비운동 및 보조 운동	준비운동 보조운동	● 준비운동 실시 ● 보조운동 실시 ▶ 2인 1조로 폼볼을 주고받아보면서 기능연습도 병행하게 한다.	- 짝체조로 팔다리 근육을 풀어준다. - 짝과 같이 공을 주고받아 본다.	2	㉂ CD플레이어 ■ 팀은 운동 능력에 맞게 남녀 혼성팀으로 사전에 조직한다.

	기본게임1	• 게임 Ⅰ-1 수행 ◎'닷지비 럭비'게임 수행하기 ▶ 각 팀별로 활동할 게임장소로 이동하여 게임을 해 봅시다. ▶ 모둠별로 파이팅을 외치고 시작해 봅시다. ▶ 교정적 피드백을 제시한다.	- 모둠별로 팀을 구성하여 시작신호에 맞추어 게임을 시작한다. - 같은팀끼리 수신호로 방향을 표시하여 닷지비를 전달받는다.	10	㉣닷지비, 점수판 ■학습할 장소를 수준에 맞게끔 학생이 스스로 선택하도록 한다. ■팀별 대표의 역할을 부여하여 다툼이 없도록 한다.
	기본게임2	• 게임 Ⅰ-2 수행 ◎'플래그 럭비'게임 수행하기 ▶ 각 팀별로 활동할 게임장소로 이동하여 게임을 해 봅시다. ▶ 모둠별로 파이팅을 외치고 시작해 봅시다. ▶ 교정적 피드백을 제시한다.	- 모둠별로 팀을 구성하여 시작신호에 맞추어 게임을 시작한다. - 같은팀끼리 방향을 재빨리 전환해가면서 폼볼을 주고받는다.		㉣플래그, 폼볼, 점수판 ■학생들이 보호도구없이 하는 상황이므로 학생간의 충돌이 발생하지 않도록 주의시킨다.
활동반성 및 의사결정	전략회의 및 게임관련 기능연습	• 전략회의(팀) 실시 ▶ 게임을 하면서 팀별로 부족했던 부분은 무엇일까요? ▶ 궁금한 점을 질문받고 규칙을 다시 한번 주지시켜 준다. • 게임관련 기능연습 ▶ 각자 부족한 기능을 연습하여 보충해 봅시다.	- 공이나 물체를 따라가기 보다 친구와 공간을 확보해 둡니다. - 수신호 및 눈빛으로 서로 신호를 보내서 방향을 미리 알아둡니다. - 각자 부족한 부분을 이야기하고 기능연습을 한다.	3	■유리한 여건을 조성할 수 있도록 위치 변화를 통하여 공간을 만들어 보게 한다. ■팀 동료와 효율적으로 상호협력하는 방법을 생각해 보게 한다.
게 임 재수행	변형게임	• 게임 Ⅱ 수행 ▶ 모둠별 수준에 맞는 다른 게임을 선정하여 실시한다. ▶ 팀별로 파이팅을 외치고 시작신호에 맞추어 게임을 시작한다. ▶ 닷지비럭비, 플래그럭비, 볼스캐치럭비 중 선택하여 실시하도록 한다.	- 모둠별로 난이도를 고려하여 게임Ⅰ, 게임Ⅱ 중 선택하여 실시한다. - Level ① 닷지비럭비 - Level ② 플래그럭비 - Level ③ 캐치볼럭비	10	㉣플래그, 폼볼, 볼스아이스장갑, 벨크로볼, 점수판 ■안전에 유의하며 지나친 경쟁심이 유발되지 않도록 한다. ■상대방이 마음대로 움직이거나 물체를 조작하지 못하도록 방어하는 방법을 피드백해 준다.

	정리운동 학습내용 정리	● 정리운동하기 ▶ 스트레칭체조하기 ● 학습 내용 정리하기 ▶ 오늘 학습한 내용은 무엇입니까? ▶ 가장 재미있던/어려웠던 활동은 무엇입니까? ▶ 게임을 잘 하기 위한 전략은 무엇입니까?	- 팔다리의 근육과 관절을 풀어준다. - 공을 들고 목표지점까지 달려가는 게임을 했습니다. - 다른 팀이 공을 던질 때 제 예상과 다르게 던져수비하기가 어려웠습니다. - 빨리 달리는 친구를 따라가기 힘들었습니다. - 친구와 공을 정확히 이어주고 빨리 달려 나가야 합니다.	2	㉧ CD플레이어
정리 및 평가 활동	형성평가	● 평가하기 ▶ 팀 점수 발표하기 ▶ 동료평가하기 ● 과제 제시하기 ▶ 소감문 및 자기평가지를 교실에서 작성하게 한다.	- 팀 점수를 확인한다. - 열심히 참여한 친구에게 밴드를 끼워준다. - 소감문 및 자기평가지를 교실에서 작성한다.	2	■학생들이 끼고 있던 성취고리를 팀원에게 주어 동료평가를하게한다.
	차시예고	● 차시 예고하기 ▶ 차시 학습 내용 - '변형럭비게임만들기' 예고	- 학생들 스스로 창의적으로 '변형 럭비형 게임'을 만드는 방법을 이해한다.	1	■게임을 하면서 느낀 점을 바탕으로 재료, 대형, 규칙등을 변형할 수 있도록 한다.
	청결지도	● 용구 정리와 청결지도 ▶ 모둠별 학습도구 정리하기 ▶ 몸 깨끗이 하기	- 모둠별로 학습도구 및 자료 정리한다. - 몸을 깨끗이 씻는다.		

제3장 영역형 게임 241

평가도구 예시

【동료평가 체크리스트의 예】

친구 관찰 체크리스트					
평가일시 : 월 일					
평가관점 가. 공격수 또는 공의 이동경로를 예상하여 잘 차단하였다. 나. 모둠원과 협력수비를 잘 하였다. 다. 수비 할 때 실점의 위험이 있는 곳에서는 신속하게 공을 밖으로 차냈다.					
번호	이름	3	2	1	모두 잘 했으면 3점, 2개 이상이면 2점, 나머지 1점란에 체크
1	이하나				
2	박지훈				
3	정지현				

【학생용 평가지 예】

축구형 게임을 하고 나서
평가일시 :   월   일   (   )반 (   )번 이름(   )

1. '공간 차단하기'게임에서 필요한 내가 사용한 전략을 쓰시오(3점)
 	
1. '공간 차단하기'게임 장면을 그리고, 규칙을 적어보시오.
    • 게임 장면 그리기(3점)   • 핵심적인 게임의 방법과 규칙 정리하기(3점)
                                                     가.
                                                     나.
                                                     다.

제4장
필드형 게임

　필드경 게임은 공격과 수비가 명확히 구분되어 있는 게임으로서, 관련 스포츠 종목으로는 소프트 볼, 야구, 크리켓 등이 있다. 필드형 게임에서는 공간으로 공격하고 수비하기에 가장 효율적인 위치를 지키며, 동료와의 원활한 팀 플레이를 전개하는 것이 중요하다. 필드형 게임을 지도할 때에는 경기 방법이나 용기구를 변형시켜 수준별로 지도하고, 모든 학생이 적극적으로 게임에 참여하도록 유도하는 것이 중요하다.

 ## 필드형 게임의 개요

필드형 게임은 운동장에서 공을 상대편이 없는 곳으로 보내고 정해진 구역을 돌아오면 점수를 획득하는 경기로서 그 대표적인 스포츠 종목으로는 야구, 크리켓 등을 들 수 있다. 초등학교에서는 발야구가 많이 행해지고 있다. 필드형 게임형에는 달리기, 치기 또는 차기, 던지기, 받기와 같은 기능이 포함된다. 필드형 게임형은 학생들에게 자기의 역할에 대한 많은 책임감을 요구한다. 필드형 게임형은 게임형에 포함된 전략과 전술은 다소 어려울 수 있어 학생들은 꾸준한 연습을 하여야 한다. 여기에 소개된 필드형 게임형들은 학생들에게 야구나 발야구와 같은 필드형 게임형의 전략과 전술 그리고 기능을 익히는 데에 도움을 줄 수 있을 것이다.

 ## 필드형 게임의 전략 요소

필드형 게임은 공격과 수비가 명확히 구분되어 있는 게임으로서 자리잡기, 던지기, 달리기, 치기, 차기와 같은 활동이 이용되며 피하기형 게임이나 영역형 게임에서 사용되는 많은 전략들이 적용될 수 있다.

1) 공을 빈 곳으로 보낸다.
   - 공이 상대편이 받기 어려운 곳으로 보낸다.
2) 수비활동을 하기에 가장 좋은 곳으로 이동한다.
   - 수비하기 위하여 공격팀의 공이 어디로 올 것인가를 예상하고 알맞은 위치로 이동한다.
3) 동료를 지원할 수 있는 위치로 움직인다.
   - 팀 동료의 뒤나 옆으로 이동하여 보조 역할을 수행 한다.

 ## 필드형 게임 변형의 주안점

필드형 게임은 일정한 지역에 공이나 물체를 차거나 치는 방법이 이루어지므로 기본적인 게임의 성질이 변하지 않는 범위에서 게임을 변형시킬 수 있다.

1) 경기장의 모양을 변형시켜 본다.
2) 경기장의 크기를 변형시켜 본다.
3) 게임의 규칙을 변형시켜 본다
   - 규칙을 단순하게 하거나 복잡하게 해 본다.
4) 사용하는 기구를 변형시켜 본다.
5) 게임에 참여하는 인원수를 줄이거나 늘려본다.

 필드형 게임 지도시 유의점

필드형 게임은 공격과 수비가 동시에 이루어지므로 각각의 역할에 충실해야 한다. 대부분의 학생들이 좋은 위치를 차지하기 위해서 의견 충돌이 발생할 수 있으므로 각자의 위치를 일정한 원칙에 의해 순환하도록 한다.

1) 학생들에게 필드형 게임에 대한 구조와 규칙을 정확하게 인지시킨다.
2) 필드형 게임에서는 학생들의 수준에 따라 경기장의 크기나 사용하는 공의 크기를
   변형하여 수준별 지도를 하도록 한다.
3) 자신의 지역을 지키도록 하며 동료가 담당하는 지역까지 과도하게 침범하지 않도록 한다.
4) 공격하는 순서를 정할 경우 남·여가 골고루 활동에 참여할 수 있도록 한다.
5) 필드형 게임에서 이용되는 장비는 사전에 도구에 대한 안전도를 점검한 후에 이용한다.
6) 심판을 두어 게임의 흐름이 원활히 이루어지도록 하며 활동에 참여하는 사람들은
   심판의 말에 따르도록 한다.

 필드형 게임의 실제

필드형 게임은 여러 가지 형태로 나누어 질 수 있지만 이 책에서는 손과 발을 이용하는 게임 및 티볼게임을 중심으로 구성하였다. 다음의 게임은 교사가 기본 게임을 바탕으로 변형의 주안점을 적용하여 수준별로 게임을 구성한 것이다. 게임의 수준에 따라 1~4수준으로 구분하여 제시한다.

| 필드형 게임 | **빈 곳을 향하여 공 차기** |

발야구 게임에 익숙해지기 위한 사전 단계로서 발로 공을 쳐서 빈곳으로 보내 공격에 유리한 시간을 확보하는 게임이다.

게임수업목표	빈 곳으로 차고 이동할 수 있다.		
용 기 구	• 배구공(고학년), 탱탱볼(저학년) • 라인기 • 모둠 조끼	게 임 수 준	5학년 1수준
인 원 편 성	3모둠, 모둠 당 4명		
경 기 진 행	○ 진 행 • 공격수는 차례로 나와 홈에 놓여진 공을 찬다. • 수비수는 공을 잡아 이동하는 수비수를 태그한다. • 공격수는 수비수를 피해 안전지대로 이동한다. • 안전지대에 도착하면 다음 공격수와 교대한다. ○ 규 칙 • 공격수가 안전하게 교대를 할 때마다 1점을 득점한다. • 이동중 태그를 당하면 아웃이되어 다음 타자가 공을 찬다. • 공격수가 찬 공이 바운드 되지 않고 경계선을 넘으면 파울이 된다.		

경기장 구성

15m내외

1) 게임에 사용되는 전략

| 빈 곳 판단하기 | 멀리 보내기 | 수비수의 이동 고려하기 |

수비수가 없는 곳 및 간격이 넓은 곳을 판단한다.

다음 타자와 교체하는 시간을 벌기 위해 공을 멀리 찬다.

공을 너무 높게 차면 수비수가 다가와 공을 잡을 시간이 많이 걸린다.

2) 심화 및 보충

변형 게임

 진 행

- 수비수는 원 밖에 위치하고 그 중 1명이 볼링핀을 향해 공을 굴린다.
- 볼링핀을 쓰러뜨리지 못하도록 타자는 공을 찬다.
- 공을 찬 공격수는 다음 공격수와 역할을 교대한다.
- 수비수는 공을 잡아 타자가 교대하는 동안 볼링핀을 쓰러뜨릴 수 있다.

 규 칙

- 볼링핀이 다 쓰러질 때까지 많은 타자를 교체한 모둠이 승리한다.

◀ 기본 기능 연습 게임 ▶

| 정확히 공 보내기 | 공 걷어내기 |

한 줄로 서 있는 모둠원 모두에게 공을 정확히 보낸다.

원 밖에 있는 사람들이 원 안의 술래에게 공을 보내면, 술래는 지체없이 수비수 사이로 공을 찬다.

3) 교수 TIP

◀ 경기장 ▶

발로 공을 차고 달리는 활동이므로 주변에 안전을 방해하는 장애물(축구 골대 등)을 제거하고 충분한 공간을 확보한 후에 활동한다.

게임의 난이도 조절을 위해 출발선과 도착선의 거리를 조절한다.

◀ 규 칙 ▶

학생들의 능력에 따라 뜬 공을 바로 잡으면 아웃되는 규칙을 추가할 수도 있다. 모든 학생이 공격을 한 후 다음 모둠이 공격을 하게 한다.

◀ 인 원 ▶

실제 운동 참여시간을 높이기 위해서 3팀을 구성한 후 2팀은 수비 1팀은 공격으로 순환할 수 있다.

4) 평가의 관점

항 목	관 점
서브 넣기	상대방 구역을 향하여 발 안쪽으로 정확히 차 넣을 수 있는가?
빈 곳으로 공차기	빈 곳을 파악한 후에 정확히 차 넣을 수 있는가?
친구와 협동하기	서로 패스를 통하여 협동하며 활동했는가?

| 필드형 게임 | **수비위치 정하여 공받기** |

수비 구역에 빈 곳이 생기지 않도록 각자 구역을 맡아 수비 할 수 있다.

게입수업목표	수비 위치를 선정하여 수비를 할 수 있다.		
용 기 구	• 배구공 • 모둠조끼	• 베이스 • 라인기	게임수준 : 5학년 2수준
인 원 편 성	팀당 8명		
경 기 진 행	● 진 행 • 수비수는 훌라후프를 경기장에 설치하고 수비를 한다. • 공격수는 같은 편이 굴려준 공을 차고 투수를 돌아 홈으로 온다. • 수비수는 공을 잡아 들고 공격수보다 먼저 홈에 도착해야 한다. ● 규 칙 • 공격수가 투수를 돌아 먼저 돌아오면 1점을 얻는다. • 훌라후프에 공이 들어가거나 수비수가 공을 잡으면 아웃이 된다. • 수비수가 땅볼을 잡아 공격수보다 먼저 들어온 경우에도 아웃이 된다.		

경기장 구성
30m내외

부채 발야구

1) 게임에 사용되는 전략

몰려 있지 않기	수비 구역 중첩되게 정하기	공이 날아오는 시간 고려하기
		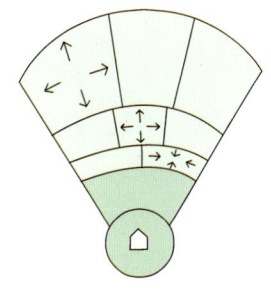
땅볼일 경우에 대비하여 경기장에 고루 퍼져 있는다.	각 수비수들이 맡는 구역을 중첩되게 정한다.	내야에 있는 수비수 일수록 간격이 촘촘해야 하며, 외야일수록 맡는 범위를 넓게 선다.

2) 심화 및 보충

변형 게임

 진 행

- 1회씩 번갈아가며 자기 모둠이 있는 구역으로 공을 찬다.
- 공을 찬 사람과 같은 팀의 수비수가 땅에 닿기 전에 잡는다.

규 칙

- 공이 땅에 닿기 전에 잡으면 해당 점수를 얻는다.
- 2번 땅볼일 경우 또는 파울이나 헛발질을 3번 할 경우 다음 타자로 교체된다.
- 모든 타자가 공을 차고 많은 점수를 얻은 모둠이 승리한다.

◀ 기본 기능 연습 게임 ▶

거리 달리하며 던지고 받기

처음에는 가까이서 공을 주고 받다가 점차로 거리를 늘리도록 한다.

굴러가는 공맞히기

굴러가는 공을 맞춰 공을 정확히 굴리는 연습을 한다.

3) 교수 TIP

◀ 경기장 ▶

점수가 많이 날 경우 경기장을 줄여 공격의 난이도를 높인다.

◀ 규칙 1 ▶

학생의 기능 수준이 떨어지는 경우 공이 한번 바운드 되는 것까지 허용하도록 한다.

◀ 규칙 2 ▶

학생들의 능력에 따라 투수 대신 루를 만들어 게임을 할 수 있다.

◀ 용기구 ▶

학년에 따라 배구공을 소프트발리볼이나 탱탱볼 등으로 바꾸어 사용할 수 있다.

4) 평가의 관점

항 목	관 점
몰려 있지 않기	경기장에 공간이 없게 고루 퍼져 있는가?
수비 구역 중첩되게 정하기	수비구역을 정할 때 중첩되는 책임 구역을 두고 있는가?
공이 날아오는 시간 고려하기	외야로 갈수록 수비 수 사이의 공간이 넓어지는가?

| 필드형 게임 | **상황판단하여 발야구 하기** |

볼카운트 상황을 판단하여 공격에 유리한 전략과 타자의 예상을 무너뜨리기 위한 투구 전략 등을 포함한 간이 발야구 게임이다.

게임수업목표	게임 상황을 판단하여 최선을 다하여 간이 발야구를 할 수 있다.		
용 기 구	• 배구공, (소프트발리볼)　• 베이스 • 모둠조끼　　　　　　　• 라인기	게임수준	5학년 3수준
인원편성	팀당 10~15명		
경기진행	○ 진 행 • 공격팀의 타자는 홈베이스에 있는 배구공을 발로 찬 후 1루 베이스로 뛰어 간다. • 수비수는 공격수가 발로 찬 공을 잡아 베이스로 던지면 된다. ○ 규 칙 • 공격수보다 공이 먼저 도착하면 공격수가 아웃이 된다. 　(공격수가 공을 맞으면 세이프) • 공격수가 찬 뜬 공을 수비수가 공중에서 직접 잡으면 플라이 아웃된다. 이때 베이스에 나간 공격수는 다음 베이스로 이동할 수 없다. • 득점 : 공격수가 1루와 2루를 거쳐 홈으로 들어오면 1점을 얻게 된다.		

경기장 구성

30m내외

간이 발야구

1) 게임에 사용되는 전략

| 볼카운트 상황 파악하기 | 공을 굴리는 속도 달리하기 | 공의 방향 달리하기 |

투수가 반드시 던질 수 밖에 없는 공을 추측해 본다.

공을 굴리는 속도를 달리하여 타자의 타격 타이밍을 빼앗는다.

주로 던지던 방향과 반대 방향으로 공을 던진다.

2) 심화 및 보충

◀ 3루 발야구 게임 ▶

 진 행

- 2루 발야구 게임과 진행 방식은 비슷하다. 다만 루가 하나 더 추가된다.
- 학생들의 능력에 따라 타자가 공을 홈베이스에 놓아두고 찰 수도 있고, 투수를 두어 투수가 공을 굴린 공을 찰 수도 있다.

 규 칙

- 투수가 공을 굴릴 때에는 공이 튀기지 않게 한다(튀기면 '볼'로 처리).
- 주자는 타자 공격시에 루(베이스)를 밟고 있어야 한다.
- 공격수가 찬 뜬 공을 수비가 공중에서 직접 잡으면 플라이 아웃된다.

◀ 기본 기능 연습 게임 ▶

벽에 공치기	볼링핀 쓰러뜨리기
벽에 숫자를 써놓고 정해진 횟수에 높은 점수를 얻는 사람이 승리한다.	양쪽에 볼핑핀을 세워놓고 먼저 볼링핀을 모두 쓰러뜨리는 사람이 승리한다.

3) 교수 TIP

◀ 경기장 ▶

점수가 많이 날 경우 경기장을 줄여 공격의 난이도를 높인다.

◀ 전 략 ▶

오른발 잡이는 왼쪽에서, 왼발 잡이는 오른쪽에서 차는 것이 편하다. 1루수, 2루수, 3루수는 수비 시에 베이스에 집착하지 않고 수비가 먼저임을 강조한다(루(베이스)를 밟고 있지 않게 한다.)

4) 평가의 관점

항 목	관 점
볼카운트 상황 파악하기	볼카운트를 확인하고 공을 노려서 치려고 하는가?
공을 굴리는 속도 달리하기	공을 굴리는 속도를 달리하여 타자의 타이밍을 빼앗는가?
공의 방향 달리하기	주로 던지던 방향과 달리 공을 던져 타자의 예상을 무너뜨리는가?

| 필드형 게임 | **빈 곳으로 공 치기** |

빈 곳으로 정확하게 공을 보낼 수 있는 공격 전략을 포함한 게임이다.

게임수업목표	공간을 파악하고 공을 정확하게 칠 수 있다.		
용 기 구	• 고무공(연식정구공) • 베이스 4개 • 모둠조끼 • 라인기	게임수준	5학년 1수준
인원편성	16명 (8명씩 2팀)		
경기진행	● 진 행 • 타자는 주먹으로 공을 치고 다음 베이스로 달려간다. • 수비수는 공을 잡아 타자가 이동하려는 베이스로 던진다. • 다음 베이스에서 대기하던 타자가 같은 방법으로 게임을 계속한다. • 모든 공격수가 공을 치면 공격과 수비를 바꾼다. • 타자가 베이스를 안전하게 이동할 때마다 1점을 획득한다. ● 규 칙 • 공격수는 아웃카운트에 상관없이 전원 공격에 참여한다. • 3회 헛치거나 파울하면 아웃이다.		

경기장 구성

15m

주먹야구 1

1) 게임에 사용되는 전략

| 빈 곳 파악하기 | 빈 곳 파악하기 2 | 빈 곳 만들기 |

수비수의 위치를 보면서 수비수 간격이 가장 넓은 위치를 파악한다.

수비수가 달려와 잡기 어려운 위치를 파악한다.

발의 위치, 시선의 방향 등으로 상대방을 혼란시켜 빈 곳을 만들어 낼 수 있다.

2) 심화 및 보충

변형 게임

 진행

- 공격수는 출발선 안쪽에 수비수는 출발선과 안전지대 사이에 위치한다.
- 공격수가 순서대로 나와 출발선 밖으로 공을 친다.
- 이때 모든 공격수들은 출발선에서 나와 안전지대로 이동한다.
- 수비수가 공을 잡는 순간부터, 수비수는 술래로 변하여 안전지대로 이동하는 공격수들을 잡을 수 있다.
- 공격 모둠 전원이 공을 모두 친 후, 다음 모둠이 이어서 공격한다.
- 공을 찬 후 안전지대로 이동할 때마다 1점씩 획득한다.

 규칙
- 공격수가 수비수와 접촉을 하게 되면 아웃이 된다.

◀ 기본 기능 연습 게임 ▶

공 끝까지보기	거리를 달리하여 공 던지고 받기
	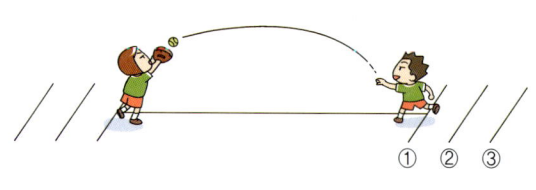
날아오는 공을 끝까지 보는 습관을 기른다.	거리를 점차 늘려가며 공을 던지고 받는다.

3) 교수 TIP

◀ 경기장 1 ▶

대기하는 타자가 앉아 있을 구역을 표시해 준다.

◀ 경기장 2 ▶

사각형을 연장하는 선을 그려 파울을 판단한다. 다양한 형태의 경기장을 제시한다.

◀ 경기장 3 ▶

경기장 내부에 여학생 전용 경기장을 그려 제시할 수 있다.

◀ 규 칙 1 ▶

꼬리잡기야구에서 남학생은 남학생만 여학생은 여학생만 수비할 수 있다.

◀ 규 칙 2 ▶

여학생의 경우, 5회 헛치거나 파울하면 아웃으로 정할 수 있다.

◀ 용기구 ▶

학생 기능에 따라 탱탱볼, 연식정구공, 테니스공 등을 다양하게 활용한다.

4) 평가의 관점

항 목	관 점
빈 곳 파악하기	수비수 사이의 간격을 파악하여 빈 곳으로 공을 보낼 수 있는가?
빈 곳 파악하기 2	수비수가 달려와 잡기 어려운 곳으로 공을 보냈는가?
빈 곳 만들기	시선, 팔동작, 발의 방향 등으로 수비수를 속일 수 있는가?

| 필드형 게임 | **수비위치정하여 공 던지고 받기** |

역할에 따라 수비위치를 정하고 수비전략을 활용하는 게임이다.

게임수업목표	자신에게 알맞은 수비 역할을 맡아 최선을 다하여 수비할 수 있다.		
용 기 구	• 고무공(연식정구공)　• 미니골대 • 모둠조끼　• 라인기　• 라바콘	게임수준	5학년 2수준
인원편성	16명 (8명씩 2팀)		
경기진행	◉ 진 행 　• 타자는 주먹으로 공을 쳐서 라바콘을 맞힌다. 　• 라바콘을 맞히지 못한다면 베이스를 돌아 홈으로 달려 들어온다. 　• 수비수는 공을 잡아 미니골대로 던진다. 　• 타자가 친 공이 라바콘에 맞거나, 수비수가 던진 공보다 먼저 골대에 도착했을 때 득점한다. ◉ 규 칙 　• 공격수는 한번씩 전원 공격한다. 　• 뜬 공을 수비수가 바로 잡은 경우 아웃이다. 　• 타자가 도착하기 전에 수비가 던진 공이 미니골대에 도착할 경우 아웃이다. 　• 공격자가 3번 헛 치거나 파울할 경우 아웃이다.		

경기장 구성

8명 2개 모둠

표적 맞히기 주먹야구

1) 게임에 사용되는 전략

수비역할 정하기	위치잡기	의사소통하기

학생 개개인의 특성에 맞는 역할을 정한다.	수비수들 사이의 앞-뒤, 좌-우 간격을 일정하게 조정한다.	타자에 대한 정보, 뜬 공의 처리 등 수비수들 간에 충분한 대화를 주고받는다.

2) 심화 및 보충

> 변형 게임

 **진 행**

- 타자는 빨강공, 노랑공, 파랑공을 선택하고, 5초 후에 선택한 색깔의 구역으로 공을 친다.
- 수비는 타자가 선택한 구역으로 이동하여 수비위치를 잡는다.
- 구역의 중앙에 놓여있는 깃발을 누가 먼저 잡는가가 승부의 중점이다.
- 공격수가 깃발을 획득한만큼 점수를 얻는다.

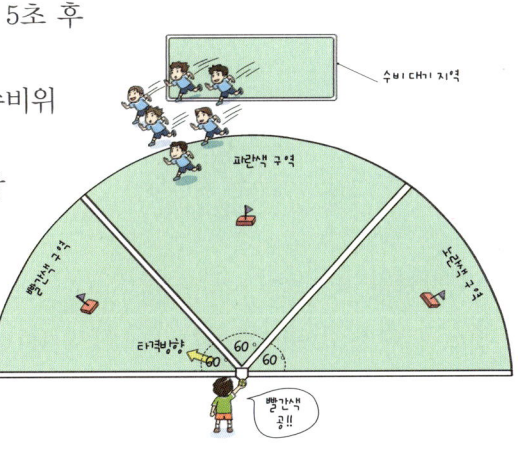

 **규 칙**

- 공격수 전원이 순서대로 공격한다.
- 공격수가 파울을 3번 하게 되면 다음 공격수로 넘어간다.

◀ 기본 기능 연습 게임 ▶

| 굴러오는 공 잡기 | 높게 날아오는 공 잡기 |

수비수는 일렬로 서서 굴러오는 공을 잡는다.

수비 위치를 정하고 높이 날아오는 공을 잡는다. 이 때 공을 잡는 사람은 "마이볼"을 외쳐 수비수간의 충돌을 피한다.

3) 교수 TIP

◀ 경기장 ▶

점수가 많이 날 경우, 경기장의 폭을 좁혀 공격의 난이도를 높게 한다.

◀ 수비역할 ▶

평소에 학생의 특성을 파악하여 알맞게 조정하되, 모든 수비위치를 다 경험해볼 수 있게한다.

◀ 규 칙 1 ▶

학생 기능의 차를 인정하여 반환점의 거리를 다르게 제시한다.

◀ 규 칙 2 ▶

여학생의 경우, 5번 헛치거나 파울이 되면 아웃으로 한다.

◀ 안 전 1 ▶

학생들 간의 충돌을 방지하기위해 호루라기를 지참한 안전지킴이를 지명하여 활용한다.

◀ 용기구 1 ▶

학생의 안전을 고려하여 탱탱볼, 고무공, 테니스공 등 다양한 용기구를 제시한다.

◀ 용기구 2 ▶

라바콘이 맞히기 힘들 경우, 큰 원을 그려 공격이 유리하도록 한다.

4) 평가의 관점

항 목	관 점
수비역할정하기	학생의 특성에 맞게 수비의 역할을 효율적으로 나누었는가?
위치잡기	알맞은 간격과 구역에 수비위치를 잡고있는가?
의사소통하기	수비수들간에 충분한 의사소통이 이루어지는가?

| 필드형 게임 | **상황판단하여 주먹야구하기** |

게임의 상황을 판단하는 능력을 기르고, 공격과 수비전술을 포함하는 간이주먹야구 게임이다.

게입수업목표	상황에 따라 수비위치를 이동하거나, 공을 치는 방법을 달리하여 주먹야구를 할 수 있다.		
용 기 구	• 고무공 • 모둠조끼	• 라바콘 3개 • 라인기	게임수준	5학년 3수준
인 원 편 성	16명 (8명씩 2팀)		
경 기 진 행	● 진 행 • 타순에 따라 주먹으로 공을 치고 베이스를 향해 달려간다. • 타자, 주자는 1루씩 이동할 수 있다. • 수비수는 공을 잡아 베이스로 던져 타자보다 먼저 보내면 아웃이 된다. • 뜬 공을 잡으면 아웃이다. • 3명의 타자가 아웃이면 공수교대한다. ● 규 칙 • 공격수가 헛치기나 파울을 3회하면 아웃이다. • 주자가 모든 루(베이스)를 돌아 홈으로 돌아오면 1점이다.		

경기장 구성

8명 2개 모둠

주먹야구 2

1) 게임에 사용되는 전략

타자의 동작보고 예상하기	수비수의 위치를 보고 타격하기	주자를 생각하며 타격하기

타자가 공을 치려는 방향으로 수비위치를 이동한다.	수비수의 위치와 간격을 보고 빈 곳으로 타격한다.	주자의 위치를 생각하여 공을 친다.

2) 심화 및 보충

> 변형 게임

진행

- 타자는 바구니에 담긴 종이를 꺼내어 큰 소리로 읽는다.
- 타자가 읽은 지령을 공격 모둠, 수비모둠 모두 숙지해둔다.
- 타자가 공을 치면 종이에 적힌 대로 행동한다.
- 모든 타자가 공을 치고 역할을 바꾸어 실시한다.

규칙

- 먼저 종이에 적힌 지령을 수행하는 팀이 점수를 획득한다.
- 5명씩 번갈아가며 한다.

◀ 기본 기능 연습 게임 ▶

| 원하는 높이로 공치기 | 협력수비하기 |

공을 높이 멀리 보내기 위해서는 공의 약간 아랫부분을 낮게 땅볼로 보내기 위해서는 공의 윗 부분을 친다.

수비수끼리 서로 위치를 조정하여 공간이 생기지 않도록 한다.

3) 교수 TIP

◀ 경기장 1 ▶

점수가 많이 날 경우 경기장을 크기를 조절한다.

◀ 경기장 2 ▶

파울선을 그려 공격의 난이도를 높인다.

◀ 경기장 3 ▶

대기 선수들의 공간을 지정해준다.

◀ 규 칙 1 ▶

학생들이 직접 개개인의 특성을 고려하여 타순을 정한다.

◀ 규 칙 2 ▶

여학생의 경우, 5번 헛치거나 파울이면 아웃으로 한다.

◀ 안 전 ▶

선수들의 충돌을 방지하기위해 안전지킴이를 지정한다.

◀ 용기구 ▶

학생의 기능 차이를 고려하여 탱탱볼, 고무공, 테니스 공 등을 제시한다.

4) 평가의 관점

항 목	관 점
타자의 동작보고 예상하기	타자의 특성을 파악하고, 타격 동작을 보고 수비위치를 예상하는가?
수비수의 위치를 보고 예상하기	수비수의 위치를 고려하여 타격방향을 정하였는가?
주자를 생각하며 공치기	선행주자의 위치를 고려하여 타격하였는가?

| 필드형 게임 | **빈 곳으로 공치기** |

주자의 이동에 달라지는 타격 전략을 포함한 게임이다.

게입수업목표	주자의 이동에 따라 달라지는 공간을 탐색하여 공을 칠 수 있다.		
용 기 구	• 티볼세트　• 탱탱볼　• 후프 • 모둠조끼　• 라인기	게임수준	5학년 3수준
인원편성	공격 수비 각 8명 2모둠		
경기진행	◉ 진 행 • 공격수 1명이 나와 배팅티 위의 공을 치고 길을 따라 훌라후프로 달린다. • 공이 지나간 구역 전에 있는 루(베이스)까지 달릴 수 있다. • 모든 정해진 구역을 돌아오면 1점을 얻는다. ◉ 규 칙 • 홈런 선을 넘으면 경기장에 나가 있는 공격수의 수 + 1점을 얻는다. • 친 공을 수비수가 땅에 닿기 잡은 경우 아웃이 된다. • 헛치기나 파울(파울지역 혹은 배팅티 넘어뜨리기)을 3번 한 경우 아웃이 된다. • 티볼 공을 치기 어려운 학생은 탱탱볼을 치도록 한다.		

경기장 구성　10m

반원 티볼야구

1) 게임에 사용되는 전략

주자의 이동 고려하기	주자와 약속하기	공의 방향 보고 달리기
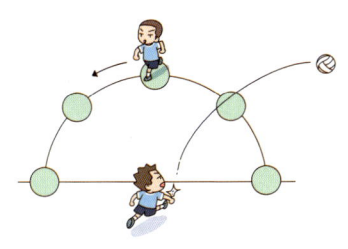	 	
주자가 이동을 고려하여 먼 곳으로 공을 친다.	약속을 통해 공을 치고자 하는 방향을 알려 준다.	주자는 공이 빈 곳으로 갔을 때 다음루로 이동한다.

2) 심화 및 보충

변형 게임

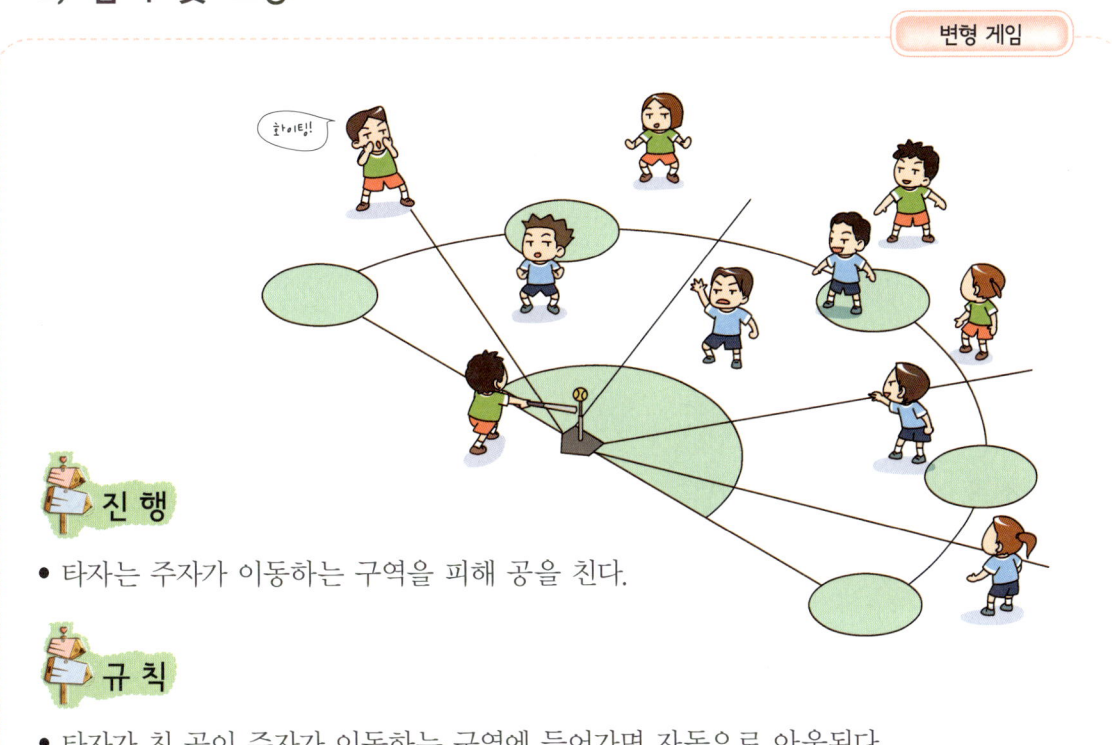

진행

- 타자는 주자가 이동하는 구역을 피해 공을 친다.

규칙

- 타자가 친 공이 주자가 이동하는 구역에 들어가면 자동으로 아웃된다.
- 모든 루를 돌아 홈으로 들어온 경우, 홈런 선을 넘긴 경우 1점을 득점한다.

◀ 기본 기능 연습 게임 ▶

벽 공치기	공던지고 달리기

상대가 불러준 구역으로 공을 쳐서 득점한다.

수비가 없는 곳으로 공을 던지고 수비가 오기전에 라바콘은 3회 왕복하여 득점한다.

3) 교수 TIP

◀ 경기장 1 ▶

점수가 많이 날 경우 경기장의 공간을 조정하여 공격의 난이도를 높인다.

◀ 경기장 2 ▶

후프가 발에 걸려 넘어질 수 있으므로 시간에 여유가 있으면 후프대신 선을 긋는 것이 좋다.

◀ 경기장 3 ▶

경기장의 형태가 공격수에게 유리하므로 원-반원-부채꼴 등으로 변화시키면서 난이도를 조정한다.

4) 평가의 관점

항 목	관 점
주자의 이동 고려하기	주자가 이동할 지점을 피해 공을 치는가?
주자와 약속하기	미리 약속된 방향으로 공을 치는가?
공의 방향 보고 달리기	뛰어야 할 상황과 멈추어야 할 상황을 정확히 알고있는가?

필드형 게임: 수비 위치 정하여 공 받기

필드형 게임 수행을 위한 던지기 기능과 받기 기능을 즐겁게 익힐 수 있는 게임이다.

게임수업목표	공을 받는 원리를 이해하고 바른 자세로 안전하게 서로 협동하여 공을 던지고 받을 수 있다.		
용 기 구	• 티볼 세트 • 호루라기 • 모둠조끼(4색) • 후프(라바콘)	게임수준	5학년 3수준
인원편성	공격 수비 각 8명 2모둠		
경기진행	● 진 행 • 공격수 1명이 나와 경기장 안으로 공을 치고 정해진 장소로 달려간다. • 수비수는 공을 잡아 공격수가 이동하려는 장소로 공을 던진다. • 공을 잡지 않은 수비수 3명은 공 전달 구역으로 이동한다. • 정해진 구역을 모두 돌아오면 1점을 얻는다. ● 규 칙 • 친 공을 수비수가 땅에 닿기 전에 잡은 경우 아웃이 된다. • 공격수가 이동할 지역에 수비수 3명이 있고 공격수보다 공이 먼저 도착한 경우, 헛치기나 파울을 4번 한 경우 아웃이 된다.		

경기장 구성: 15m, 3m

1) 게임에 사용되는 전략

공을 받는 수비수 뒤로 이동하기	루 백업하기	수비 위치 조정하기

  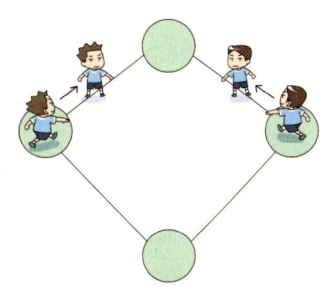

공을 받는 수비수 뒤로 이동하여 놓친 공에 대비한다.

루(베이스)를 맡은 수비수가 공을 받으러 가면 다른 수비수가 루(베이스)를 맡는다.

루(베이스)를 맡은 수비수는 타격 전 빈 곳을 최소화할 수 있는 구역으로 이동한다.

2) 심화 및 보충

변형 게임

 **진행**

- 타자는 배팅 티 위의 공을 치고 모든 루를 돌아온다.
- 수비수는 공을 잡아 3루 → 2루 → 1루 → 홈 순으로 공을 보낸다.
- 모든 공격수가 공을 치면 공격과 수비의 역할을 바꿔 게임을 한다.

 **규칙**

- 모든 루를 돌아 공보다 먼저 홈에 도착하면 1점을 얻는다.
- 홈런 선을 넘으면 1점을 얻는다.
- 홈으로 공이 먼저 들어온 경우 아웃이 된다.
- 뜬 공을 수비수가 바로 잡은 경우 아웃이 된다.
- 헛치기나 파울을 3번 한 경우 아웃이 된다.

◖ 기본 기능 연습 게임 ◗

캐치볼	벽 공 던지기
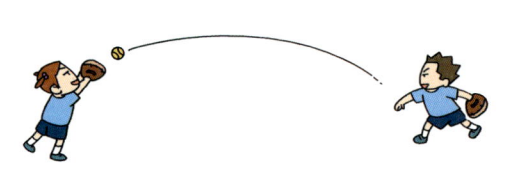	
높이와 세기를 달리하여 공을 던지고 받는다.	벽에 공을 던지고 튀어나오는 공을 받는다.

3) 교수 TIP

◖ 규 칙 ◗

원 안에서 공을 처리하지 못한 경우 1점을 감점을 할 수도 있다.

◖ 안 전 ◗

공을 던지기 전에는 반드시 잡는 사람의 이름을 부르게 하고, 상대방의 눈과 마주친 후 던지는 것이 게임의 집중력과 안전성을 높일 수 있다.

4) 평가의 관점

항 목	관 점
공을 받는 수비수 뒤로 이동하기	공을 받는 수비수 뒤로 이동하여 도울 수 있는가?
루(베이스)로 돌아오기	비어 있는 루(베이스)에 달려가 보조역할을 수행하는가?
수비 위치 조정하기	주자의 이동이 없는 루(베이스)를 맡은 수비수가 루(베이스)에서 떨어져 수비를 하는가?

| 필드형 게임 | **상황판단하여 티볼 게임하기** |

야구형 게임의 규칙과 기술의 완성 단계의 게임이다.

게입수업목표	게임의 흐름을 파악하고 이에 적합한 전략을 세워 티볼게임에 적극적으로 참여할 수 있다.		
용 기 구	• 티볼세트 • 모둠조끼 • 베이스 • 라인기	게 임 수 준	5학년 4수준
인 원 편 성	팀당 10~15명		
경 기 진 행	◉ 진 행 • 공격수는 배팅티 위에 있는 공을 배트로 친 후 1루 베이스로 뛰어간다. • 수비수는 공격수가 친 공을 잡아 각 베이스로 던지면 된다. • 공격수가 1루와 2루, 3루를 거쳐 홈으로 들어오면 1점을 얻게 된다. ◉ 규 칙 • 공격수가 친 공을 수비수가 공중에서 직접 잡으면 플라이 아웃된다. 이때 베이스에 나간 공격수는 다음 베이스로 이동할 수 없다. • 공격수보다 공이 먼저 도착하면 아웃이다. • 공격수가 3번 이내에 공을 타격하지 못하면 아웃된다.		

경기장 구성
8명 2개 모둠

티볼게임

1) 게임에 사용되는 전략

타격 방향 예상하여 수비 위치 이동하기	주루 상황 판단하기	타순 결정하기

타자가 칠 방향을 판단하여 수비 위치를 이동한다.	뛰어야 할 상황인지 아닌지를 판단한다.	게임의 상황을 예측하여 타순을 결정한다.

2) 심화 및 보충

> 변형 게임

 **진행**

- 티볼은 배팅티 위에 공을 두고 치지만 티볼 업그레이드는 배팅티가 없다.
- 배팅티가 없는 대신에 교사가 공을 튀겨 주어 치게 하는 방법, 교사가 45° 각도로 3m 정도 떨어져서 공을 던져 주어 치게 하는 방법, 상대편 투수가 공을 언더드로우로 던지는 방법 등이 가능하다.

 **규칙**

- 공격수가 친 뜬 공을 수비가 공중에서 직접 잡으면 플라이 아웃된다. 이때 베이스에 나간 공격수(주자)는 다음 베이스로 이동할 수 없으며, 공이 원래 베이스에 먼저 도착하면 그 주자는 아웃되는 규칙을 추가할 수도 있다.

◀ 기본 기능 연습 게임 ▶

라켓볼 치기	거리 달리하여 공치기

제자리에서 튀긴 공을 라켓으로 쳐서 원하는 방향으로 보낸다.	배팅티의 놓인 위치와 타자가 서 있는 위치를 달리하여 공을 친다.

3) 교수 TIP

◀ 경기장 ▶

고학년의 경우 베이스 간의 거리는 14m, 저학년은 10~12m 정도로 한다.

◀ 규 칙 1 ▶

학생들이 공을 던지거나 잡는 데 익숙하지 않을 때에는 구역을 정해주어 구역 안에서 잡는 것을 허용 할 수 있다.

◀ 규 칙 2 ▶

티볼은 보다 복잡한 규칙들을 포함하기 때문에 한 번 실행하면서 게임에 필요한 규칙을 학생들이 찾아볼 수 있도록 지도할 수 있다.

◀ 전 략 ▶

1루수, 2루수, 3루수는 수비 시 루(베이스)에 집착하지 않고 수비가 먼저임을 강조한다(루(베이스)를 밟고 있지 않게 한다). 배트를 세게 휘두르는 것보다는 정확하게 맞추는 것을 강조한다.

정확하게 공을 치기 위해서는 배트를 짧게 잡도록 한다.

4) 평가의 관점

항 목	관 점
타격 방향 예상하여 수비 위치 이동하기	타격 방향을 예상하고 수비 위치를 이동하는가?
주루 상황 판단하기	주자가 진루 상황 및 아웃 카운트를 판단하여 달리는가?
타순 결정하기	타자의 능력과 특성을 고려하여 타순을 정하는가?

교수·학습 과정안(필드형 게임 예시)

단 원	3. 경쟁활동 / 야구형 게임		차 시	10/15
학습주제	협동 주먹 야구형 게임하기		교수학습모형	이해중심 게임수업 모형
학습목표	주먹야구형 게임의 방법 전략을 알고 익혀 서로 협동하면서 게임을 할 수 있다.			
단 계	학습 활동	교수·학습 활동	시간	자료 및 유의점
탐색활동 및 게임이해	학습 분위기 조성 및 동기유발	● 수업 준비 및 경기장 준비하기 　- 학습 자료를 준비한다. 　- 수업 대형으로 모인다. ● 건강상태 확인하기 　- 자신의 몸의 상태를 잘 살펴서 선생님께 이야기한다. ● 전시 학습 상기하기 　▶ 지난 시간에 했던 게임은 무엇인가요? 　- 간이 발야구 게임입니다. 　▶ 지난 시간 여러분이 한 게임에서 상대편을 이기기 위한 전략은 무엇이었나요? 　- 수비 지역의 빈 곳으로 찹니다. 　- 강약을 조절하여 물체를 칩니다. ● 학습 동기 유발(영상자료) 　▶ 왜 이런 일이 일어나는지 자신의 생각을 발표해 볼까요? 　- 야구 실력이 부족한 친구를 이해하지 않아서 생깁니다. 　- 다른 사람을 배려하지 않아서 생깁니다. 　▶ 그렇다면, 어떻게 해야 하나요? 　- 협력하여 경기를 해야 합니다. 　- 배려하면서 경기를 해야 합니다.	6	● 팀별 조끼, 탱탱볼, 베이스, TV, 훌라후프, CD 재생기, 음악CD ▶ 전 차시의 게임 구성 내용을 생각해보도록 한다. ● 영상자료(1분) ▶ 허용적인 분위기로 발표가 활발히 이루어지도록 한다.
	학습문제 확인 학습활동 인지	● 학습 문제 제시 　▶ 다 같이 학습문제를 읽게 한다. 　- 학습문제를 읽는다.		● 학습문제

	개별목표 세우기	**협동하여 집단 주먹 야구 게임을 해 봅시다.** ● 학습활동 안내하기 　- 수행평가지를 보며 오늘 학습할 내용을 확인한다. 　▶ 선생님이 준비한 자료를 보며 각각의 게임에 대한 방법과 규칙을 잘 들어보게 한다. 　- 자신이 맡을 역할과 팀의 전략을 생각하며 교사의 설명을 듣는다. ● 개별 목표 세우기 　▶ 오늘 안내된 게임에서 나는 무엇을 잘하면 좋을지 각자 목표를 세워보게 한다. 　- 수비 지역의 빈 곳으로 공을 칩니다. 　- 짝과 손을 잡고 함께 빨리 누로 이동합니다. 　- 짝에게 공을 잘 던져줍니다. 　- 빠르게 패스하여 타자를 잡습니다. 　- 맡은 역할에 대한 책임을 다합니다. 　- 친구들과 다투지 않고 협력합니다.		● 수행평가지 ● 게임설명자료 ▶ 자신의 능력보다 조금 높게 목표를 세우도록 한다.
준비운 동 및 보조운동	준비운동 보조운동	● 체조 대형으로 서기 　▶ 준비운동 및 보조운동으로 '스트레칭체조'와 '탱탱볼 치고 받기'를 하게 한다. ● 스트레칭 체조하기 　- 선생님을 따라서 음악에 맞추어 천천히 따라 한다. 　- 팔다리의 근육과 관절의 긴장을 풀어준다. ● 보조운동 - '탱탱볼 치고 받기' 　▶ 2인 1조로 탱탱볼을 1개씩 갖고 탱탱볼을 치고 받기 활동으로 가볍게 몸을 풀어주게 한다. 　- 2인 1조로 팀을 구성한다. 　- 높낮이를 다르게 하여 치고 받는다. 　- 거리를 다르게 하여 치고 받는다. 　- 세기를 다르게 하여 치고 받는다. 등등	4	● CD재생기, 음악 CD ▶ 본시 활동과 관련된 움직임 운동으로 준비 운동 및 주운동의 효과를 함께도모한다. ▶ 주변의 다른 팀에 방해가 되지 않도록 한다.

				12	
전략 인지 및 게임 I 수행	전략인지	● 모이기 ▶ '둘이서 함께' 게임에 대한 규칙을 재확인하게 한다. 　– 공격과 수비로 나누어짐을 안다. 　– 2인 1조로 짝이 탱탱볼을 던져 주고 1명이 치고 나가면서 짝과 손을 잡고 누로 달림을 안다. ● 전략회의(전체)하기 ▶ '둘이서 함께' 게임을 잘하기 위한 전략을 말해볼까요? 　– 수비의 빈 곳으로 탱탱볼을 칩니다. 　– 빠르게 패스하여 타자를 잡습니다. ▶ 전·후반 공격과 수비를 정한 후, 게임 장소로 가게 한다. 　– 전·후반 공격과 수비를 정한 후, 팀별로 이동하여 간단한 전략회의를 하고 파이팅을 외치고 호루라기에 맞춰 게임을 시작한다.		
	게임수행	● 게임 활동 I ▶ '둘이서 함께' 게임을 실행하게 한다. ▶ 교정적 피드백을 제시한다. ● 전략회의(팀) 하기 ▶ 전반전을 마치고 작전타임을 1분 갖고, 후반전 게임을 시작하게 한다. 　– 팀별로 전반전에 부족했던 내용을 협의하며 작전타임을 갖는다. 　– 파이팅을 외치고 게임을 시작한다. ● 게임 활동 I ▶ '둘이서 함께' 게임을 재실행하게 한다. ▶ 긍정적인 피드백을 제시한다. 　– 팀의 전략을 생각하며 자신의 역할에 적극적으로 참여한다.		● 탱탱볼, 팀별 셔츠, 베이스 ▶ 몸이 아픈 친구들은 관찰자로서의 역할을 수행한다. ▶ 기능이 뛰어난 학생을 중심으로 게임이 진행되지 않도록 능력을 고려하여 팀을 사전에 구성한다. ▶ 교사는 팀별로 학생들의 게임 활동을 살피며 전체적인 진행 상태 확인이 가능한 홈에 위치 한다.
	게임반성	● 게임 반성하기 ▶ 게임을 하면서 생긴 문제점을 말해보게 한다. 　– 공격이 유리하기 때문에 수비의 패스 횟수를 줄였으면 좋겠습니다. 　– 수비가 모두 움직이는 게임 방법을 찾았으면 좋겠습니다.		

	게임 재구성	● 새로운 게임 만들기 ▶ 게임을 구체적으로 어떻게 바꾸었으면 좋을지 자유롭게 발표하게 한다. − 짝끼리 손을 잡고 뛰지 않았으면 좋겠습니다. − 수비수가 공을 잡은 후, 3명이상이 공을 터치한 후 잡을 수 있는 것을 줄였으면 합니다. − 바로 잡을 경우 아웃이 되면 좋겠습니다. ● 예상되는 변형 게임 1 − 공격자가 공을 친 후, 전체가 일렬로 경기장을 돕니다. − 수비 팀은 공을 잡은 사람을 기준으로 일렬로 모인 후 머리 위로 공 넘기기를 하고 홈으로 공을 가져갑니다. − 먼저 들어온 팀이 1점을 얻습니다. ● 예상되는 변형 게임 2 − 공격자가 공을 친 후, 짝과 함께 팀원들의 주변을 한 바퀴 돌고, 경기장을 돕니다. − 수비자는 날아오는 공을 잡고, 팀 전원이 모두 모이면 그 주위를 한 바퀴 돌고 홈으로 공을 가져갑니다. − 먼저 들어온 팀이 1점을 얻습니다.	2	▶ 게임의 변형은 경기장의 크기, 도구의 변화 등을 이용할 수 있다. ▶ 훌라후프 등 기구를 창의적으로 사용 가능함 ▶ 학생의 의견들 중 가장 타당한 것으로 변형 게임을 정한다.
전략 인지 및 게임Ⅱ 수행	전략인지	● 변형 게임 이해 ▶ '한바퀴를 돌아라' 게임에 대한 규칙을 확인하게 한다. − 공격과 수비로 나누어짐을 압니다. − 공격은 2인 1조로 짝이 탱탱볼을 던져 주고 1명이 치고 나가면서 짝과 손을 잡고 팀원 들을 한 바퀴 돌고 1루, 2루, 3루를 거쳐 홈으로 들어온다. − 수비는 날아오는 공을 잡고, 팀 전원이 모이면 그 주위를 한 바퀴 돌고 타자를 태그하거나 홈으로 들어옵니다. − 공격팀이 홈으로 무사히 들어오면 1점을 얻습니다. − 빠르게 패스하여 타자를 잡습니다. ● 전략회의(전체)하기 ▶ '한바퀴를 돌아라' 게임을 잘하기 위한 전략을 말해볼까요? − 상대편의 빈 곳으로 탱탱볼을 칩니다. − 같은 편이 한 곳에 모이지 않도록 합니다. ▶ 전·후반 공격과 수비를 정한 후, 게임 장소로 가게 한다. − 전·후반 공격과 수비를 정한 후, 팀별로 이동하여 간단한 전략회의를 하고 파이팅을 외치고 호루라기에 맞춰 게임을 시작한다.	12	▶ 게임 상황에 따라 팀원들을 한바퀴 도는 것 등을 빼거나 조정할 수도 있다.

	게임수행	• 게임 활동 Ⅱ ▶ '한바퀴를 돌아라' 게임을 실행하게 한다. ▶ 교정적 피드백을 제시한다. – 각자의 역할을 생각하며 활발하게 참여한다. – 선생님의 교정적 피드백을 잘 듣고 자신의 움직임을 고쳐본다. • 전략회의(팀) 하기 ▶ 전반전을 마치고 작전타임을 1분 갖고, 후반전 게임을 시작하게 한다. – 팀별로 전반전에 부족했던 내용을 협의하며 작전타임을 갖는다. – 파이팅을 외치고 게임을 시작한다. • 게임 활동 Ⅲ ▶ '한바퀴를 돌아라' 게임을 재실행하게 한다. ▶ 긍정적인 피드백을 제시한다. – 팀의 전략을 생각하며 자신의 역할에 적극적으로 참여 한다. – 규칙을 지키고 최선을 다해 서로 협동하며 즐겁게 참여 한다.		▶ 몸이 아픈 친구들은 관찰자로서의 역할을 수행한다. ▶ 교사는 팀별로 학생들의 게임 활동을 살피며 전체적인 진행 상태 확인이 가능한 홈에 위치한다.
	점수확인	• 모이기 ▶ '한바퀴를 돌아라' 게임 점수는 어떻게 됩니까? – 이긴 팀은 함성을 지르고, 진 팀은 박수를 쳐준다.		
정리활동 및 평가	정리운동	• 관절운동하기 – 선생님을 따라서 합니다. 동작은 크게 하고 정확하게 합니다. – 모든 동작의 시작은 바깥쪽부터 8호간 돌려주고 안쪽으로 8호간 돌려 줍니다. – 음악에 맞춰 관절운동을 한다. ① 손목 돌리기(16호간) → ②어깨에 손을 얹고 크게 돌려주기(16호간) → ③목돌리기(16호간) → ④허리 돌리기(16호간) → 간주(8호간) → ⑤무릎돌리기(16호간) → ⑥발목 돌리기(16호간)	4	• CD재생기, 음악 CD

	학습내용 정리 및 평가	• 학습내용정리 ▶ 이긴 팀은 어떻게 하여 이길 수 있었습니까? 　– 빈 곳으로의 공격이 좋았습니다. 　– 팀원들의 협동이 좋았습니다. • 자기평가하기 ▶ 오늘의 게임에서 스스로에게 잘했다고 칭찬해주고 싶은 사람은 왼손의 노란 성취밴드를 오른손에 차게 한다. 　– 오른 손목으로 옮겨 찬 학생들은 손을 든다. 　– 모두 함께 박수를 쳐준다. • 동료평가하기 ▶ 게임 능력이 좋은 친구에게는 빨간 성취 밴드를 주고, 규칙을 잘 지키고 열심히 뛴 친구에겐 파란 성취 밴드를 주게 한 후, 3개 이상인 사람은 손을 들게 한다. 　– 빨간 성취밴드와 파란 성취밴드가 3개 이상인 사람은 손을 든다. 　– 모두 함께 박수를 쳐준다. • 느낀 점 발표하기 　– 여러 간이게임의 방법을 알 수 있었습니다. 　– 탱탱볼을 정확하게 치는 것이 중요하다는 것을 알았습니다. 　– 규칙을 잘 지키며 서로 협력하는 마음이 중요하다는 것을 알았습니다.		• 수행평가지(교실) ▶ 성취밴드 (빨강1개–게임능력, 파랑1개–태도, 노랑1개–개인목표 도달정도에 따라 개수를 달리함) ▶ 자기평가는 주 관적인 판단으로 스스로에게 점수를 주는 것이므로 긍정적인 방향으로 한다. ▶ 게임에 있어서 우수한 기능만 중요한 것이 아니라 적극적으로 협력하는 태도의 중요성도 알게 한다.
	차시예고 및 과제제시	• 차시예고 및 과제제시 ▶ 다음 시간의 '점수 주먹 야구 게임'을 안내한다. 　– 점수 주먹 야구 게임 예습 과제 및 준비물을 확인한다.		▶ 학습 정리 및 예습 과제 제시
	용구정리 및 청결지도	• 용구 정리와 청결 지도 　– 모둠별로 학습도구 및 자료를 정리한다. 　– 몸을 깨끗이 씻고 입실한다.		▶ 서로 도우며 질서 있게 정리한다.

 평가도구 예시

【수행평가 자료 예시1】

아래의 사진은 공격 모둠의 주자가 1루에 나가 있는 상황을 보여주고 있다. 공격 모둠이 어떤 전략을 세워야 하는 지 그림을 그리고 설명해 보시오.

타자 :

1루에 있는 주자 :

【수행평가 자료 예시2】

내가 야구 감독이라고 생각하고 오늘 우리 모둠이 승리 또는 패배한 이유가 무엇인지 분석해서 적어보시오.

제5장
네트형 게임

　네트형 게임은 두 팀이 각자의 정해진 공간에서 상대편의 빈 곳에 공을 보내 상대의 수비나 반격을 어렵게 하여 점수를 얻는 게임으로서, 영역형이나 필드형 게임보다 게임 전술은 단순하지만 요구되는 기능 수준이 다소 높아 초등학생들이 어려움을 느끼기 쉬운 게임 유형이다. 관련 스포츠 종목으로는 배구, 테니스, 배드민턴, 탁구, 라켓볼 등이 있다. 네트형 게임에서는 동료간의 긴밀한 협조가 중요하며, 필요할 경우 기초 기능을 익히기 위한 연습과정을 병행하는 것이 효과적이다.

 네트형 게임의 개요

　네트형 게임은 목표물 맞히기형 게임과 밀접한 관련이 있으며 특정 지역에 물체를 정확하게 보내거나 맞혀야 하는 능력을 요구하는 게임이다. Thorpe는 이러한 게임에 사용되는 전략이 영역형 게임이나 필드형 게임에서보다는 배우기 쉽다고 말한다. 대부분의 네트형 게임의 경우, 네트에 의하여 공간이 분할되고 그 중 한 쪽에서 선수나 팀이 활동하기 때문에 영역형 게임보다는 쉽다고 할 수 있다.

　필드형 게임의 경우 게임 조건이나 규칙이 복잡하고 전략은 관중의 게임 관람을 어렵게 만든다. 이와는 대조적으로 네트형 게임에서는 참가자가 할당된 지역에서 네트를 건너 상대 지역으로 물체를 넘기기만 하면 되고, 그런 다음에는 약간씩만 움직여서 공간을 점유하기만 하면 된다. 그렇다고 네트형게임이 단조로운 것은 아니다. 오히려 빈번하게 복잡한 경기수행 능력과 빠른 속도의 움직임을 필요로 하기 때문에 짧은 시간 내에 게임에 몰입하게 하는 매력이 있다.

　네트형 게임의 지도는 경쟁적인 경기보다는 기술의 발전 및 통합적 수행을 강조하는 것이 효과적이다. 이러한 네트형 게임과 연관이 있는 스포츠 종목으로는 배구, 테니스, 배드민턴, 탁구, 족구 등을 꼽을 수 있다.

 네트형 게임의 전략 요소

　네트형 게임은 상대편의 빈 곳에 물체를 보냄으로써 그 물체가 네트 너머로 되돌아 오지 못하게 하는 것이 목적이기 때문에 공격의 입장에서는 수비의 빈 곳에 물체를 보내야 하며, 수비의 입장에서는 공격할 위치를 미리 예상하여 자리를 잡음으로써 점수를 허용하지 않는데 전략의 초점을 두어야 한다. 세부적인 네트형 게임의 전략은 다음과 같다.

　1) 공격은 물체를 공간이 가장 넓은 지점으로 보낸다.
　2) 수비는 물체를 받기에 가장 좋은 위치로 이동한다.
　3) 팀원은 공간을 적절하게 나누어 수비한다.
　4) 팀원간 협동을 위하여 활발하게 의견을 주고 받는다.

 ## 네트형 게임 변형의 주안점

　네트형 게임에서는 사용하는 도구를 변형시키거나 경기장의 형태를 변형시켜 다양한 게임을 새롭게 만들 수 있다. 또한 네트형 게임의 변형은 게임의 구성 요소 중 두 가지 이상을 동시에 바꾸는 방식으로도 가능하다. 이러한 경우 게임이 복잡해져 학생들이 활동하기에 어려움이 발생할 수 있으므로 변형의 요소를 선정하는 데 신중을 기해야 한다.

　1) 경기장의 크기, 모양을 변형시킨다.
　2) 사용하는 공을 다양하게 한다.
　3) 게임에 참여하는 인원을 줄이거나 늘려 본다.
　4) 규칙을 바꾸어 본다.

 ## 네트형 게임 지도시 유의점

　네트형 게임은 일정한 공간에서 상대지역으로 공이나 물체를 보내 득점하는 게임으로 동료 간의 긴밀한 협조가 필요하다. 특히 네트형 게임을 수행하는데에는 기초 기능이 필수적이므로 사전에 이에 대한 연습을 충분히 하도록 한다.

　1) 학생들에게 네트형 게임의 구조와 규칙을 명확하게 인지시킨다.
　2) 게임에 필요한 기능 수준에 도달하지 못한 학생을 위한 게임을 재구성하여 적용하며, 필요할 경우 게임에 필요한 기초 기능을 연습하도록 한다.
　3) 자신이 담당해야 하는 지역을 지키도록 하며 지나치게 다른 동료들이 담당하는지역까지 움직여 활동하지 않도록 한다.
　4) 학생들의 활동 범위가 넓어지면 학생들의 적극성이 감소할 수 있으므로 지속적인 피드백을 통하여 학생들의 학습 동기를 촉진시켜 높이도록 한다.

 ## 네트형 게임의 실제

　네트형 게임은 여러 가지 형태로 나누어 질 수 있지만 이 책에서는 손·발을 이용한 게임과 도구(패드민턴, 플링고, 배드민턴)를 이용한 게임을 제시하였다.

네트형 게임: 빈 곳으로 공보내기

득점을 하기 위해서 상대의 빈 곳을 파악하여 공을 보내는 전략이 필요한 게임이다.

게임수업목표	빈 곳을 파악하여 적극적으로 공을 보낼 수 있다.		
용 기 구	• 배구공(소프트발리볼)　• 후프 • 네트　• 모둠조끼　• 라인기	게 임 수 준	6학년 1수준
인 원 편 성	팀당 6명		
경 기 진 행	● 진 행 • 수비 위치를 잡고 바닥에 후프를 내려놓는다. • 공을 갖고 있는 선수가 상대 구역으로 공을 던지면 게임이 시작된다. • 상대방의 빈 구역에 공을 떨어뜨리면 득점한다. ● 규 칙 • 득점이나 실점을 하기 전에는 후프를 움직일 수 없다. • 후프를 벗어나 공을 잡거나 공을 넘기면 안 된다. 경기장 구성: 15m 내외 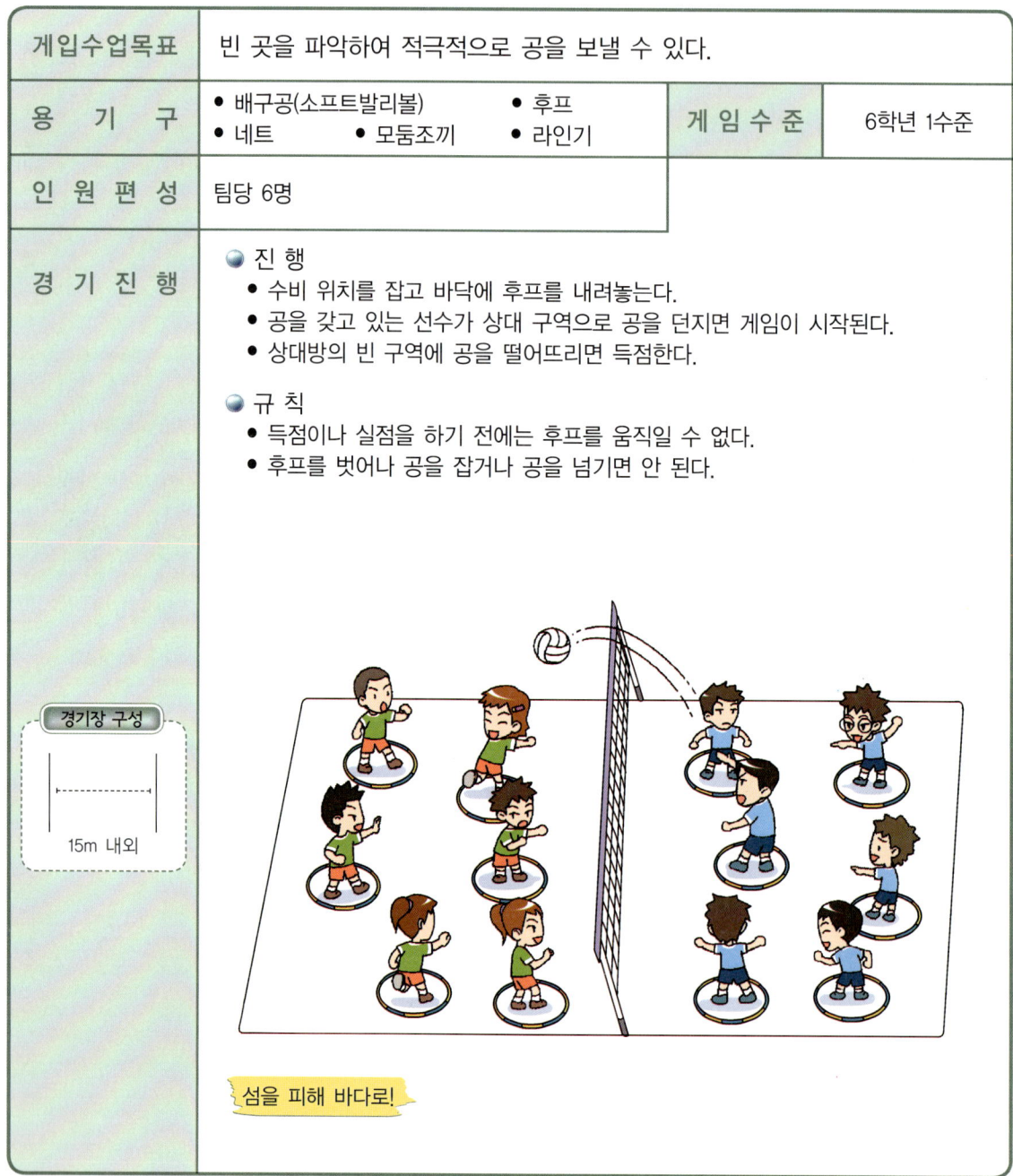 섬을 피해 바다로!		

1) 게임에 사용되는 전략

빈 곳 파악하기 1	빈 곳 파악하기 2	빈 곳 파악하기 3

상대가 모여 있지 않은 곳으로 공을 보낸다.	시선이 다른 곳으로 향한 사람에게 공을 보낸다.	후프와 후프 사이로 공을 보낸다.

2) 심화 및 보충

변형 게임

 진 행

- 네 명이 돌아가며 패스한다.
- 상대팀의 시선이 한 곳에 집중되면 그 때를 틈타 공을 먼곳으로 던진다.
- 상대의 빈 곳에 공을 떨어뜨리면 득점한다.

 규 칙

- 자신의 구역을 벗어나면 안 된다.
- 공을 잡은 상태에서는 이동할 수 없다.

제5장 네트형 게임

◀ 관련 운동 기능 연습 ▶

원하는 곳으로 공보내기	수비하기

목표 지점에 공을 정확히 던진다.	공을 안전하게 받는다.

3) 교수 TIP

◀ 경기장 ▶

점수가 많이 날 경우 경기장을 줄여 공격의 난이도를 높인다.

◀ 규 칙 ▶

학생의 기능 수준이 떨어지는 경우 공이 한번 바운드 되는 것까지 허용하도록 한다. 공을 넘기기 전에 패스할 수 있는 횟수는 수준을 고려하여 조정한다.

◀ 인 원 ▶

학급 인원을 고려하여 인원을 편성하되, 공간이 생기면 한 사람이 두 구역을 맡을 수도 있다.

◀ 용기구 ▶

학생들의 안전을 위하여 부담이 적은 소프트 발리볼을 사용할 수 있다. 네트는 학생의 수준에 따라 배드민턴 네트, 족구 네트를 사용할 수 있으며 긴 줄을 활용해서 네트 대용으로 사용할 수 있다.

4) 평가의 관점

항 목	관 점
빈 곳 파악하기 1	상대가 모여 있지 않은 순간적으로 빈 곳을 찾아 공을 보낼 수 있는가?
빈 곳 파악하기 2	공에 집중하지 않거나 시선이 다른 곳으로 향한 사람에게 공을 보낼 수 있는가?
빈 곳 파악하기 3	후프와 후프 사이에 생기는 공간을 활용하여 게임할 수 있는가?

수비위치 정하여 공받기

실점을 막기 위해 공간을 나누어서 수비하는 전략이 필요한 게임이다.

게임수업목표	정해진 구역에서 수비위치를 정하여 공을 받을 수 있다.		
용 기 구	• 배구공(소프트발리볼)　• 네트 • 모둠조끼　• 라인기	게 임 수 준	6학년 2수준
인 원 편 성	8명 (4명 1팀)		
경 기 진 행	● 진 행 　• + 표시에서 서브한다. 　• 공을 받은 곳에서 공격한다. 　• 공격은 어느 방향으로도 가능하다. 　• 상대의 경기장 빈 곳에 공을 떨어뜨리면 득점한다. ● 규 칙 　• 서브는 어깨선 아래에서 한다(언더핸드서브) 　• 정해진 구역을 벗어나면 안 된다.		

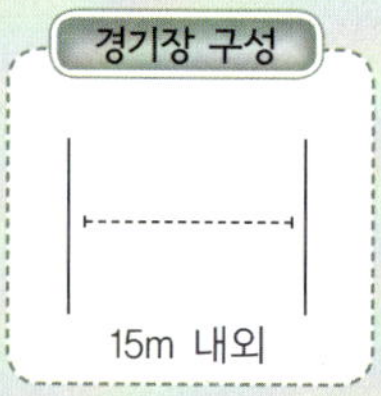

경기장 구성

15m 내외

물고기 피하여 미끼 던지기

1) 게임에 사용되는 전략

예상하기 1	예상하기 2	예상하기 3

상대의 팔과 공이 이루는 각도를 살펴 공이 날아온 높이와 거리를 예상한다.

상대의 발 모양, 시선을 살펴 공이 떨어질 방향을 예상한다.

앞, 뒤로 서기, 양 옆으로 서기, 대각선 모양으로 위치를 잡는다.

2) 심화 및 보충

> 변형 게임

 **진 행**

- 이전 게임과 기본 진행 방식은 같다.
- 같은 팀 다른 구역의 사람에게 패스가 가능하다.

규 칙

- 득점, 실점 규칙은 이런 게임과 같다.
- 패스 횟수는 수준을 고려하며 일반적으로 3회 이내로 한다.

◀ 관련 운동 기능 연습 ▶

서브 넣기	패스하기

두 손으로 아래에서 위로 던지거나 언더핸드패스로 가볍게 친다.	정확한 패스 방법(언더, 오버 등)으로 공을 연결한다.

3) 교수 TIP

◀ 규칙 ▶

다양한 방법으로 모둠을 구성하면 모든 학생이 즐겁게 참여할 수 있다.

> **모두 함께 해요**
>
> 운동 기능이 부족하거나 몸이 불편한 학생은 자칫 소외될 가능성이 존재한다. 이들을 적극적으로 활동에 참여시키기 위해서는 이들이 공격을 성공시킬 경우 더 많은 점수(2점)를 주거나 한 번 바운드 된 공을 잡았을 때 실점으로 인정하지 않고 수비를 성공한 것으로 인정하도록 한다.

4) 평가의 관점

항 목	관 점
예상하기 1	상대의 능력을 고려해가며 수비의 위치를 선정할 수 있는가?
예상하기 2	팔의 모양, 시선을 살펴 상대의 공격 세기와 방향을 예상할 수 있는가?
공간 나누어 수비하기	공간을 나누어 수비하는 방법을 이해하고 적용할 수 있는가?

네트형 게임에서는 비교적 수준 높은 기능을 요구하므로 별도의 기능연습이 필요하다.

[네트형 게임] 협동하여 배구형게임 하기

상대 모둠의 빈 곳을 파악하여 공을 보내는 전략과 공이 날아올 방향으로 빠르게 이동하는 전략을 포함한 게임이다.

게임수업목표	동료와 협동하여 게임에 참여하며, 공을 던지거나 쳐서 보낼 수 있다.		
용 기 구	• 배구공(소프트발리볼) • 호루라기 • 네트 • 모둠조끼 • 라인기	게임수준	6학년 3수준
인원편성	8명 2팀		
경기진행	◯ 진 행 • 자기 구역 뒤에서 서브를 넣어 게임을 시작하며 팀원과 번갈아 가며 서브를 넣는다. • 공을 상대팀의 빈 곳에 떨어뜨리면 득점한다. ◯ 규 칙 • 양 손 또는 한 손으로 공을 치거나 던져서 수비와 공격을 한다. • 공을 잡고 3초 이내에 패스하거나 공격한다. • 패스 횟수는 3회 이내로 제한한다.		

경기장 구성: 15m 내외

협동배구게임

1) 게임에 사용되는 전략

공간 파악	공을 강하게 치기	공을 치는 자세

상대의 간격이 상대적으로 넓은 곳으로 공을 보낸다.	팔을 뒤로 충분히 빼주면 공을 강하게 칠 수 있다.	앞으로 서서, 옆으로 서서 등 다양한 자세로 공을 보낼 수 있다.

2) 심화 및 보충

> 변형 게임

진행

- 각 구역에는 4명이 위치한다.
- 책임 구역 없이 자유롭게 이동 하며 경기를 한다.
- 동료와 번갈아가며 서브를 넣어 게임을 시작한다.

규칙

- 3회 이내의 패스가 가능하다.
- 패스를 바로 쳐서 공격해도 된다.
- 득점 및 기타 규칙은 왼쪽 게임과 같다.

◀ 기본 기능 연습 게임 ▶

| 공격하기 | 머리위로 공받기 |

한 번 이상의 패스를 이어받아 공격을 한다. | 머리 위로 오는 공을 받아 빠르게 이어주는 연습을 한다.

3) 교수 TIP

◀ 규 칙 ▶

활동에 익숙해지게 되면 한 사람이 공을 잡고 있는 시간을 줄인다.
네트 가까이서 자신이 직접 머리위로 공을 바로 치는 것은 제한한다.

◀ 경기장 ▶

학생의 수준에 따라 경기장의 크기를 늘이거나 줄일 수 있다.

◀ 용기구 ▶

학생의 수준에 따라 네트의 높낮이를 조절해서 게임을 진행할 수 있다.

●●● 모두 함께 해요

운동 기능이 우수한 학생만 공격을 하는 현상을 막기 위해서 일부 학생에게 2점 득점을 인정해 주어도 좋다.

Q 공을 너무 세게 치는 경우는 어떻게 대처해야 합니까?

A 부상의 위험과 게임이 너무 빨리 끝나버릴 수 있기 때문에 공을 세게 치는 것을 규제하도록 하며 손목을 써서 공의 방향을 바꾸거나 살짝 밀 수 있는 정도만 허용하도록 합니다.

4) 평가의 관점

항목	관점
빈 곳 파악하기	상대가 몰려있지 않은 곳을 생각하며 공을 보낼 수 있는가?
공을 강하게 치기	팔을 뒤로 충분히 빼는 동작을 하면서 공을 강하게 칠 수 있는가?
공을 치는 자세	안정된 자세로 공을 쳐서 공격할 수 있는가?

| 네트형 게임 | 빈 곳으로 공보내기 |

득점을 하기 위해서 상대의 빈 곳을 파악하고, 발을 이용하여 공을 보내는 전략이 필요한 게임이다.

게임수업목표	발을 이용하여 빈 곳으로 공을 보낼 수 있다.		
용 기 구	• 배구공 • 네트 • 모둠조끼 • 라인기	게임수준	6학년 1수준
인원편성	12명(6명 1팀)		
경기진행	● 진 행 • 정해진 위치에서 발로 서브를 넣어 게임을 시작하며 팀 동료와 번갈아 가며 서브를 넣는다. • 수비는 공을 잡아 공격으로 연결한다. • 상대팀의 빈 곳에 공을 떨어뜨리면 득점한다. ● 규 칙 • 공을 잡은 뒤 3초 안에 공격을 해야 한다(패스없음). • 자신의 구역을 벗어나면 안 되며 공을 잡은 상태에서는 움직일 수 없다.		

경기장 구성

15m 내외

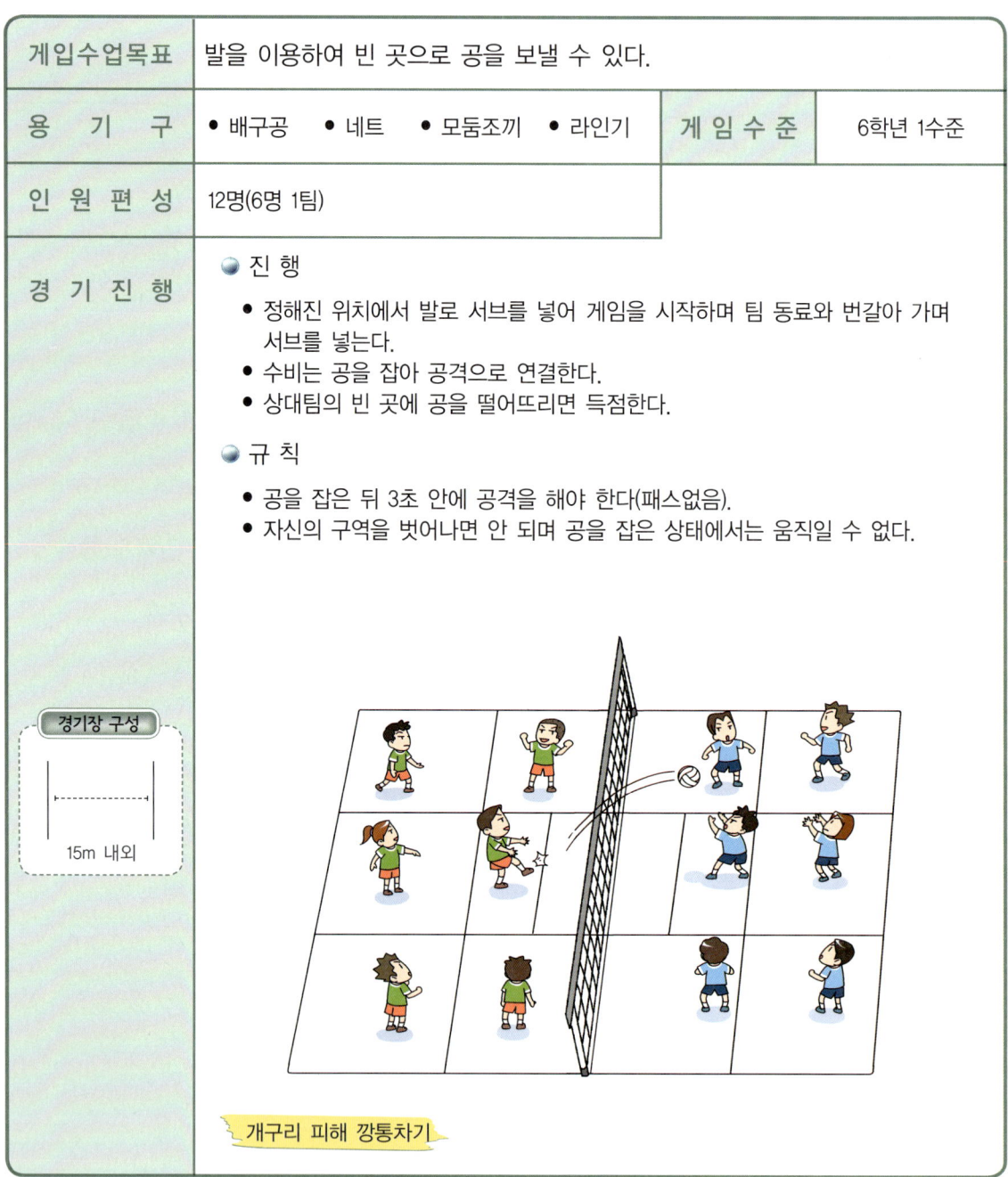

개구리 피해 깡통차기

1) 게임에 사용되는 전략

원하는 곳에 서브 넣기	공격하기	빈 곳 파악하기
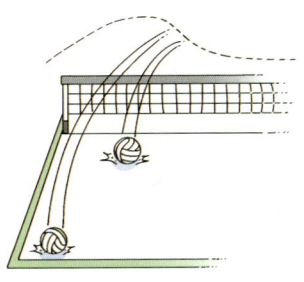		
상대 구역의 모서리 부분이나 네트와 가까운 곳에 서브 한다.	공의 빠르기와 높이를 달리하여 공격한다.(발등으로 차면 강한 공격이 가능)	상대 구역의 경계선에 공을 보내면 수비를 혼란시킬 수 있다.

2) 심화 및 보충

변형 게임

 **진행**

- 팀 별 구역을 4곳으로 만들고 각 구역에 같은 수의 사람이 위치한다.
- 정해진 위치에서 발로 서브를 넣어 게임을 시작하며 팀 동료와 번갈아 가며 서브를 넣는다.

 **규칙**

- 규칙은 기본 게임과 동일하다.

◀ 기본 기능 연습 게임 ▶

발에 공 맞히기	몸의 방향을 달리하여 공차기

발 안쪽, 또는 발 등으로 정확히 공을 보낸다.	보내고자 하는 표적을 향하여 몸의 방향을 바꾸며 공을 찬다.

3) 교수 TIP

◀ 규 칙 ▶

성별이나 기능 수준에 따라서 공을 잡고 있는 시간을 줄이거나 늘릴 수 있다.
학급인원수 때문에 공간이 비는 경우 운동기능이 뛰어난 학생이 두 구역을 담당할 수 있다.

◀ 경기장 ▶

발로 서브를 넣기 힘든 학생이 있을 경우 네트 가까이서 서브를 하게 한다.

> ●●● 모두 함께 해요
>
> 　운동 기능이 부족하거나 몸이 불편한 학생은 자칫 소외될 가능성이 존재한다. 이들을 적극적으로 활동에 참여시키기 위해서는 이들이 공격을 성공시킬 경우 더 많은 점수(2점)를 주거나 한 번 바운드 된 공을 잡았을 때 실점으로 인정하지 않고 수비를 성공한 것으로 인정하도록 한다.

4) 평가의 관점

항 목	관 점
원하는 곳에 서브 넣기	상대의 모서리나 네트 부근을 활용하여 공격할 수 있는가?
공격하기	다양한 공의 세기와 높이의 변화를 활용하여 공격할 수 있는가?
빈 곳 파악하기	상대 구역의 경계선으로 공을 보내 공격할 수 있는가?

수비위치 정하여 공받기

실점을 막기 위해서 빈 공간을 나누어서 수비하는 전략이 필요한 게임이다.

게임수업목표	규칙을 지키며 활동에 참여하고 수비위치를 정하여 공을 받을 수 있다.		
용 기 구	• 배구공(소프트발리볼) • 네트 • 모둠조끼 • 라인기	게 임 수 준	6학년 2수준
인 원 편 성	6명 (3명 1팀)		
경 기 진 행	● 진 행 • 정해진 자신의 구역 없이 적절히 공간을 나누어 수비를 하고 공격을 한다. • 1회 바운드 되는 것은 허용하나 바운드 된 공은 패스 하지않고 곧바로 발로차서 공격해야 한다. • 상대의 경기장 빈 곳에 공을 떨어뜨리면 득점한다. ● 규 칙 • 공을 잡은 뒤 3초 안에 공격을 해야 한다. • 공을 잡은 상태에서는 움직일 수 없다.		

경기장 구성

15m 내외

1) 게임에 사용되는 전략

| 대각선으로 오는 공 잡기 | 바운드된 공 치기 | 공간 나누기 |

대각선으로 오는 공은 모서리에 떨어질 가능성이 높으므로 모서리로 이동한다.

바운드 된 공을 찰 경우 바운드 예상 지점보다 뒤에 위치해야 한다.

가상의 점선을 그어 공간을 나누어 수비한다.

2) 심화 및 보충

변형 게임

 **진 행**

- 원형 경기장을 그린다.
- 인원을 5명으로 하여 경기한다.
- 진행 방식은 기본 게임과 동일하다.

 **규 칙**

- 공을 잡은 후 바로 공격을 해야 한다.
- 바운드 된 공 역시 바로 발로 차서 공격한다.
- 기타 규칙은 기본 게임과 동일하다.

◀ 기본 기능 연습 게임 ▶

수비하기	바운드된 공 차기

자세를 낮추고 두 손으로 공을 몸으로 끌어안아 공이 떨어지지 않도록 한다.	발로 공을 차기에 적당한 높이까지 기다렸다가 정확히 공을 보고 발로 차서 보낸다.

3) 교수 TIP

◀ 규칙 ▶

각 사람의 위치를 바꿔가며 게임을 하면 더욱 즐겁게 참여할 수 있다.

◀ 경기장 ▶

게임의 변화를 위해 경기장의 모양을 다르게 할 수 있다.

◀ 용기구 ▶

학생의 수준에 따라 네트의 높낮이를 조절해서 게임을 진행할 수 있다.

● ● ● 모두 함께 해요

운동 기능이 우수한 학생만 공격을 하는 현상을 막기 위해서는 번갈아 가면서 공격을 하도록 규칙을 정한다.

4) 평가의 관점

항 목	관 점
대각선으로 오는 공 잡기	대각선으로 날아와 모서리 부근에 떨어지는 공을 잘 수비할 수 있는가?
바운드 된 공 치기	바운드 예상 지점을 고려하여 자리를 선정할 수 있는가?
공간 나누기	동료와 가상의 선을 만들어 역할분담 수비를 할 수 있는가?

| 네트형 게임 | **협동하여 족구게임 하기** |

손과 발, 머리를 이용하여 공을 패스하거나 공격, 수비하는 게임이다.

게임수업목표	동료와 협동하여 게임에 참여하고 손과 발, 머리를 사용하여 게임 할 수 있다.		
용 기 구	• 배구공(소프트발리볼) • 호루라기 • 네트 • 모둠조끼 • 라인기	게 임 수 준	6학년 3수준
인 원 편 성	10명 (5명 1팀)		
경 기 진 행	● 진 행 • 정해진 자신의 구역 없이 적절히 공간을 나누어 수비를 하고 공격을 한다. • 경기장의 끝 선에서 서브한다. • 상대의 경기장 빈 곳에 공을 떨어뜨리면 득점한다. ● 규 칙 • 공을 잡은 뒤 3초 안에 패스를 하거나 공격을 해야 한다. • 1회 바운드는 허용하되 바운드된 공은 손으로 잡을 수 없으며 바로 패스나 공격을 한다. • 패스를 받은 사람은 손으로 잡지 않고 바로 발로차거나 머리를 활용하여 공격을 한다. • 패스는 2회까지만 가능하다. • 공을 잡은 상태에서는 움직일 수 없다.		

경기장 구성

20m 내외

협동 족구 게임

1) 게임에 사용되는 전략

이동을 위한 자세잡기	수비대형 만들기	역할 분담하기

자세를 낮게하고 발뒤꿈치를 들면 이동이 쉽다.	수비 대형을 만들어서 역할분담을 하면 수비를 더욱 효율적으로 할 수 있다.	앞 사람은 공격 및 패스, 뒤쪽 사람은 수비를 맡아하면 유리한 게임을 할 수 있다.

2) 심화 및 보충

변형 게임

 **진행**

- 진행 방식은 기본 게임과 동일하다.

 **규칙**

- 공을 잡은 뒤 바로 패스를 하거나 공격을 해야 한다.
- 발로 차거나 머리를 활용해 공격할 수 있다.
- 기타 규칙은 기본 게임과 동일하다.

◀ 기본 기능 연습 게임 ▶

| 바운드 된 공패스, 공격하기 | 패스 받아 공격하기 |

공이 뛰어오르는 타이밍에 맞게 발 안쪽, 발 등을 사용하여 공을 찬다.

높은 위치의 공은 발보다 머리를 사용해서 공을 보낸다.

3) 교수 TIP

◀ 진 행 ▶

동료가 패스한 공을 쳐서 넘기는 동작은 안정된 자세의 공격을 가능하게 해주어 경기를 유리하게 이끌 수 있다. 따라서 패스를 활용한 공격을 유도하기 위해 패스 여부에 따라 점수를 부여해도 좋다.(예. 패스를 활용한 공격 시 2점)

◀ 인 원 ▶

게임 상황에 맞게 인원을 늘리거나 줄이도록 한다.

◀ 경기장 ▶

모서리 공격의 중요성을 알리기 위해 모서리 부근을 2점 구역으로 정해도 좋다.

4) 평가의 관점

항 목	관 점
이동을 위한 자세잡기	자세를 낮게 유지하고 발뒤꿈치를 들어 신속히 움직일 수 있는가?
수비대형 만들기	수비대형을 만들어 수비 효율을 높일 수 있는가? (협력수비가 가능한가?)
역할 분담하기	동료와의 협의를 통해 팀내 역할을 정할 수 있는가?

네트형 게임: 빈 곳으로 공 보내기

상대방의 빈 곳을 파악하고 빈 곳으로 정확하게 공을 보낼 수 있다.

게입수업목표	빈 곳을 파악하여 배드민턴 라켓으로 셔틀콕을 보낼 수 있다.		
용 기 구	• 셔틀콕 • 모둠조끼 • 배드민턴 라켓 • 라인기	게 임 수 준	6학년 2수준
인 원 편 성	8명 (2명씩 4팀)		
경 기 진 행	● 진 행 • 공격은 코트 중앙의 서브라인에서 시작한다. • 서비스는 어깨 아래에서 쳐서 보낸다. • 수비의 빈 곳에 셔틀콕이 떨어지거나, 받아 친 셔틀콕이 네트를 넘기지 못하면 득점한다. ● 규 칙 • 공격수는 한 번에 셔틀콕을 넘겨야한다. • 15점씩 3세트한다.		

경기장 구성: 10m 내외

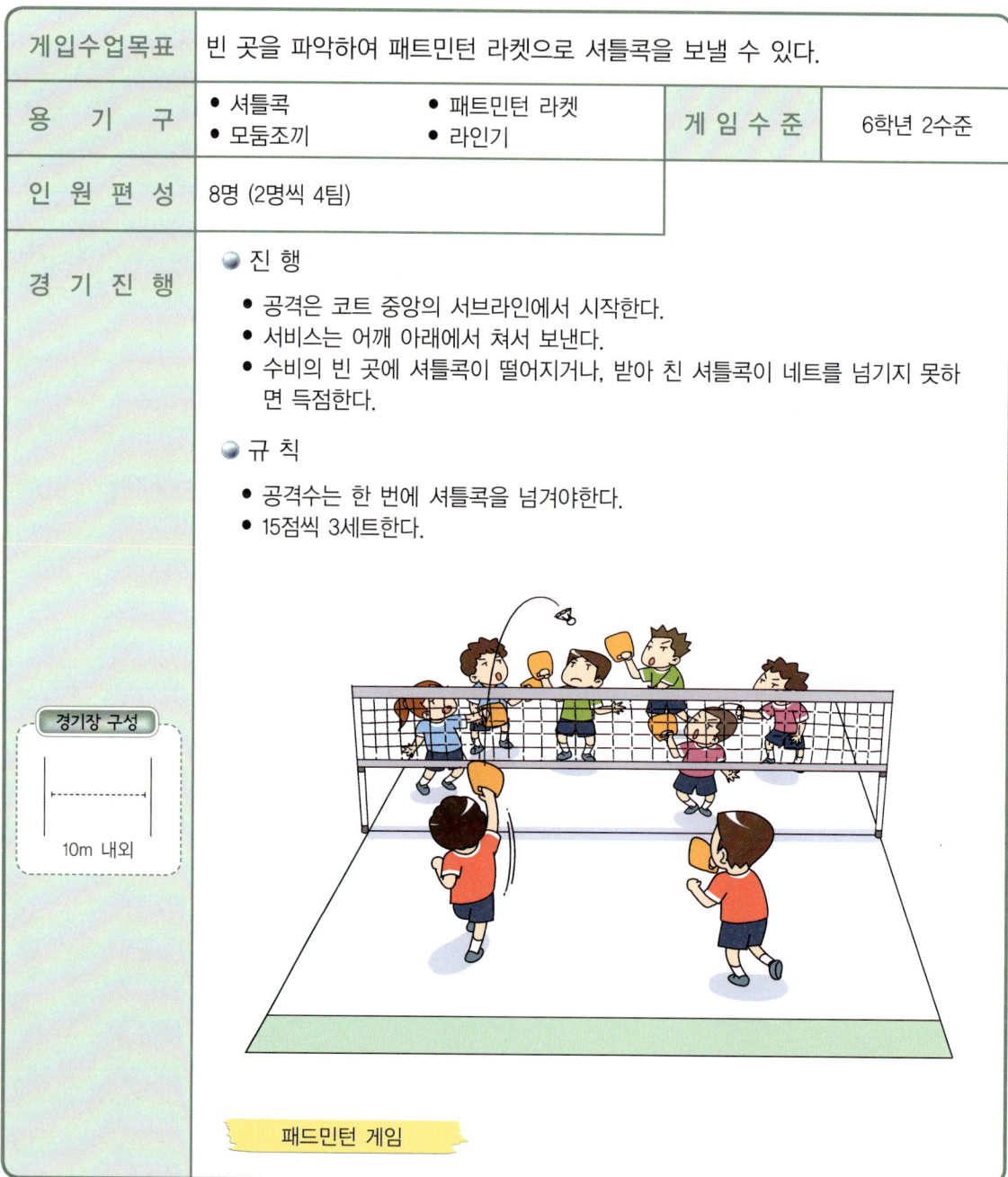

패드민턴 게임

1) 게임에 사용되는 전략

빈 곳 파악하기	빈 곳 만들기	공간 넓게 활용하기

수비수의 위치를 파악하여 빈곳으로 셔틀콕을 보낸다.	왼손동작, 어깨방향, 발의 방향, 눈빛 등으로 순간적인 빈 곳을 만든다.	앞-뒤, 좌-우, 대각선으로 공을 보내 공간을 넓게 활용한다.

2) 심화 및 보충

> 변형 게임

 진 행

- 코트의 네 귀퉁이에 인형을 놓는다.
- 주요 공격 지점에 다양한 사물을 배치하고 점수를 부여한다.
- 한 사람당 5번의 공격 기회가 있으며 점수를 합산한다.

규 칙

- 정해진 순서에 맞게 5회씩 공격기회를 갖는다.
- 맞힌 사물의 점수를 합산하여 승부를 결정한다.

◀ 기본 기능 연습 게임 ▶

원하는 곳으로 보내기	수비하기

네트 넘어 반대편에 점수가 적힌 물체를 내려 놓고, 주어진 횟수에 물체를 맞힌 점수가 높은 사람이 승리한다.	큰 원 3개를 그리고 '섬'이라 부른다. 수비는 섬의 주변에서만 수비할 수 있다. 공격자는 셔틀콕을 쳐서 섬위에 떨어뜨려야 한다.

3) 교수 TIP

◀ 경기장 ▶

점수가 많이 날 경우 경기장을 줄여 공격의 난이도를 높인다.

◀ 인 원 ▶

학생들의 전체적인 기능수준을 판단하여 팀당 인원수를 조정할 수 있다.

◀ 팀 구성 ▶

남녀 혼성으로 팀을 구성하여 게임을 진행한다.

◀ 용기구 1 ▶

학생들의 안전을 고려하여 후프 간의 간격을 최소 1m 이상 떨어뜨리도록 한다.

◀ 용기구 2 ▶

셔틀콕 활용에 어려움을 느낄 경우, 폼볼, 콩주머니 등을 활용할 수 있다.

◀ 용기구 3 ▶

학생들의 기능에 따라 배드민턴 네트 대신에 평균대, 뜀틀 등을 활용할 수 있다.

4) 평가의 관점

항 목	관 점
빈 곳 파악하기 I	빈 곳을 찾아 셔틀콕을 보낼 수 있는가?
수비수 속이기	수비수를 왼손의 방향, 발의 방향, 눈빛 등으로 속일 수 있는가?
경기장 넓게 활용하기	경기장을 앞-뒤, 좌-우, 대각선 등 넓게 활용하고 있는가?

수비위치 정하여 공받기

상대방의 동작을 보고 공의 방향을 예상하는 수비전략을 포함하는 게임이다.

게입수업목표	날아오는 공의 방향을 예상하여 수비 위치를 정할 수 있다.		
용 기 구	• 플링고 • 라인기 • 모둠조끼	게 임 수 준	6학년 3수준
인 원 편 성	6명 (2명씩 3팀)		
경 기 진 행	● 진 행 • 공격구역에 공격 4명이, 수비구역에 수비 2명이 위치한다. • 공격진에서 한 명씩 돌아가며 게임을 시작한다. • 수비는 공의 방향을 예상하여 공을 받아낸다. • 빈 곳에 떨어지면 득점한다. ● 규 칙 • 한 번에 공을 넘겨야한다. 경기장 구성 15m 내외 플링고 게임		

1) 게임에 사용되는 전략

날아오는 공의 위치 예상하기

상대편의 시선, 동작(팔의 각도, 발의 방향)을 보고 판단한다.

이동하기

공의 이동에 따라 신속하게 방향 전환을 한다.

2) 심화 및 보충

> 변형 게임

 **진 행**

- 각 구역은 2명이 고르게 위치하도록 하고 서브를 넣는 선을 정한다.
- 대각선으로 서브를 넣어 게임을 시작한다.
- 자신의 구역을 벗어나 동료의 구역에서도 활동을 할 수 있다.

 **규 칙**

- 상대팀의 빈 곳에 공이 떨어지거나 상대팀이 네트를 넘기지 못하면 득점하며, 공격 팀이 친 공이 경기장을 벗어나거나 네트를 넘지 못하면 실점한다.

◀ 기본 기능 연습 게임 ▶

제자리에서 공 튀기기	2인 1조 공 튀기기
	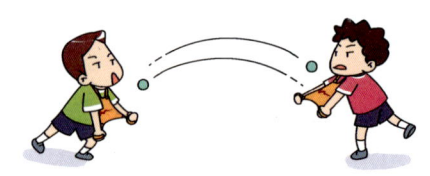
제자리에서 플링고를 위로 쳐올리고 받기를 반복한다.	2인1조로 플링고를 주고 받는다.

3) 교수 TIP

◀ 경기장 ▶

안전을 고려하여 경기장의 간격을 1m 이상으로 한다.

◀ 규 칙 ▶

학생의 기능 수준에 따라 공의 바운드를 인정한다.

◀ 용기구 ▶

학생 기능에 따라 비치볼, 콩주머니, 셔틀콕 등을 다양하게 활용한다. 네트는 평균대, 뜀틀, 배드민턴 네트를 사용할 수 있으며 긴 줄을 활용해서 네트로 설정할 수 있다.

4) 평가의 관점

항 목	관 점
수비위치정하기	효과적인 수비위치를 정하였는가?
날아오는 공의 위치 예상하기	상대편의 동작을 보고 날아오는 공의 위치를 예상하였는가?
이동하기	올바른 동작으로 효과적인 움직임을 보였는가?

 **협력하여 배드민턴 하기**

배드민턴의 게임에서 위치잡기를 이해하고, 효과적인 전략을 사용하여 게임에 참여한다.

게임수업목표	배드민턴 게임의 규칙을 파악하여 전략을 세워 경기에 참여할 수 있다.		
용 기 구	• 셔틀콕 • 배드민턴라켓 • 네트 • 모둠조끼 • 라인기	게임수준	6학년 4수준
인원편성	4명 (2명씩 2팀)		
경기진행	● 진 행 • 대각선으로 서브를 보내어 시작한다. • 앞-뒤 위치잡기와 좌-우 위치잡기를 번갈아 사용한다. • 17점까지 3전 2선승제로 경기한다. • 수비의 빈곳에 셔틀콕이 떨어지거나 수비수가 공을 되받아 넘기지못하면 득점한다. ● 규 칙 • 한 번에 셔틀콕을 넘겨야한다. • 라켓으로 네트를 건드리지 않도록 한다. 		

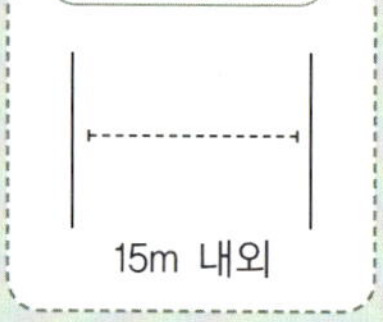

경기장 구성

15m 내외

협력 배드민턴 게임

1) 게임에 사용되는 전략

수비 진열 무너뜨리기	공간 줄이기	의사소통하기

공격수들이 협동하여 계속 한쪽 방향으로 셔틀콕을 보내면 수비수를 한 쪽 방향으로 몰아 놓을 수 있다. 이때 생긴 공간을 이용하면 득점 할 수 있다.	게임 전 수비 역할과 앞-뒤/좌-우 포지션을 정한다. 수비수 간의 간격을 일정하게 유지하고 셔틀콕을 친 후에는 바로 수비 동작을 취한다.	동료와 일정한 신호를 정하여 지속적으로 의사소통한다.

2) 심화 및 보충

변형 게임

 진행

- 각 구역은 2명이 고르게 위치하도록 역할을 정한다.
- 자신의 구역을 벗어나 동료의 구역에서 활동을 할 수 없다.

 **규칙**

- 상대팀의 빈 곳에 콕이 떨어지거나 상대팀이 네트를 넘기지 못하면 득점하며 공격 팀이 친 공이 경기장을 벗어나거나 네트를 넘지 못하면 실점한다.

제5장 네트형 게임 **325**

◀ 기본 기능 연습 게임 ▶

| 타점 맞추기 | 기본 자세 잡기 |

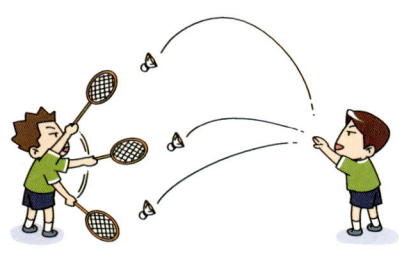

다양한 높이로 셔틀콕을 던져준다. 높이에 맞추어 공격 방법을 익힌다.

라켓은 위로 들고, 중심은 약간 앞으로, 팔과 손목은 수평을 유지한다.

3) 교수 TIP

◀ 경기장 ▶

경기장의 크기와 형태를 다양하게 제시한다.

◀ 안 전 ▶

안전을 고려하여 경기장의 간격을 1m 이상으로 유지한다.

◀ 규 칙 ▶

학생 수준에 맞게 1세트를 17점, 10점, 5점 등으로 제시한다.

◀ 멀티미디어 ▶

학생의 게임 상황을 녹화하여 피드백, 수행평가 등의 수업자료로 활용한다.

◀ 용기구 ▶

학생 기능에 따라 패트민턴이나 플링고, 인디아카 등을 제시할 수 있다.

◀ 용기구 ▶

네트는 평균대, 뜀틀, 배드민턴 네트를 사용할 수 있으며 긴 줄을 활용해서 네트로 이용할 수 있다.

4) 평가의 관점

항 목	관 점
수비진열 무너뜨리기	수비수를 한 쪽으로 몰아 순간적으로 공간을 만들어내는가?
공간 줄이기	게임 전에 수비역할을 정하고, 수비들끼리 간격을 유지했는가?
의사소통하기	파트너와 지속적으로 대화하며 정보를 주고 받았는가?

교수·학습 과정안(네트형 게임 예시)

단　　원	3. 경쟁활동 / 네트형 게임		차　　시	12/15
학습주제	도구를 이용하여 네트형 게임하기		교수학습모형	이해중심 게임수업 모형
학습목표	도구를 이용하여 네트형 게임의 전략을 알고 익혀 서로 예의지키면서 게임을 할 수 있다.			
단　계	학습 활동	교수·학습 활동	시간	자료 및 유의점
게임선택	학습 분위기 조성 및 동기 유발	● 수업 준비 및 경기장 준비하기 　- 학습 자료를 준비한다. 　- 수업 대형으로 모인다. ● 건강 상태 확인하기 　- 자신의 몸의 상태를 잘 살펴서 수업 전에 선생님께 이야기한다. ● 전시 학습 상기하기 　▶ 지난 시간에 했던 게임은 무엇인가요? 　- 블랙홀 배드민턴 게임입니다. 　▶ 지난 시간 여러분이 한 게임에서 상대편을 이기기 위한 전략은 무엇이었나요? 　- 상대편의 빈 곳으로 공이나 제기를 보냅니다. 　- 강약을 조절하여 공이나 제기를 칩니다. ● 학습 동기 유발(영상자료) 　▶ 무슨 문제가 있습니까? 　- 실력이 부족한 친구를 끼워주지 않습니다. 　- 친구를 경기에서 소외시키고 있습니다. 　▶ 이럴 때엔, 어떤 마음이 필요하나요? 　- 협력하여 경기를 해야 합니다. 　- 배려하면서 경기를 해야 합니다.	4	● 팀별 조끼, 네트, 네트지주대,TV, 컴퓨터, 평균대, 매트 ▶ 전 차시의 게임 구성 내용을 생각해 보도록 한다. ● 영상자료 (1분30초) ▶ 허용적인 분위기로 발표가 활발히 이루어지도록 한다. ● PPT (학습문제 제시)
	학습 문제 확인	● 학습문제 제시 　▶ 다같이 학습문제를 읽게 한다. 　- 학습문제를 읽는다. 　도구를 이용하여 다양한 네트형 게임을 하여 보자. ● 학습활동 안내하기 　▶ 선생님이 준비한 자료를 보며 각각의 게임에 대한 방법과 규칙을 잘 들어보게 한다. 　- PPT를 보며 오늘 학습할 내용을 확인한다. 　- 자신이 맡을 역할과 팀의 전략을 생각하며 교사의 설명을 듣는다.	5	● PPT(게임설명)

	게임 설명	• 게임 활동 Ⅰ ('빈 곳으로 쳐 넣어라')
		  – 각 팀별 4명 정도로 구성한다.
		  – 상황에 맞게 경기장의 크기 및 거리의 변형이 가능하다.
		  – 경기장은 매트를 경계로 마주보는 2개 팀으로 이루어진다.
		  – 경기시간은 전, 후반 없이 7분 정도로 한다.
		  – 게임시작은 매트에 가깝고 가운데 있는 팀원이 먼저 공(인디아카)을 쳐 넣는 것으로 한다.
		  – 득점이 되는 경우
		    1) 공격한 공이 상대편 코트에 떨어졌을 경우
		    2) 공격한 공이 상대팀의 몸을 맞고 바닥에 떨어지거나 코트 밖으로 나갔을 경우
		  – 실점이 되는 경우
		    1) 공격한 공이 경기장 밖으로 나간 경우
		    2) 공이 네트를 넘어가지 못한 경우
		
		• 게임 활동 Ⅱ ('빈 곳으로 날려라')
		  – 각 팀별 4명 정도로 구성한다.
		  – 상황에 맞게 경기장의 크기 및 거리의 변형이 가능하다.
		  – 경기장은 평균대를 경계로 마주보는 2개 팀으로 이루어진다.
		  – 경기시간은 전,후반 없이 7분 정도로 한다.
		  – 게임시작은 평균대에 가깝고 가운데 있는 팀원이 먼저 더지비를 날리는 것으로 한다.
		  – 공격팀의 득점이 되는 경우
		    1) 공격한 더지비를 수비팀이 받지 못하고 바닥에 떨어뜨린 경우
		    2) 공격한 더지비가 상대팀의 몸을 맞고 바닥에 떨어진 경우
		    3) 수비팀이 더지비를 네트 너머로 보내지 못한 경우
		  – 상대방의 득점이 되는 경우
		    1) 공격한 더지비가 경기장 밖으로 나간 경우
		    2) 더지비가 네트를 넘어가지 못한 경우
				▶ 학생들을 각자의 기능수준에 따라 4개 그룹으로 나누어 수준별로 준비된 게임 활동을 하게한다.
				
				• PPT(게임설명)
				• 인디아카, 매트
				
				• PPT(게임설명)
				• 더지비, 평균대

		• 게임 활동Ⅲ('간이 패드민턴') – 각 팀별 4명 정도로 구성한다. – 상황에 맞게 경기장의 크기 및 거리의 변형이 가능하다. – 경기장은 네트를 경계로 마주보는 2개 팀으로 이루어진다. – 경기시간은 전, 후반 없이 7분 정도로 한다. – 게임시작은 네트에 가깝고 가운데 있는 팀원이 서비스를 넣는 것으로 한다. – 서비스는 반드시 허리 아래서 위쪽으로 넣는다. 위에서 아래로 치는 것은 반칙으로 한다. – 셔틀콕이 네트를 스쳐 상대편 코트에 떨어지면 서비스 실패로 한다(상대편에게 1점). – 서비스를 못 받으면 실점한다.(서브는 팀원이 순환한다) – 땅에 떨어지기 전에 상대방 진영으로 쳐서 넘긴다. (같은 팀끼리 패스할 수 없다) – 서비스 받는 사람이 준비되어있지 않는데 서비스 하였을 경우 다시 서비스를 한다. – 어느 팀이건(서비스를 넣었건, 넣지 않았건 간에) 상대편 코트에 셔틀콕을 떨어뜨린 팀이 점수를 얻는다. – 아웃되는 셔틀콕이 라켓에 혹은 몸에 닿고 나간 경우는 코트에 들어온 것과 같다. • 게임 활동Ⅳ('플링고') – 각 팀별 4명 정도로 구성한다. – 상황에 맞게 경기장의 크기 및 거리의 변형이 가능하다. – 경기장은 네트를 경계로 마주보는 2개 팀으로 이루어진다. – 경기시간은 전, 후반 없이 7분 정도로 한다. – 서비스를 넣는 위치는 융통성있게 운영한다.		• PPT(게임설명) • 네트 지주대, 네트, 핸들러, 셔틀 콕 • PPT(게임설명) • 네트 지주대, 네트, 플링고, 공 ▶ 공은 플링고로만 플레이가 가능하며 신체의 어느 부분도 사용해서는 안된다.
전략인지 및 의사결정	전략인지	• 전략회의(전체)하기 ▶ 각 게임을 잘하기 위한 전략을 말해볼까요? – 상대편의 빈 곳으로 공이나 셔틀콕을 보냅니다. – 강약을 조절하여 공이나 셔틀콕을 칩니다.	6	▶ 몸이 아픈 친구들은 관찰자로서의 역할을 수행한다.

게임수행	준비운동	● 체조 대형으로 서기 ▶ 준비운동으로 '아기공룡둘리에 맞춘 체조'를 하게 한다. ● 아기공룡둘리에 맞춘 체조하기 – 동영상을 따라서 간단한 체조를 한다. – 팔다리의 근육과 관절의 긴장을 풀어준다. ● 전략회의(팀)하기 ▶ 설치된 노트북을 이용하여 게임 설명을 상태팀과 함께 자세히 살펴본 후, 각 팀별로 전략회의를 갖게 한다. – 팀별로 전략회의를 갖는다. – 팀별로 파이팅을 외치고 게임을 시작한다.		● 영상자료(1분50초) ▶ 본시 활동과 관련된 움직임 운동으로 준비 운동을 만든다. ● 노트북4대 ● PPT(게임설명)
	게임Ⅰ 수행	● 게임하기 ▶ 수준별로 이루어진 4개 게임이 동시에 이루어지도록 한다. – 팀의 전략을 생각하며 게임에 적극적으로 참여한다. – 규칙을 지키고 최선을 다해 서로 협동하며 즐겁게 참여한다. ▶ 교정적 피드백을 제시한다.	7	▶ 교사는 팀별로 학생들의 게임 활동을 살피며 효율적인 동선을 확보한다.
	점수확인	● 모이기 ▶ 각각의 게임 점수는 어떻게 됩니까? – 이긴 팀은 함성을 지르고, 진 팀은 박수를 쳐준다. ● 변형 게임 만들기 ▶ 수준별로 나누어진 4개의 게임을 변형시킬 주안점을 자유롭게 발표하게 한다. – 게임을 자유롭게 변형시켜 본다.	4	▶ 게임의 변형은 경기장의 크기, 도구의 변화, 규칙의 변화 등을 이용할 수 있다.
	전략인지	● 전략회의(팀)하기 ▶ 각 팀별로 전략회의를 갖게 한다.	7	
	게임Ⅱ 수행	● 변형 게임하기 ▶ 만들어진 4개의 변형 게임을 실행하게 한다. ▶ 긍정적인 피드백을 제시한다.		
	점수확인	● 모이기 ▶ 각각의 게임 점수는 어떻게 됩니까? – 이긴 팀은 함성을 지르고, 진 팀은 박수를 쳐준다.		

정리활동 및 평가	정리운동	• 스트레칭하기 – 음악에 맞춰 선생님을 따라서 스트레칭을 한다.		• 음악CD
	학습내용 정리 및 평가	• 학습내용 정리 ▶ 이긴 팀은 어떻게 하여 이길 수 있었습니까? – 빈 곳으로의 공격이 좋았습니다. – 팀원들의 협동이 좋았습니다. • 자기평가하기 ▶ 오늘의 게임에서 스스로에게 잘했다고 칭찬해주고 싶은 사람은 왼손의 노란 성취밴드를 오른손에 차게 한다. – 오른 손목으로 옮겨 찬 학생들은 손을 든다. – 모두 함께 박수를 쳐준다. • 동료평가하기 ▶ 게임 능력이 좋은 친구에게는 빨간 성취 밴드를 주고, 규칙을 잘 지키고 열심히 뛴 친구에겐 파란 성취 밴드를 주게 한 후, 3개 이상인 사람은 손을 들게 한다. – 빨간 성취밴드와 파란 성취밴드가 3개 이상인 사람은 손을 든다. – 모두 함께 박수를 쳐준다. • 느낀 점 발표하기 – 여러 간이게임의 방법을 알 수 있었습니다. – 새로운 네트형 게임을 하게 되어 좋았습니다. – 공이나 셔틀콕을 정확하게 치는 것이 중요하다는 것을 알았습니다. – 상대팀의 빈 곳으로 공이나 셔틀콕을 치면 점수를 쉽게 얻을 수 있음을 알 수 있었습니다. – 규칙을 잘 지키며 서로 협력하는 마음이 중요하다는 것을 알았습니다.		• 수행평가지(교실) ▶ 성취밴드(빨강1개–게임능력, 파랑1개 – 태도, 노랑1개–개인목표 도달 정도에 따라 개수를 달리함) ▶ 자기 평가는 주관적인 판단으로 스스로에게 점수를 주는 것이므로 긍정적인 방향으로 한다. ▶ 게임에 있어서 우수한 기능만 중요한 것이 아니라 적극적으로 협력하는 태도의 중요성도 알게 한다.
	차시예고 및 과제제시	• 차시예고 및 과제제시 ▶ 오늘 게임 수업 소감과 오늘 배운 게임의 새로운 변형(창조) 게임을 우리반 홈페이지에 게시하여 각각 리플을 달아주고 가장 많은 친구들이 하고 싶은 변형(창조)게임을 다음 시간에 하도록 하겠습니다.		▶ 서로 도우며 질서 있게 정리한다.
	용구정리 및 청결지도	• 용구 정리와 청결 지도 – 모둠별로 학습도구 및 자료를 정리한다. – 몸을 깨끗이 씻고 입실한다.		

평가도구 예시

【교사용 관찰체크리스트】

기능(공을 네트나 줄 너머로 넘기기) 관찰 체크리스트			
평가일시 : 월 일			
번호	이름	상	중	하

위 표는 다음과 같이 재구성:

번호	이름	상	중	하
		상대의 공간을 파악하여 비교적 정확하게 발이나 손을 사용하여 네트 너머로 공을 넘겨 보낸다.	날아오는 또는 튀겨 오는 공을 발이나 손을 사용하여 네트 너머로 넘긴다.	발이나 손을 사용하여 공을 넘기는데 실수가 잦으며 네트에 공이 걸린다.
1	강아름			
2				
…				

태도(규칙준수) 관찰 체크리스트				
평가일시 : 월 일				
번호	이름	상	중	하
		정해진 규칙을 지속적으로 잘 지키며 이에 따른 결과에 승복한다.	정해진 규칙을 지킨다.	정해진 규칙을 잘 지키지 않으며 주의가 산만하다.
1	강윤정			
2	강희수			
3	김새롬			
…	…			

에필로그

이해중심 게임수업모형의 초등체육 정착기

개척(開拓)

지금은 어느 정도 낯익은 용어가 되었지만, 제7차 교육과정의 개정 준비 무렵이었던 1990년대 중반기 '이해중심 게임수업모형'은 학교현장은 물론이요, 학계에서 조차 그다지 알려지지 않았던 매우 낯선 이론이었다.

필자는 당시 서울교육대학에서 예비교사들을 대상으로 체육교육학에 관련되는 여러 강좌를 강의 해오고 있었는데, 특히 게임(경쟁) 활동에 관련된 강좌에 관심을 갖고 나름대로 다양하고 심도 있는 내용을 전수해 주기 위한 노력을 해왔었다. 하지만 그 과정에서 필자는 대학입학 전 운동실기를 별도로 연습해오지 않던 초등 예비교사들에게 '본인이 강의하는 게임(경쟁) 활동의 실기수준은 상대적으로 너무 어렵다'라는 것을 깨닫게 되었다. 매주 게임(경쟁) 활동 강좌 때만 되면 운동 기능이 부족하여 힘겨워하는 예비 교사들의 모습을 보면서 이들이 학교 현장에 나가 겪을 어려움들이 너무나 선명히 보이는 것 같아 마음이 편치 않았다. 이러한 예비 교사들의 어려움을 덜어줌과 동시에 초등 체육교육 현장에서 유용하게 활용될 수 있는 획기적인 해결책이 필요하던 차에 '이해중심 게심수업모형'을 떠 올리게 되었다. 과거 영국에서 시작되었던 이 수업모형은 '기능중심 게임수업모형에 대한 대안적 모형으로 각광 받아왔다'라는 정보가 있었기에 기능이 부족한 초등 교사들이 게임(경쟁) 활동을 지도하기에 매우 적합한 대안방식이 될 수 있을 것이란 생각을 한 것이다.

앞서 언급했듯이 당시는 때마침 새로운 교육과정을 개정할 무렵이었기에 필자는 이 수업모형을 새로운 체육과 교육과정의 게임(경쟁) 활동에 접목시키고자 하는 막연한 구상을 하게 되었다. 하지만 당시 우리나라의 체육교육 이론에 관련된 정보 인프라가 매우 척박했던 터라 이해중심 게임수업모형 같은 생소한 교수이론을, 그것도 '국가 교육과정에 과감히(?) 반영한다'라는 것은 생각처럼 그리 손쉬운 작업이 아니었다. 우선, 해당 이론에 대한 깊은 문헌적 탐구와 이해가 선행되어야 했음은 기본이요, 무엇보다 이를 '학교 현장에서 적용시킬만한 것인가'에 대한 철저하고 반복적인 검증과정이 필요하였던 것이다. 전자의 경우 본인의 개인적 수고와 노력으로 극복할 수 있었던 문제라면, 후자의 것은 초등학교 현장에서 직접 체육수업을 수행하고 있는 교사들의 도움과 참여가 없이는 불가능 하였으리라 생각된다. 너무나 다행스럽게도 필자가 이 연구를 추진해 갈 무렵 서울교육대학교에 교육대학원이 개설되었고, 초창기시절 대학원생이었던 몇 몇 초등학교 선생님들이 함께 참여함으로써 앞서 언급했던 연구를 추진해 나갈 수 있었다.

이 때 주로 수고해 주었던 제자들이 김갑철(초등교사), 권민혁(대학교수), 이문수(교육부 연구사) 등이다. 이들은 자신의 학위논문의 주제를 이해중심게임수업으로 정하여 연구를 수행해 나감은 물론, 구체적 게임 프로그램을 개발하여 학교 현장에서 적용해 보는 과정을 무던히 반복해 나갔다. 이들은 당시 필자가 이끌었던 매우 엄하고 혹독(?) 했던 연구실 분위기 속에서도 밝은 얼굴과 긍정적 마인드를 가지고 꿋꿋하게 연구를 수행해 나갔던 것으로 기억한다. 특히, 김갑철 선생의 경우 −물론 여타의 다른 이유도 있었겠지만− 자신의 학위 논문 결과 발표를 수차례 연기하면서까지 기꺼이 '이해중심게임 수업모형'의 현장 적용 연구에 매진을 해왔기에 오늘날 이 분야에 '최고의 현장 전문가로 자리매김 할 수 있었다'라고 생각한다.

이처럼 새로운 분야를 개척하는 일은 결코 녹록치 않은 것이다. 특히나 중장기적인 계획을 깊이 있는 혜안을 가지고 접근해야 할 교육적 사안들은 더욱 그러하다고 볼 수 있다. 어찌 되었든 이와 같은 열정어린 노력과 헌신 끝에 나와 제자들이 목표로 하였던 새로운 체육과 교육과정의 게임(경쟁) 활동 영역은 '이해중심 게임수업모형' 이라는 참으로 신선하다 못해 철저히 생경한 이론을 중심에 놓고 시행되었다.

절반의 성공

이처럼 새로운 교육과정에 반영되기는 하였으나, 여전히 '이해중심 게임수업모형'에 대한 현장의 이해는 매우 미약한 상황이었기에 필자는 다양한 경로와 방법 등을 동원하여 새로운 수업모형의 소개와 홍보에 열을 올렸다. 학회와 세미나를 통해서 '이해중심 게임수업모형'의 이론적 내용과 현장적용의 방향성 등을 소개하였고, 여러 학교현장을 찾아다니며 강연을 하였음은 물론, 관련 연수를 개설하여 교사들에게 게임 이론을 실제상황에 적용시켜 볼 수 있는 기회를 제공하고자 하였다.

하지만 필자와 제자들의 이러한 노력에도 불구하고 '이해중심 게임수업모형'에 대한 현장의 이해와 적용 수준은 그다지 빠르게 개선되지 않았다. '이제는 어느 정도 현장에서도 이 수업모형을 이해하겠지'라는 기대를 가지고 학교 현장에 나가보면 상당수의 교사들이 여전히 과거의 방법대로 단편적 기능위주의 게임수업 지도를 하고 있었다. 심지어 어떤 교사는 "그전 방식이 간단하고 좋은데 왜 이런 복잡하고 귀찮은 것을 학교체육에 들여와서 애를 먹이느냐"라며 오히려 필자를 타박하기까지 하였다. 참으로 힘 빠지는 순간이었다. 한편으론 그러한 현장의 수준과 실태가 원망스럽기도 하였지만 또 다른 한편으론 지금까지 나와 제자들이 수행해 왔던 노력들에 '어떠한 문제가 있었던 것은 아니었나'라는 반성적 시각을 가질 수 있었던 계기가 되기도 하였다.

생각을 다잡고 다시 초심으로 돌아가려 노력했다. 연구초창기 시간이 부족해서 미처 들여다보지 못했던 이론적 내용들을 다시 점검하고 계속적으로 관련 문헌 연구와 집필이 이뤄질 수 있도록 시스템을 구축해 나갔다. 이러한 과정 속에서 현장 적용관련 연구 또한 병행되었으니 이때 도움을 주었던 제자들이 앞서 언급한 김갑철 선생과 더불어 김기철(연구원), 박상봉(초등교사) 등이었다. 이들은 선배들이 추진해갔던 연구들에 이론적인 깊이를 더하였고 대학출강 및 현장수업 등을 병행해 나가면서 이해중심 게임수업모형의 이론과 현장적용 과정의 의미 있는 접목을 시도해 나갔다.

시간은 흘러 이제는 제7차 체육과 교육과정도 어느덧 종반부에 들어가고 있을 무렵, 필자는 우리가 지금까지 추진해왔던 '이해중심 게임수업모형'의 포스트 연구를 놓고 고민에 빠지게 되었다. 정말 좋은 의도와 기획으로 추진되었지만, 실상 우리가 기대했던 수준에 미치지 못했던 이러한 수업모형을 '차기 체육과 교육과정에까지 끌고 가야하는가'에 대한 고민이었다. 필자 자신조차 제7차 교육과정에서 '이해중심 게임수업모형은 실패한 시도였다'라고 독백할 수밖에 없는 상황에서 또 다시 '이 수업모형을 고집한다'라는 것은 표면적으로 올바른 결정이라 볼 수 없었기 때문이다.

하지만 '이해중심 게임수업모형'에 대한 진한 아쉬움과 미련은 여전히 마음속 깊이 잠재되어 있었고, 적어도 '이해중심 게임수업모형'이 지니고 있는 상당한 교육적 가치와 효용성을 놓고 보았을 때는 쉽사리 포기할 수 없는 아쉬운 컨텐츠임이 분명하였기에 필자는 이러한 고민을 거듭해 나갔던 것이리라

지금 생각해 보면 비록 원하는 만큼의 가시적 성과는 거두지 못했지만 '다시 시도해 볼 만한 가치와 동기를 부여했다'라는 점에서, 또한 학계뿐만 아니라 현장에서 '이해중심 게임수업모형'에 대한 '이해와 인식의 폭[1]을 넓혔다'라는 점에서 볼 때 적어도 '이해중심 게임수업모형'은 절반의 성공을 거둔 샘이었다. 하지만 당시 필자의 과욕(?)에 사로잡힌 기대치에 비추어 본 결과는 필자의 고민을 더 하였고 이러한 필자의 고민이 깊어가고 있던 중 우리나라의 체육과 교육과정은 실로 크나큰 역사적 변혁의 시대를 준비하고 있었으니 그것은 바로 2007년 개정 체육과 교육과정 이었다.

---

[1] 당시 서울시에서는 초등학교 교사들을 대상을 1년 마다 시행되는 체육수업 연구대회를 통해서 이해중심 게임수업모형을 기초로 한 다양한 게임수업이 현장 교사들에게 소개됨으로써 체육수업운영에 대한 교사들의 인식의 전환을 상당히 도모했었다.

새로운 도전(挑戰)

　체육과 교육과정의 역사적 변혁이라⋯ 필요 이상의 거창한 표현 같지만 실제로 새로운 체육과 교육과정의 개정을 바라보는 학계와 현장의 시각은 충격적이었다. 기존의 운동종목과 그에 속한 몇몇의 기능중심으로 행해오던 학교 체육수업 내용의 주류를 '신체활동이 내포하고 있는 다양한 가치중심으로 바꾸겠다'라는 시도였다. 지금까지의 체육교육에 대한 철저한 자기반성에 기초한 시도라고 하지만 너무나 급작스럽게 시도되는 변화의 과정이 다소 불안하기까지 하였다. 그럼에도 불구하고 필자는 이러한 철저한 변화의 과정이 적어도 게임(경쟁) 활동 영역에 있어서는 '이해중심 게임수업모형'의 적용에 보다 유용할 것이라는 판단을 하게 되었다. 당시 개정교육과정의 개발 심의진으로 활동했던 필자는 기존의 종목중심으로 구성되었던 체육교과의 단원구성이 건강, 도전, 경쟁, 표현, 여가 등과 같이 가치 중심으로 변화함에 따라 이해중심 게임수업모형에서 구성하고 있는 게임의 형태들이 '경쟁활동'이라는 가치 영역에 학년별로 배치[2])되도록 구성할 것을 제안하였다. 피하기(치기)형, 영역형, 필드형, 네트형 게임 등이 각 학년별로 배치되어 '이해중심 게임수업모형'의 총체적 학습을 가능하도록 한 것이다. 결국 이러한 필자의 주장은 모든 개발진와 심의진의 숙의(熟議) 끝에 받아들여지게 되었고, 이로써 제7차 교육과정을 거쳐 2007년 개정된 체육과 교육과정까지 '이해중심 게임수업모형'은 우리나라 초·중·고 체육수업에 중핵적 학습내용으로 자리를 잡게 되었다.

　한편, 이러한 2007년 개정 교육과정은 바뀐 교육내용에 걸맞게 새로운 체육교과서를 필요로 하였다. 단순히 겉모습만 바뀌는 것이 아니라 2007년 개정 교육과정에서 요구하는 가치 중심의 패러다임이 순전히 녹아있는 그러한 교과서가 필요했던 것이다. 필자와 제자들은 개정 교육과정을 바탕으로 초등학교 3~4학년 체육 국정교과서 및 5~6학년 검정 교과서를 집필하면서 개정된 교육과정의 이념을 올바르게 해석하고 투영할 수 있는 교과서 작업에 매진하였다. 특히 경쟁활동으로 대변되는 '이해중심 게임수업모형'의 효율적 적용과 활용을 위하여 새로운 각도에서의 연구와 노력을 게을리 하지 않았고 우리의 이러한 노력은 '집필했던 모든 교과서의 검정통과'라는 만족스런 결과로 보상을 받을 수 있었다.

　이처럼 2007년 개정된 교육과정과 교과서에 몰입되었던 시절이 끝마쳐질 무렵 필자는 지금까지 수행해 왔던 '이해중심 게임수업모형'의 이론 및 현장적용 연구의 과정과 결과를 다시 한 번 정리하고자 하는 필요성을 느끼게 되었다. 초등체육에서 '이해중심 게임수업모형'에 관련된 유일한 교재였던 '게임수업탐구'는 집필 된지 10년여가 지난 관계로 이곳 저곳에서 고치고 다듬어야할 부분들이 자꾸 나타나고 있었고, 그간 국내에 보급된 다양한 뉴스포츠(게임) 종목들은

---

2) 당시 서울시에서는 초등학교 교사들을 대상을 1년 마다 시행되는 체육수업 연구대회를 통해서 이해중심 게임수업모형을 기초로 한 다양한 게임수업이 현장 교사들에게 소개됨으로써 체육수업운영에 대한 교사들의 인식의 전환을 상당히 도모했었다.

이미 교육과정과 교과서에 반영되어 빠르게 현장에서 전파되고 있었기 때문에 이를 좀 더 체계화하고 교재화 할 필요가 있다고 생각했기 때문이다.

하지만 이러한 정당하고 긴박한 개정의 필요성에도 불구하고 필자의 개인적 분주함을 핑계로 이리 저리 회피하였던 개정판 작업은 2009년 중반부에서야 비로소 추진하게 되었으니, 거의 2년여의 과정을 거치면서 게임수업탐구의 개정판은 이렇게 출판을 하게 된 것이다.

이제 개정된 체육과 교육과정의 본격적인 현장적용을 바라보면서 필자는 새로운 도전의식을 느끼고 있다. 이것은 게임활동에서 경쟁활동으로 겉모습을 바꾼 '이해중심 게임수업모형'이 이번에는 '얼마만큼의 현장 이해와 적용을 가져올 수 있을까'에 대한 염려스러운 마음과 더불어 이를 또한 극복해 나가고 싶은 의지의 표현이다. 설사 이번 교육과정에서도 필자가 바라는 만큼의 결과가 나타나지 못한들 '이해중심 게임수업모형'에 대한 '실망' 또는 '포기'는 가당치 않다. 그것은 이미 십수년 전 필자가 '이해중심 게임수업모형'을 초등현장에 도입하려고 다짐하였던 순간 가졌던 이 모형에 대한 교육적 확신과 믿음이 적어도 아직까진 조금의 변함도 없기 때문이다.

이해중심 게임수업모형이 초등학교 체육교육 게임(구기)활동 지도에 완전히 정착되는 날까지 나는 제자들과 더불어 지금까지 해왔던 도전을 계속 해 나갈 생각이다.

2011년 2월
대표저자 **안 양 옥**

참고문헌

강신복·최의창(1990) 체육 수업 탐구. 서울: 태근문화사.

교육과학기술부(2007). 2007 개정 체육과 교육과정.

교육과학기술부(2007). 2007 개정 체육과 교육과정 해설서.

김갑철(2000). 초등교사의 수업 반성을 통한 게임교수 가치관 변화. 서울교육대학교 석사학위 논문.

김현용(1999). 이해중심 게임수업 모형의 적용을 통한 초등교사의 게임에 대한 인식, 서울교육대학교 석사학위 논문.

안양옥(1998a). 게임수업의 질적 제고를 위한 대안적 접근, **한국스포츠 교육학회지** 61-73.

안양옥(1998b). 초등학교 게임수업의 질적 제고를 위한 기능중심모형과 이해중심모형의 효과성 분석, **한국초등체육 학회지**, 4, 67-92.

안양옥(1999a). 이해중심 게임수업의 이해와 실천. 교육부: 열린교육 우수 수업사례 발표 workshop 자료집, 271-284

안양옥(1999b). 초등학교 게임수업의 두 가지 접근: 기능중심 모형과 이해중심 모형.1998 한국스포츠교육학회 춘계세미나 자료집. 61-73.

안양옥(1999c). 초등학교 아동의 발달단계에 따른 이해중심 모형의 인식차이 분석, **한국초등교육**, 10(1), 127-152.

안양옥(2001). 초등학교 현장적용을 위한 이해중심 게임수업 모형의 변용 모형 개발과 적용. **한국초등체육교육학회지**, 7(2), 47-68.

안양옥·장용규(1999). 이해중심 게임수업의 현장적용 방안. 제7회 한국초등체육학회 학술대회 논문집, 51-60.

오순근(1994). 스포츠참가와 도덕성 발달의 관계, 서울대학교 석사학위 논문.

이원병(1994). 초등체육교육의 현황과 개선방안, 1994 서울교육대학 초등교육연구소 국제 세미나 자료집, 195-201.

이옥선(1996). 초등학생의 체육수업 참여유형 분석. 서울대학교 대학원 석사학위 논문.

임번장(1979). 스포츠 및 그 유사개념의 정의와 분류에 관한 고찰. **사대 논총 제 19집**, 서울대학교 사범대학.

장용규(2002). 초·중학교 체육수업에서의 이해중심 게임수업모형의 적용 가능성 탐색. **한국초등체육학회지 제 8집 1호**.

조미혜 외 13인(1997). **제7차 체육과 교육과정 개발 연구**. 한국교육개발원 연구보고서 CR97-24.

최의창(1996). 이해중심 게임 수업. **스포츠과학**, 57. 94-101.

Almond, L. (1986a). Research-based teaching in games. In J. Evans(Ed.), Physica education, sport and schooling: Studies in the sociology of physical education (pp. 155-165). London: Falmer.

Almond, L. (1986b). Primary and secondary rules in games. in R. Thorpe, D. Bunker. & L. Almond (Eds.), *Rethinking games teaching* (pp. 73-74). Loughborough, England: Loughborough University of Technology.

Almond, L. (1986c). Reflecting on themes: A games classification. in R. Thorpe. D. Bunker. & L. Almond (Eds.), *Rethinking games teaching* (pp. 71-72). Loughborough,England: Loughborough University of Technology.

Anderson, J.R.(1976). *Language, memory, and thought.* Hillsdale, NJ: Erlbaum.

Anderson, W., & Barrette, G. T. (1978). Teacher behavior. in W. Anderson, & G. Barrette(Eds.), *What's going on in gym: descriptive studies of physical education classes.* Monograph 1, Motor skills: theory into practice. pp. 25-38.

Ausubel, D. P. (1968). *Educational Psychology: A cognitive view.* New York: Holt, Rinehart and Winston.

Buck, M. M., & Harrison. J. M.(1990). "Improving student achievement in physical education". *Journal of Physical Education, Recreation and Dance, 61(9),* 40-44.

Bunker, D., & Thrope, R. (1982). "A model for the teaching of games in secondary schools". *Bulletin of Physical Education, 18(1),* 5-8.

Bunker, D., & Thrope, R. (1986). The curriculum model. in R. Thrope, D. Bunker & L. Almond(Eds.), *Rethinking games teaching,* (pp. 7-11). Loughborough, England: Loughborough University of Technology.

Butler, J. I.(1996). "Teacher responses to teaching games for understanding". *Journal of Physical Education, Recreation and Dance, 67(9),* 17-20

Butler, J. I.(1997). "How would Socrates teach games? A constructivist approach". Journal of *Physical Education, Recreation and Dance, 68(9),* 42-47

Caillois, R. (1961). *Man, Play, and Games.* Translated by Meyer Barash. New York: The Free Press.

Chandler, T(1996). "Reflections and further questions". *Journal of physical Education, Recreation and Dance, 67(4), 49-51.

Chandler, T. J. L., & Mitchell, S. A. (1990.) "Reflections on models of games education". *Journal of Physical Education, Recreation and Dance, 61(6),* 19-21.

Doolittle, S.A., & Girard, K.T.(1991). "A dynamic approach to teaching games in elementary PE". *Journal of Physical Education, Recreation andDance, 62(4),* 57-62

Ellis, M. (1983). Similarities and differences in games: A system for classification. Paper presented at the AIESEP Conference, Rome, Italy.

French, K. E. & Thomas, J. R. (1987). "The relation of knowledge development to children's basketball performance". *Journal of Sport Psychology, 9,* 15-22.

French, K., Werner, P., Taylor, K., & Hussey, K .(1996). "The effects of a six- week unit on tactical, skill and combined tactical and skill instruction on badminton performance of ninth grade students". *Jounal of Teaching Physical Education.*

Gardner, H. (1985). *The mind's new science: A history of the cognitive revolution.* New York: Basic Books.

Grehaigne, J.F., & Godbout, P. (1995). "Tactical Knowledge in team sports from a constructivist and cognitivist perspective". *Quest, 47,* 490-505.

Grehaigne, J.F., & Godbout, P., & Bouthiet, D. (1997). "Performance assessment in team sports". *Journal of Teaching in Physical Education, 16,* 500-516.

Griffin, L. (1996). "Improving net-wall game performance". *Journal of Physical Education, Recreation and Dance, 67(2),* 34-37.

Griffin, L., Mitchell, S,A,. & Oslin, J,L, (1997). Teaching sport concepts and skills-A tactical games approach. Champaign, IL: Human Kinetics.

Griffin, L. & Placek, J. (Ed.)(2001). "The understanding and development of learner's domain-specific knowledge", *Journal of Teaching in Physical Education, 20,* 299-406.

Hughes, C. (1980). The football association coaching book of soccer tactics and skills. London: Queen Anne Press.

Ibrahim, H. (1975). Sport and Society. Long Beach, Cal.: Hwong Publishing Company., Inc.

Kemmis, S. & McTaggart, R. (1988). Action research planner(3rd. ed). Geelong Australi. Dewkin University Press.

Lawton, J. (1989). "Comparison of two teaching methods in games". *Bullentin of Physical Education, 25(1),* 35-38.

Loy, J. W. (1969). "The Nature of Sport" In Sport, Culture, and Society. eds. by John W. Loy and Gerald S. Kenyon, New York: Macmillan Publishing Co., Inc.

Mauldon, E., & Redfern, H. B. (1981). Game teaching: An approach to the primary school. MacDonald and Evans, Ltd.

McPherson, S.L., & French, K. E. (1991). "Changes in cognitive strategies and notor skill in tennis". *Journal of Sport and Exercise Psycoogy. 13.* 26-41.

Mitchell, S., Griffin, L., & Oslin, J. (1994). "Tactical awareness as a developmentally appropriate focus for the teaching of games". *The Physical Educatior, 51(1),* 10-14.

Mitchell, S.A., Oslin, J.L., & Griffin, L.L.(1995). "The effects of two instructional approaches on game performance". *Pedagogy in practice-Teaching and coaching in physical education and sports, 1,* 36-48.

Mosston, M. & Ashworth, S. (1986). The spectrum of teaching styles from command to discovery. London: Longman Publishing Co. 1-9.

Oslin, J.L., Mitchell, S.A., & Griffin, L. (1998). "The Game Performance Assessment Instrument(GPAI): Development and preliminary validation". *Journal of Teaching in Physical Education, 17,* 231-243.

Rink, J.E. (Ed., 1996). "Tactical and skill approaches to teaching sports and games". *Journal of teaching in Physical Ediucation, 15(4).*

Rink, J.E. (1993). Teaching physical education for learning. St. Louis: Times Mirror/Mosby.

Rink, J.E., French, K.E., & Graham, K.C.(1996). "Implications for practice and research". *Journal of Teaching in Physical Education, 15,* 490-502.

Rink, J.E., French, K.E., & Rjeerdsma, B.L.(1996). "Foundations for the learning and instruction of sport and games". *Journal of Teaching in Physical Education, 15,* 399-417.

Roberts, J. M., Arth, M. and Bush, R. R. (1974). "Games in Culture." In Sport American Society. 2nd Edition. Edited by George H. Sage. Reading, Massachusetts: Addison-Wesley Publishing Company.

Rovegno, I. (1993). "The development of curricular knowledge: A case of problomatic pedagogical content knowledge during advanced knowledge acquisition". *Research Quarterly for Exercise and Sport, 64(1),* 56-68.

Stroot, S. & Oslin, JL. (1993). "The effects of feedback on overhead throwing performance of preschool children". *Journal of Teaching in Physical Education, 13(1),* 24-25.

Shuman, L.S. (1987). "Knowledge and teaching: Foundations of the new reform". *Harvard Educational Review, 57*, 1-22.

Thorpe, R., & Bunker, D.(1983). "Issues that arise when preparing to reach for understanding". *Bulletin of Physical Education, 19(1)*, 9-11.

Thorpe, R., Bunker, D. & Almond, L. (Eds., 1986). **Rethinking games teaching**. Loughborough, England: Loughborough University of Technology.

Turner, A. (1996). "Teaching for understanding : Myth or reality". *Jornal of Physical Education, Recreation and Dance, 67(4)*, 46-48, 55.

Turner, A., & Martinek, J. (1995). "Teaching for understanding : A model for improving decision making during game play". *Quest, 47*, 44-63.

Thomas, J. R., French, K.E., Thomas, K.T., & Gallagher, J.D. (1988). Children's knowledge development and sport performance. In F. L. Smoll, R. A. Magill, & M. Ash(Eds.), **Children in sport** (pp.179-202). Champaign, IL: Human Kinetics.

Thorpe, R.s, Bunker, D., & Almond, L. (1984). A change in focus for the teaching of gamesl. In M. Pieron & Graham (Eds.), *Sport Pedagogy: Olympic Scientific Congress Proceedings, Vol. 6*. Champaign, KL: Human Kinetics.

Vickers, J. N. (1990). **Instructional design for teaching physical activities: A knowledge structures approach**. Champaign, Illinois: Human Kinetics.

Werner, P.(1989). "Teaching games-A tactical perspective". *Journal of Physical Education, Recreation and Dance, 60(3)*, 97-101.

Werner, P. & Almond, L. (1990). "Models of games education", JOPERD. 61(4) 23-27.

Werner, P., Thorpe, R., & Bunker, D.(1996). "Teaching games for understanding: Evolution of a model". *Journal of Physical Education, Recreation and Dance, 67(1)*, 28-33.

찾아보기

ㄱ

건강활동	32
게임	4
경쟁	9
경쟁활동	32
기능중심 게임수업	45, 101

ㄴ

네트형 경쟁	32
네트형 게임	73, 289
놀이	6, 24
놀이교육모형	22, 24, 25

ㄷ

도전활동	32

ㅁ

목표물 맞히기 게임	155

ㅂ

발달교육모형	24
변형모형	101

ㅅ

상향식 접근	52
스포츠	6
스포츠교육모형	25
신체의 교육	22
신체를 통한 교육	22
순환운동	27
신체활동가치	32
실제평가	87
수행평가 도구	90

ㅇ

여가활동	32
영역형 경쟁	32
영역형 게임	73, 183
운동	25
운동놀이	22
움직임교육	27
움직임교육모형	27
이해중심 게임수업모형	32, 52
의태(mimicry)	10

ㅊ

체력모형	25

ㅍ

표현활동	32
피하기형 경쟁	32
피하기형 게임	72, 115
필드형 게임	73, 243

ㅎ

하향식 접근	52
현기증(linx)	10